ACCESO GRATIS *a la Lectura en la Nube*

Para visualizar el libro electrónico en la nube de lectura envíe junto a su nombre y apellidos una fotografía del código de barras situado en la contraportada del libro y otra del ticket de compra a la dirección:

ebooktirant@tirant.com

En un máximo de 72 horas laborables le enviaremos el código de acceso con sus instrucciones.

La visualización del libro en **NUBE DE LECTURA** excluye los usos bibliotecarios y públicos que puedan poner el archivo electrónico a disposición de una comunidad de lectores. Se permite tan solo un uso individual y privado.

EL SISTEMA INTERNACIONAL Y EL VIEJO NUEVO MUNDO

VII SEMINARIO AEPDIRI SOBRE TEMAS DE ACTUALIDAD EN RELACIONES INTERNACIONALES

COMITÉ CIENTÍFICO DE LA EDITORIAL TIRANT LO BLANCH

María José Añón Roig
Catedrática de Filosofía del Derecho de la Universidad de Valencia

Ana Cañizares Laso
Catedrática de Derecho Civil de la Universidad de Málaga

Jorge A. Cerdio Herrán
Catedrático de Teoría y Filosofía de Derecho Instituto Tecnológico Autónomo de México

José Ramón Cossío Díaz
Ministro en retiro de la Suprema Corte de Justicia de la Nación y miembro de El Colegio Nacional

María Luisa Cuerda Arnau
Catedrática de Derecho Penal de la Universidad Jaume I de Castellón

Manuel Díaz Martínez
Catedrático de Derecho Procesal de la UNED

Carmen Domínguez Hidalgo
Catedrática de Derecho Civil de la Pontificia Universidad Católica de Chile

Eduardo Ferrer Mac-Gregor Poisot
Juez de la Corte Interamericana de Derechos Humanos Investigador del Instituto de Investigaciones Jurídicas de la UNAM

Owen Fiss
Catedrático emérito de Teoría del Derecho de la Universidad de Yale (EEUU)

José Antonio García-Cruces González
Catedrático de Derecho Mercantil de la UNED

José Luis González Cussac
Catedrático de Derecho Penal de la Universidad de Valencia

Luis López Guerra
Catedrático de Derecho Constitucional de la Universidad Carlos III de Madrid

Ángel M. López y López
Catedrático de Derecho Civil de la Universidad de Sevilla

Marta Lorente Sariñena
Catedrática de Historia del Derecho de la Universidad Autónoma de Madrid

Javier de Lucas Martín
Catedrático de Filosofía del Derecho y Filosofía Política de la Universidad de Valencia

Víctor Moreno Catena
Catedrático de Derecho Procesal de la Universidad Carlos III de Madrid

Francisco Muñoz Conde
Catedrático de Derecho Penal de la Universidad Pablo de Olavide de Sevilla

Angelika Nussberger
Catedrática de Derecho Constitucional e Internacional en la Universidad de Colonia (Alemania). Miembro de la Comisión de Venecia

Héctor Olasolo Alonso
Catedrático de Derecho Internacional de la Universidad del Rosario (Colombia) y Presidente del Instituto Ibero-Americano de La Haya (Holanda)

Luciano Parejo Alfonso
Catedrático de Derecho Administrativo de la Universidad Carlos III de Madrid

Consuelo Ramón Chornet
Catedrática de Derecho Internacional Público y Relaciones Internacionales de la Universidad de Valencia

Tomás Sala Franco
Catedrático de Derecho del Trabajo y de la Seguridad Social de la Universidad de Valencia

Ignacio Sancho Gargallo
Magistrado de la Sala Primera (Civil) del Tribunal Supremo de España

Elisa Speckman Guerra
Directora del Instituto de Investigaciones Históricas de la UNAM

Ruth Zimmerling
Catedrática de Ciencia Política de la Universidad de Mainz (Alemania)

Fueron miembros de este Comité:
Emilio Beltrán Sánchez, Rosario Valpuesta Fernández y **Tomás S. Vives Antón**

Procedimiento de selección de originales, ver página web:
www.tirant.net/index.php/editorial/procedimiento-de-seleccion-de-originales

EL SISTEMA INTERNACIONAL Y EL VIEJO NUEVO MUNDO

VII SEMINARIO AEPDIRI SOBRE TEMAS DE ACTUALIDAD EN RELACIONES INTERNACIONALES

INMACULADA MARRERO ROCHA
DIRECTORA

tirant lo blanch
Valencia, 2024

Copyright ® 2024

Todos los derechos reservados. Ni la totalidad ni parte de este libro puede reproducirse o transmitirse por ningún procedimiento electrónico o mecánico, incluyendo fotocopia, grabación magnética, o cualquier almacenamiento de información y sistema de recuperación sin permiso escrito de los autores y del editor.

En caso de erratas y actualizaciones, la Editorial Tirant lo Blanch publicará la pertinente corrección en la página web www.tirant.com.

Esta obra ha sido financiada por la Universidad Francisco de Vitoria, y se ha realizado en el marco de los proyectos: "Derecho y Economía en la Escuela de Salamanca", financiado en la Convocatoria IIES del año 2023 (UFV2023-60) y "Salvación, política, economía: el comercio de ideas entre España y Gran Bretaña en los siglos XVII y XVIII (SPEEGB)", financiado por el Ministerio de Ciencia e Innovación (PID2021-122994NB-I00).

© Varios autores y autoras

© TIRANT LO BLANCH
EDITA: TIRANT LO BLANCH
C/ Artes Gráficas, 14 - 46010 - Valencia
TELFS.: 96/361 00 48 - 50
FAX: 96/369 41 51
Email: tlb@tirant.com
www.tirant.com
Librería virtual: www.tirant.es
DEPÓSITO LEGAL: V-1846-2024
ISBN: 978-84-1197-072-3

Si tiene alguna queja o sugerencia, envíenos un mail a: *atencioncliente@tirant.com*. En caso de no ser atendida su sugerencia, por favor, lea en *www.tirant.net/index.php/empresa/politicas-de-empresa* nuestro procedimiento de quejas.

Responsabilidad Social Corporativa: http://www.tirant.net/Docs/RSCTirant.pdf

Índice

Palabras previas

La agresión rusa contra Ucrania, de la que se acaban de cumplir dos años, era sin duda una de las mayores preocupaciones -si no la mayor- para los estudiosos de las Relaciones Internacionales en todo el mundo en el año 2023; el tiempo transcurrido y la deriva de esta guerra no ha hecho sino justificar y aumentar aún más esa preocupación de la acción armada unilateral y gratuita por parte de Rusia, tan cercana a las más abominables prácticas del periodo de la Guerra Fría y a conceptos de soberanía hoy absolutamente insostenibles.

Cuando el Seminario de actualidad de los profesores de Relaciones Internacionales de la AEPDIRI se celebraba en mayo de 2023 se ignoraba, sin embargo, que la sombra de otra guerra amenazaba en el futuro más inmediato. Tras los execrables atentados terroristas de Hamás en Israel en octubre de 2023 asistimos de nuevo a un uso unilateral de la fuerza que traspasa con creces los límites de la legítima defensa y que se regocija en las más siniestras violaciones del Derecho Internacional Humanitario y de los derechos humanos. Sólo mencionamos los dos episodios contemporáneos más graves de ataque al sistema internacional desde el punto de vista práctico, pero también teórico, pero podríamos mencionar bastantes más.

No es que, como se ha repetido hasta la saciedad, corran malos tiempos para la lírica; es que la regresión ha ido escalando incansablemente posiciones en el orden político, social y jurídico internacional hasta alcanzar niveles de otras épocas que considerábamos felizmente superadas. Por eso, el título de aquel seminario y de esta monografía no puede ser más acertado cuando se refiere al "viejo nuevo mundo". En efecto, algunos de los peores fantasmas de esos viejos tiempos se han hecho presentes con fuerza en este nuevo mundo, que ya cargó con las desdichas de un nuevo orden mundial de tendencias claramente unilateralistas, como poco.

Las perspectivas de futuro tampoco son halagüeñas, con elecciones en EEUU y en la Federación Rusa en el horizonte en las que los candidatos no preconizan precisamente gobiernos que contribuyan a un mundo más seguro. Por eso esta monografía resulta del máximo interés y necesidad para comprender las actuales tensiones del sistema internacional, tanto desde una perspectiva del discurso teórico y las categorías abstractas, como desde el punto de vista de la práctica de los actores implicados, ofreciendo especial interés en lo que hace a la acción de la sociedad civil en una variedad de facetas o aspectos.

El acierto en la elección de los temas de análisis del seminario y de los planteamientos utilizados no han hecho sino engrandecer el estudio resultante del mismo, reafirmando su interés y, en última instancia, su utilidad. Por eso la Asociación Española de Profesores de Derecho Internacional y Relaciones Internacionales se congratula de haber auspiciado y apoyado la celebración de aquel seminario, acogida generosamente por la Universidad de Granada, su Departamento de Derecho Internacional Público y Relaciones Internacionales, y la Fundación Euroárabe de Altos Estudios, y brillantemente dirigido por la Profesora Inmaculada Marrero Rocha, así como la publicación de esta obra. Por eso admiramos una vez más el riguroso trabajo desarrollado por nuestros queridos amigos y colegas de Relaciones Internacionales, con quien tenemos la suerte de compartir inquietudes en el marco de nuestra Asociación y de disfrutar con sus estudios. Por eso les agradecemos tanto poder compartir sus reflexiones y aprender de ellos en nuestro día a día.

Málaga, 6 de marzo de 2024.

ANA SALINAS
Presidenta de la AEPDIRI

Análisis del sistema internacional por una significativa muestra de la doctrina española de las relaciones internacionales

INMACULADA MARRERO ROCHA[1]

"Sistema internacional y el viejo nuevo mundo" es el título de la obra que recoge las contribuciones de los investigadores e investigadoras que participaron en el VII Seminario de la Asociación Española de Profesores de Derecho Internacional y Relaciones Internacionales (AEPDIRI) sobre Temas de Actualidad de las Relaciones Internacionales, que tuvo lugar en mayo de 2023 en la Universidad de Granada, y de cuya dirección académica tuve la oportunidad y el honor de ocuparme.

Las comunicaciones que publicamos en esta obra fueron evaluadas rigurosamente por un comité científico presidido por el profesor Rafael García Pérez de la Universidad Pablo de Olavide, al que agradezco la impecable tarea que realizó junto al resto de los miembros del comité para seleccionar las propuestas que forman parte de este manuscrito. Las tres mesas de trabajo en las que se estructuró el seminario contaron con tres prestigiosos conferenciantes invitados, Caterina García Segura, Sagrario Morán Blanco y José Antonio Sanahuja, cuyas aportaciones encabezan cada una de las tres partes en las que se divi-

1 Catedrática de Relaciones Internacionales de la Universidad de Granada (marrero@ugr.es).

de esta obra. A todos ellos les transmitimos nuestro más sincero agradecimiento por haber sentado las bases de la estructura de esta monografía, y por provocar un interesante y enriquecedor debate científico con los comunicantes y asistentes.

Gracias al profesor Antonio Sánchez Ortega por su trabajo como secretario académico de este evento, y a Paula Cano Cruz, investigadora predoctoral y autora de uno de los capítulos, cuya ayuda en la edición formal de la obra ha sido decisiva. Por último, no pueden faltar los agradecimientos al Departamento de Derecho Internacional Público y Relaciones Internacionales de la Universidad de Granada por su apoyo incondicional en la organización de este seminario y, cómo no, a la AEPDIRI, y en especial a su junta directiva y a su presidenta, por tratarse de la institución impulsora de estos ya prestigiosos y consolidados seminarios sobre temas actuales de las relaciones internacionales, y por hacer posible que esta monografía vea la luz.

En las siguientes páginas encontraran un concienzudo y variado análisis, en el que ha participado una importante parte de la doctrina española de las relaciones internacionales, sobre un debate que ocupa a la disciplina desde hace más de década y media: la naturaleza de los cambios que está experimentando el sistema internacional. Cambios que han generado un amplio número de calificativos sobre una variedad de acontecimientos de distinto alcance, interpretados de manera muy diversa. Fundamentalmente, las aportaciones aquí recopiladas abordan estos cambios desde un doble punto de vista. Un primer punto de vista sobre la forma en la que distintas corrientes teóricas, a lo largo de los períodos históricos de desarrollo de la diciplina, han entendido y conceptualizado el cambio y la naturaleza del sistema internacional. Y, desde un segundo punto de vista, a través del estudio de acontecimientos internacionales "disruptivos" que provocan cambios en el sistema internacional o, incluso, en su propia naturaleza. Sin embargo, lo que esta obra ni hace ni pretende es tratar de concluir este debate, que siempre ha sido permanente e inherente a la pluralidad teórica de la disciplina y a la diversidad fisiológica de los conceptos que utiliza a la hora de atribuir significados a procesos similares.

En la primera parte de la obra, que arranca con el título de "Teorías de las Relaciones Internacionales como elementos explicativos del cambio en este contexto internacional", los profesores García Segura y Quero, con un capítulo con el mismo título, se centran en los límites de la teoría de las relaciones internacionales para conceptualizar y teorizar sobre el cambio en el sistema internacional e intentan superarlos identificando sus orígenes, primero, en la dependencia, ya histórica, de la disciplina con otras de más recorrido temporal como la ciencia política, la sociología o el derecho internacional y, segundo, en las dificultades que la realidad pluriparadigmátiva de la disciplina sigue generando en la tarea de los investigadores.

Después de más de 100 años de historia, no hemos conseguido superar los complejos derivados de no parecernos a las ciencias experimentales y, tampoco, apreciar toda la riqueza y la complejidad que las ciencias sociales ofrecen a las relaciones internacionales. Parece que las décadas de convivencia entre distintos paradigmas de comprensión de la realidad internacional no han eliminado en muchos autores la idea de que "solo puede quedar uno", y que más que argumentar sus tesis teóricas demostrando su potencial explicativo, enriqueciéndolas de otras, o generando nuevas aproximaciones, buena parte de los análisis existentes se reducen al examen únicamente de una tipología de procesos que pueden convalidar las premisas teóricas de las filiaciones de los autores y autoras, que en muchos casos son las del mainstream del momento, sin demasiada autocrítica, cuestionamiento o revisión conceptual. A todo ello ha contribuido la, a veces tóxica, relación que se establece entre academia y política, a la que se refieren García Segura y Quero, reivindicando la tarea conceptualizadora de la teoría, contraponiendo los conocimientos que proceden de la práctica de los decisores de las políticas exteriores con los que provienen de la reflexión más pausada y a veces constitutiva del pensamiento teórico. Cuando el conocimiento se pone al servicio de la política termina generando un saber instrumental alejado de la neutralidad, y más cercano a los intereses y las ideas de los poderosos. Ese conocimiento que mayormente generó el mainstream durante todo el período de la Guerra Fría no fue capaz de conceptualizar ni la continuidad ni el cambio, y otros marcos teóricos más actuales tampoco han terminado de hacerlo o no han convencido a muchos, anclándose en la explicación del orden internacional y su mantenimiento. Sin embargo, ambos autores consiguen diferenciar entre el significado de cambio de sistema y el de cambio en el sistema, afirmando que las tendencias actuales, los grandes acontecimientos o los logros significativos no han supuesto un cambio en la estructura constitucional del sistema internacional, como sí lo fue, por ejemplo, la Paz de Westfalia y el inicio del sistema de estados, pero sí identifican algunos cambios en el sistema internacional.

Kenneth Ramírez, haciendo uso de las aportaciones de E. H. Carr, identifica los cambios en la naturaleza del sistema internacional como la consecuencia de una crisis de gobernanza derivada de la pérdida de autoridad del orden liberal y de ralentización del proceso de globalización. Ello empuja a los estados a revalorizar la seguridad económica mediante procesos de mercantilización más actuales y de la renacionalización de las industrias estratégicas. Además, el autor afirma que estamos viviendo una situación de transición del poder producto de la insatisfacción de las potencias revisionistas emergentes como China.

Jonathan Pass, nuestro mayor experto de la corriente neogransciana en España, de nuevo acude a estos postulados, pero mediante una lupa crítica y de revisión, para explicar este período de interregno, de crisis de gobernanza, en el que lo viejo no muere y el nuevo no acaba de nacer, y lo adjudica a una crisis orgánica mundial como consecuencia de la ruptura del compromiso social entre la clase dirigente y la sociedad civil. Pass coincide con los neogramscianos en que el proyecto hegemónico neoliberal está en crisis, pero detecta ciertos defectos en el marco teórico neogramsciano. Esto, afirma, les impide dentificar la verdadera causa subyacente de esta crisis orgánica global: una crisis de la hegemonía mundial estadounidense y del "ciclo sistémico de acumulación" que ha suscrito durante más de 70 años.

David García Cantalapiedra, en su trabajo, tras un interesante recorrido sobre la conceptualización y redefinición del concepto de seguridad por parte de distintas escuelas de pensamiento, muchas de ellas tendentes a introducir las necesidades de los individuos como parte del núcleo duro del concepto, reflexiona sobre la crisis en la que se encuentra el concepto de seguridad. El autor argumenta la tendencia cada vez mayor de introducir el dominio y la supervivencia como ejes de las políticas exteriores de los estados, y menos a la protección de sus dominados, los individuos, como consecuencia de la crisis del orden liberal.

Por último, en esta parte de la obra, Mariano Navas aborda un tema-puente entre el derecho internacional y las relaciones internacionales como es la traslación de la institución de las sanciones, propia del ámbito del derecho interno y del funcionamiento de las instituciones internacionales, al derecho internacional, convirtiéndolo en un mecanismo de reacción ante acontecimientos graves que provocan cambios en el sistema internacional, como la guerra en Ucrania.

La segunda parte de esta obra está consagrada al análisis del impacto de la guerra en Ucrania en el sistema internacional y en sistemas regionales. No resulta extraño que, en los últimos años, los estudiosos de las relaciones internaciones estén reflexionando largo y tendido sobre el origen y las consecuencias de esta guerra para las relaciones internacionales y el sistema en el que se desarrollan. De hecho, se trata de la primera guerra interestatal desde hace décadas y, además, en ella está implicada directamente una potencia revisionista, mientras que la otra parte en conflicto cuenta con toda la ayuda de los estados liberales. Evidentemente, el análisis de esta cuestión no podía obviarse en esta obra y, afortunadamente, la profesora Morán Blanco examina con destreza todos los elementos del conflicto que pueden suponer importantes cambios en el sistema internacional, pero, especialmente, en el sistema europeo y en la propia Unión Europea. Destaco de su análisis las partes en las que conjuga los momentos de crisis dentro de la Unión Europea con las decisiones más transcendentales para ofrecer una respuesta política, económica, humanitaria y militar a las demandas de ayuda ucranianas. Igualmente, la autora plantea los inconvenientes y ventajas de la adhesión de Ucrania a la Unión Europea una vez que finalice el conflicto, pero sobre todo se detiene en las consecuencias del conflicto para la seguridad de Europa en su conjunto, y la de la Unión en particular, haciendo hincapié en la necesidad de replantear el esquema defensivo europeo para asimilar todos los cambios que ha generado este conflicto, lo que tendrá reflejo en su sistema de alianzas y estrategias de futuro. En la misma línea de análisis sobre el sistema defensivo europeo se encuadra el trabajo de Ana María González Marín, que se adentra en la difícil conciliación de la autonomía defensiva de la Unión Europea, mejorando la cooperación en defensa entre los estados miembros, con las estrategias disuasorias de otras organizaciones internacionales, especialmente la OTAN, a la que pertenecen la mayor parte de los estados miembros de la Unión.

La guerra en Ucrania también se analiza por parte de José Ángel López Jiménez como el resultado de una crisis intersistémica provocada por la incapacidad de Rusia de liderar el sistema post-soviético y las tensiones que sus acciones han generado en el sistema internacional general y el sistema europeo. El autor identifica los principios y normas propias del multilateralismo liberal en las que Rusia ha dejado de creer, y que solo sigue de forma selectiva y utilitarista. Y, ahondando en el análisis de los cambios sistémicos a nivel regional, Rocío Valdés Calderón examina el concepto de "zonas grises de competición" como un recurso al que acuden cada vez más las potencias del sistema para medirse, y así evitar las enormes consecuencias económicas, políticas, y humanitarias que conlleva el uso de la fuerza. Mediante el concepto de zona gris de competición, la autora ejemplifica las características de las relaciones que países como China o EE.UU. desarrollan para para evitar el conflicto armado y las consecuencias que está teniendo para Rusia a raíz de la guerra en Ucrania. a raíz de la guerra en Ucrania.

Otro de los sistemas regionales que ha atraído la atención de los autores es el sistema el Indo-Pacífico a raíz del conflicto en Ucrania, analizado por Alejandro Garrido desde el realismo neoclásico, atendiendo al comportamiento de las potencias expansionistas, como China, dependientes, como Japón, u oportunistas, aunque a veces revisionistas, como Australia o India. Para el autor, la guerra en Ucrania y su desenlace provocará una reconfiguración de los equilibrios de poder en el sistema Indo-Pacífico y en la rivalidad entre China y los EE.UU.

Y, en una línea similar, Alessandro Demurtas analiza las consecuencias de los mismos hechos, la guerra de Ucrania, pero para el orden nuclear, basado en una serie de normas e ideas que algunas potencias como China y Rusia pueden dejar de respetar, con graves consecuencias para la seguridad de todo el sistema internacional. Su argumentación se apoya en la existencia de una competición ideacional entre Rusia, China y EE.UU., que junto a la crisis de muchas de las instituciones nucleares creadas durante la Guerra Fría podría alterar el equilibrio disuasivo nuclear que ha reinado durante décadas en el sistema internacional, y que ha conseguido prevenir un conflicto basado en este arma letal.

En la tercera y última parte de la obra se abordan fundamentalmente las consecuencias de la aceleración de la globalización en el sistema internacional y su reflejo en el marco de la sociedad civil. El primer capítulo es el elaborado por el profesor Sanahuja, y en él se analiza el concepto de interregno, de nuevo acudiendo al pensamiento de Gramsci, para definir el momento de cambio de época en el que se encuentra un sistema internacional hiperglobalizado y con una policrisis instaurada a partir del desastre financiero de 2008, que puso de manifiesto los peligros derivados del alto grado de interdependencia y transnacionalización que tenía el sistema internacional. La crisis financiera provocó, a su vez, una crisis de liderazgo occidental y del orden liberal que había promovido, provocando una desafección de buena parte de la ciudadanía con respecto a las instituciones democráticas y a las élites políticas surgidas de las mismas. Ese desafecto y desconfianza ha tenido como consecuencia la aparición de movimientos iliberales que cuestionan las bondades de los sistemas democráticos y de las instituciones internacionales que los promueven y apoyan, incapaces de dar respuestas a las continuas crisis económicas, la crisis climática, las crisis migratorias, el crimen organizado transnacional, entre otros. Mientras tanto, el momento histórico en el que se encuentra el sistema internacional permite que estados revisionistas se planteen nuevos proyectos geopolíticos. El interregno, como categoría de análisis, facilita la compresión de las crisis hegemónicas y la inestabilidad sistémica, como lo que ocurrió durante el período de entreguerras, cuando no termina de emerger un proyecto alternativo, una crisis histórica que se alarga en el tiempo y que solo podrá acabar cuando emerja el consenso necesario capaz de sacar adelante una alternativa de gobernanza.

Visión bien distinta es la de José Miguel Calvillo Cisneros, que afirma que el orden mundial liberal ha llegado a su fin como consecuencia de la convivencia de varios órdenes que se entremezclan y se relacionan entre sí. Existe, según el autor, un orden mundial westfaliano formado y protagonizado por los estados-nación, basado en la soberanía nacional y en la búsqueda de poder, y que convive con otros órdenes regionales. Y, paralelamente, se ha desarrollado otra dimensión de orden, más cosmopolita o universal, protagonizado por actores no estatales pero que solos no pueden hacer frente a las amenazas a las que se enfrenta el sistema internacional si no cuentan con la acción de los estados.

A propósito de la hiperglobalización, Margarita Trejo Poison expone los avances desmedidos de los procesos de deslocalización iniciados por las grandes corporaciones internacionales a finales del siglo XIX con el fin de maximizar sus beneficios, y las consecuencias que estos han tenido para los derechos humanos, las condiciones sociales y laborales y la protección del medioambiente. A partir de ahí analiza la necesidad de ofrecer una respuesta jurídica internacional que pueda dotar de ciertas garantías a las potenciales y reales víctimas de la deslocalización. Sin embargo, la Organización de Naciones Unidas no ha sido capaz de concluir una normativa sobre la diligencia debida de estas empresas multinacionales, mientras que en la Unión Europea se presentó un proyecto de directiva sobre la diligencia debida en materia de sostenibilidad con el fin de castigar el incumplimiento de los estándares y normas internacionales y comunitarias en materia de protección a los derechos humanos y el medioambiente. En este sentido, la situación en el sistema internacional parece permitir que en algunos sistemas regionales las instituciones liberales puedan poner freno o a la actuación uso de la globalización para evadir estándares, normas y principios de protección del medio ambientes y de los derechos de los individuos

Otros de los fenómenos derivados de la globalización, en concreto, los grandes avances en la tecnología de la información y la comunicación, se analizan en esta obra por Antonio Moreno Cantano, pero desde la perspectiva de las estrategias de desinformación que se utilizan en los conflictos bélicos actuales. En concreto, aborda la actividad de propaganda y desinformación que ha utilizado Rusia en la guerra de Siria y, ahora, en la guerra en Ucrania a través de los videojuegos para obtener ventajas respecto al enemigo.

Paula Cano, cierra esta obra con un trabajo de gran calado, sostenido en los postulados transnacionalistas de James Rosenau, sobre la aparición de un movimiento social transnacional de extrema derecha gracias a las herramientas avanzadas de comunicación e información que proporciona la dimensión tecnológica del fenómeno de la globalización, dando más protagonismo a la sociedad civil pero, también, permitiendo la difusión a las ideas populistas y extremistas que traspasan las fronteras, uniendo movimientos que en un primer momento tuvieron un alcance nacional pero que comienzan a intercambiar ideas y actividades con movimientos similares en otros países. Paula Cano analiza los casos de movimientos de extrema derecha en de España, el Reino Unido y EE.UU. y cómo conectan entre sí cuando comparten ideas sobre el origen de la policrisis en un sistema internacional sustentado en un ideario liberal que ya no protege a los ciudadanos de los países que lo promueven.

El trabajo realizado en esta obra, y el análisis variado desde el punto de vista científico-metodológico que contiene sobre los cambios en y del sistema internacional y los sistemas regionales no puede ni debe concluir aquí. Nuevos acontecimientos y avances en el pensamiento teórico de la disciplina nos harán continuar y perseverar en esta tarea para que pueda ser objeto de otros seminarios y encuentros científicos de primer orden, cuyos resultados puedan plasmarse en monografías como esta, artículos científicos, y un largo etc., que pongan de manifiesto el valor del pensamiento y el desarrollo científico que existe en la doctrina española, y su repercusión para el avance de las relaciones internacionales el avance de las relaciones internacionales en España.

I. ANÁLISIS DEL SISTEMA INTERNACIONAL CONTEMPORÁNEO

A vueltas con el cambio en la Teoría de las Relaciones Internacionales: una propuesta de conceptualización y clasificación

CATERINA GARCÍA SEGURA[1]
JORDI QUERO ARIAS [2]

1. INTRODUCCIÓN

La pandemia global del Covid-19 iniciada en marzo de 2020 y la invasión de Ucrania por parte de Rusia en febrero de 2022 -y el subsiguiente conflicto armado- han originado una nueva ronda de discusiones sobre hasta qué punto nos encontramos ante una coyuntura crítica de cambio profundo del orden internacional nacido tras el fin de la Segunda Guerra Mundial. Nociones como la de "viejo nuevo mundo", el "colapso" y/o "renacimiento" del orden contemporáneo o propuestas neogramscianas sobre el "interregno" son algunas de las utilizadas para describir la situación actual[3]. Estas discusiones se suman a

---

1 Catedrática de Relaciones Internacionales en la *Universitat Pompeu Fabra* (caterina.garcia@upf.edu).

2 Profesor *Tenure Track* de Relaciones Internacionales en la *Universitat Pompeu Fabra* (jordi.quero@upf.edu).

3 IKENBERRY, G. John, "The next liberal order", *Foreign Affairs,* Vol. 99, julio/ agosto, 2020, pp. 133-142. WAY, Luca Ahmad, "The rebirth of the liberal world order", *Journal of Democracy,* Vol. 33, núm. 2, 2022, pp. 5-17. BABIC, Milan, "Let's talk about the interregnum:

otras con algo más de recorrido sobre la crisis y el posible agotamiento del orden internacional liberal que desde inicios del presente siglo han ocupado un espacio central en los debates de la disciplina, y muy especialmente en los de la Teoría de Relaciones Internacionales[4].

Pero, ¿estamos ante un "viejo nuevo mundo" o ante un "nuevo viejo mundo"? En realidad, ésta es una cuestión de matices. El primer término supone que estamos ante un nuevo mundo en el que perviven algunos elementos del viejo y el segundo, que estamos ante el mundo de siempre con algunos elementos nuevos. En el primer caso predomina la novedad y en el segundo la continuidad, aunque ambos presuponen la coexistencia de elementos de cambio y de continuidad. Sea la que sea la opción elegida, la cuestión es que hay procesos de transformación de las relaciones internacionales que no son novedosos, pero que contribuyen al cambio, junto con algunos hechos que crean una gran sensación de giro drástico en las relaciones internacionales.

Si bien estos procesos son de larga duración, el momento actual está enmarcado por la pandemia y la guerra, caracterizados de "grandes acontecimientos" o de "puntos de inflexión". Este momento, ha sido señalado, política y académicamente,

---

Gramsci and the crisis of the liberal world order", *International Affairs,* Vol. 96, núm. 3, 2020, pp. 767-786. SANAHUJA, José Antonio, "Interregno. La actualidad de un orden mundial en crisis", *Nueva Sociedad,* núm. 302, 2022, pp. 86-94.

4 LAKE, David A., MARTIN, Lisa L. y RISSE, Thomas, "Challenges to the liberal order: Reflections on *International Organization*", *International Organization,* Vol. 75, primavera, 2021, pp. 225-257. MEARSHEIMER, John J., "Bound to fail: The rise and fall of the liberal international order", *International Security,* Vol. 43, núm. 4, 2019, pp. 7-50.

como de coyuntura crítica, lo que implica que estaríamos delante de un momento de cambio crucial o, al menos, frente a una ventana de oportunidad para cambios extraordinarios, en el sentido de diferentes en intensidad y/o en calidad, a las dinámicas transformadoras que ya existían. Drezner sostiene que una "coyuntura crítica ocurre cuando un acontecimiento desencadena un giro discontinuo en las variables claves o fuerza una aceleración de tendencias pre-existentes"[5]. En una coyuntura crítica aumentan las opciones disponibles y aumenta el impacto de la opción elegida. Como afirma Mark Blyth, experto en la obra de Karl Polanyi, la magnitud y dirección del cambio se determinan no el ámbito material sino en el terreno de las ideas[6]. Ello nos lleva a una cuestión central para la Relaciones Internacionales: la coyuntura crítica actual ha puesto de nuevo a la disciplina contra las cuerdas al exigir una interpretación de las transformaciones, es decir, ante el cambio.

La conceptualización del cambio y la capacidad explicativa de la Teoría o las teorías de las Relaciones Internacionales ante el cambio han sido una asignatura pendiente, si no suspendida, de las Relaciones Internacionales. Kalevi Holsti o Robert Gilpin, dos de los autores que más lo ha estudiado, así lo han afirmado: la teoría parece haberse ocupado poco y mal del cambio[7]. Es por ello que este trabajo se centra en la con-

---

5 DREZNER, Daniel W., "The song remains the same: international relations after Covid-19", *International Organization,* Vol. 74, núm. S1, 2020, pp. 18-35, p. 18.

6 BLYTH, Mark, "Karl Polanyi and institutional change", en *Great Transformations. Economic Ideas and Institutional Change in the Twentieth Century,* Cambridge: Cambride University Press, 2002, pp. 3-16. Citado en PASETTI, Francesco, "Covid-19, coyuntura crítica", *CIDOB Opinión,* núm. 635, 2020, p. 1.

7 HOLSTI, Kalevi J., "The problem of change in International Relations Theory", *Instititute of International Relations' Working Paper,* núm.

ceptualización del cambio como base teórica para el análisis de las trasformaciones contemporáneas de las relaciones internacionales que permita aprehender -entender y explicar- los procesos de cambio en curso y valorar la medida en la que los grandes acontecimientos, al menos percibidos como tales desde nuestro contexto intelectual, pueden constituir o no una coyuntura crítica.

Para ello este trabajo se divide en tres partes. En la primera, reflexionaremos sobre las dificultades de la Teoría de las Relaciones Internacionales ante el cambio. En la segunda realizaremos una revisión de algunas de las principales conceptualizaciones sobre el cambio. Finalmente, en la tercera presentaremos nuestra conceptualización y clasificación del cambio en las relaciones internacionales para luego, en una breve reflexión final, reflexionar sobre cómo la pandemia de Covid-19 y la guerra de Ucrania encajan en nuestra propuesta teórica.

2. LA TEORÍA DE LAS RELACIONES INTERNACIONALES: LOS REDUCCIONISMOS LIMITADORES Y LA TAREA CENTRAL DE CONCEPTUALIZACIÓN

Históricamente, la disciplina y la Teoría de las Relaciones Internacionales han tenido que hacer frente al cuestionamiento de su autonomía o de su validez por parte de otras disciplinas afines y, además, han adolecido de una permanente falta de confianza en sí mismas. Son muchos los teóricos que han reflexionado sobre los problemas y la viabilidad de la Teoría

---

26, Richmond: The University of British Columbia, 1998. GILPIN, Robert, *War and Change in World Politics*, Cambridge: Cambridge Universtiy Press, 1981, p. 4.

de las Relaciones Internacionales: desde los debates iniciales sobre su autonomía o dependencia respecto a la Ciencia Política y la Teoría del Estado o al Derecho internacional, hasta los debates sobre el pluralismo paradigmático como límite y debilidad que impide la consolidación de la disciplina o como riqueza que integra la diversidad. Si bien este no es el objeto de este apartado, la referencia a esta crítica y autocrítica recurrentes nos puede ayudar a situar la insatisfacción concreta respecto a la falta de capacidad explicativa del cambio en las relaciones internacionales[8].

Poniendo el foco en el cambio, a nuestro entender el principal problema de la teoría de las Relaciones Internacionales ante este fenómeno es la falta de claridad conceptual: no se define el cambio con precisión ni aquello que supuestamente está cambiando: ¿el sistema, el orden, sus instituciones, la estructura de poder, los actores? En este sentido, compartimos muchas de las afirmaciones del artículo de Stefano Guzzini, parte del citado monográfico, "The ends of International Relations Theory: Stages of reflexivity and modes of theorising". Siguiendo a este autor, la teoría de las Relaciones Internacionales tiene un problema doble que se pone especialmente de manifiesto en el estudio del cambio. El primero deriva de su carácter de "policy science" y de la relación entre mundo académico y el práctico: los profesionales de la política (*practitioners*) cuan-

---

8 En este sentido, nos ha resultado de gran utilidad la relectura de algunos de los artículos del monográfico del *European Journal of International Relations*, de 2013, editado por Tim Dunne, Lene Hansen y Colin Wigth, titulado "The End of International Relations Theory?" ya que a partir de la pregunta sobre si el pluriparadigmatismo supone el final de la disciplina, recogen y replantean muchas de estas problemáticas. DUNNE, Tim, HANSEN, Lene y WIGHT, Colin, "The end of International Relations Theory?", *European Journal of International Relations*, Vol.19, núm. 3, 2013, pp. 405-425.

do la teoría no se corresponde con el conocimiento práctico la consideran engañosa y cuando sí lo hace, redundante. Estas críticas de los profesionales presuponen una subordinación de los teóricos al conocimiento "superior" derivado de la práctica. A esto añadiríamos que la relación con el mundo político impone una urgencia que es contraria al distanciamiento temporal necesario para el análisis teórico[9]. El segundo, deriva de la tendencia a reducir la teorización al empiricismo, subestimándose la función constitutiva de la teoría y el rol de los conceptos. Ante la cuestión del cambio y sus consecuencias, y más en una coyuntura percibida como crítica, el problema se agudiza y se cuestiona más, si cabe, la capacidad explicativa de la teoría de las Relaciones Internacionales. La narración de los hechos (conflictos armados y no armados, transformaciones económicas, desarrollos tecnológicos, amenazas y retos a la seguridad, etc.) se convierte en central (datos, cuantificación) y se acompañan de interpretaciones (por ejemplo: "vuelta a la geopolítica", "nueva Guerra Fría") que se presentan como verdades incuestionables desde el ámbito político y que generan choques de interpretaciones ideológicas bajo la supuesta cobertura de los "ismos" teóricos (realismo, liberalismo, constructivismo...). La clave, tarea difícil, está en evitar los reduccionismos: el que consiste en identificar conocimiento práctico y científico; el que pretende reducir el conocimiento científico a una versión jibarizada, cuantificadora, de la teorización empírica; y el que reduce la teorización con la identificación con alguno de los "ismos". La teoría debe proveer de conocimientos factuales, pero también de capacidad de reflexión y de auto-reflexión.

---

9 GUZZINI, Stefano, "The ends of International Relations theory: Stages of reflexivity and modes of theorizing", *European Journal of International Relations*, Vol. 3, núm. 3, 2013, pp. 521-541.

Como afirma Guzzini, los especialistas deben ser "bilingües, capaces de dominar el lenguaje de la práctica y de la ciencia"[10].

Cabe entonces reivindicar la capacidad explicativa de la teoría y la necesidad de un cierto distanciamiento reflexivo de la acción política, no para aislarnos en la torre de marfil, sino para alejarnos de las presiones de los profesionales, de la supuesta necesidad de prever acciones y resultados, en lugar de detectar tendencias. Entendemos la teorización en la misma línea que Anna Leander cuando dice que hacer teoría no es hacer libros de cocina, libros de recetas, sino diccionarios inacabados en los que los conceptos deben adaptarse continuamente[11]. Los conceptos constituyen la teoría y la teoría se hace sobre ellos: son los instrumentos para teorizar a la vez que teorizar es redefinirlos. La tarea conceptualizadora, o la reescritura constante de nuestro diccionario, es el centro de la que Guzzini denomina teoría ontológica o constitutiva (uno de los cuatro tipos de teoría, junto a la normativa, la meta-teórica y la empírica). Este autor afirma que, si bien todo concepto es una construcción, no toda construcción funciona ya que conceptualizar no es estipular significados de forma arbitraria sino asignar significados a partir de los contextos históricos y semánticos y del uso pragmático de los términos[12]. Por otra parte, y citando a Goertz, "conceptualizar es más que dar una definición [de algo]: es decidir lo que es importante"[13].

---

10 GUZZINI, Stefano, *Op. cit.,* 2013, p. 538.

11 LEANDER, Anna, "Methodolgies in International Relations: Of cookbooks and unfinished dictionaries", *Paper presentado en la ABRI Annual Convention,* São Paolo, Brazil, 20–22 julio, 2011. Citado en GUZZINI, Stefano, *Op. cit.,* 2013, p. 523.

12 GUZZINI, Stefano, *Op. cit.,* 2013, p. 536.

13 GOERTZ, Gary, *Social Science concepts: A user's guide,* Princeton: Princeton University Press, 2006. Citado en GUZZINI, Stefano, *Op. cit.,* 2013, p. 534.

3. EL CAMBIO EN LA TEORÍA DE LAS RELACIONES INTERNACIONALES

El cambio levanta pasiones en el mundo mediático y en el político. Pero también la academia cede a su encanto y, aunque en menor medida, los académicos caen en sus redes. La novedad es un valor positivo, la novedad vende. Esta fascinación se traduce en una sobreutilización poco rigurosa del adjetivo "nuevo" (nuevo orden, nueva era, nuevo sistema internacional, nuevo mundo, nuevos actores, nuevas dinámicas, nuevas guerras…). Aunque se ha acusado a la Teoría de las Relaciones Internacionales de haberse dedicado poco al cambio[14] quizás sería más exacto decir que el tema del cambio y la continuidad en las relaciones internacionales no ha sido resuelto teóricamente de forma satisfactoria[15]. Porque, en realidad el cambio es una cuestión permanentemente presente y sí existe un corpus teórico y sí ha habido intentos de elaborar una teoría sobre el cambio[16] . Y, sin embargo, es cierto que sigue sin existir

---

14 BUZAN, Barry y JONES, R. J. Barry (eds.), *Change and the Study of International Relations: The Evaded Dimension*, Londres: Frances Pinter, 1981. MERRITT, Richard L. y RUSSET, Bruce M., *From National Development to Global Community. Essays in Honor of Karl W. Deutsch*, Londres: George Allen & Unwin, 1981. GILPIN, Robert, *Op. cit.*, 1981.

15 Aunque estos autores hablan del descuido del cambio en la teoría de las Relaciones Internacionales y al calificarlo de cuestión "descuidada" o "evadida" pudiera parecer que se refieren a que ha sido dejada de lado, en realidad ellos mismos concluyen que no ha sido "abandonada" sino tratada con poco rigor y sistematización. VINCENT, Raymond John, "Review. Change and International Relations", *International Studies Review*, Vol. 9, núm. 1, 1983, pp. 63-70.

16 En la obra resultante del *VI seminario AEPDIRI sobre temas de actualidad en Relaciones Internacionales* Jordi Quero reflexionaba exactamente sobre este tema ("La Teoría de las Relaciones Internacionales frente al cambio: ¿la disciplina frente a sus propios límites?") y en

consenso sobre qué es el cambio o la transformación en las relaciones internacionales. Incluso aquellos autores que se han ocupado del tema, partiendo de la premisa que era un tema descuidado o una cuestión evadida, ofrecen en demasiadas ocasiones resultados poco satisfactorios[17]. Ello puede atribuir-

---

su artículo presenta una clasificación de diferentes estudios sobre el cambio y los agrupa en dos bloques: los estudios focalizados en los elementos afectados por el cambio (Gilpin, Katzenstein) y los estudios que analizan los resultados del cambio (Buzan, Ikenberry, Alagappa, Clark o Wendt) frente a los mecanismos del cambio (Halliday, Walt, Bisley, Chan, Williams). Lo primero que pone de manifiesto dicha clasificación es que no se define el cambio. Se parte del presupuesto del cambio y se establecen diferentes tipologías en base a diferentes criterios. En el primer bloque, se establecen tipologías a partir de a qué o a quién afectan los cambios (actores, instituciones, sistema). En el segundo bloque, se crean tipologías de los órdenes o de las sociedades internacionales resultantes de los cambios y tipologías sobre el carácter del cambio a partir de los mecanismos de cambio. De su análisis Quero concluye que hay una falta de diálogo entre las diferentes propuestas; que hay una brecha entre teorías generales y parciales; y que cambio y continuidad son tratados en demasiadas ocasiones como realidades excluyentes. QUERO, Jordi, "La Teoría de las Relaciones Internacionales frente al cambio: ¿la disciplina frente a sus propios límites?", en MOURE, Leire y PINTADO, Montserrat (coord.), *Transición de poder y transformaciones del orden liberal en tiempos de pandemia,* Valencia: Tirant Lo Blanch, 2022, pp. 33-52.

17 Randolph M. Siverson califica el libro editado por Buzan y Jones sobre el cambio de decepcionante, por no aportar ninguna vía de desarrollo de un modelo analítico claro del cambio. SIVERSON, Randoph M., "Review. *Change and the Study of International Relations: The Evaded Dimension,* edited by Barry Buzan and R. J. Barry Jones", *The American Political Science Review,* Vol. 77, núm. 3, 1983, p. 802. Paradójicamente, el libro sobre el cambio del que es coeditor cae exactamente en la misma trampa: a pesar de los propósitos y objetivos enunciados en la introducción, los diferentes capítulos no

se a que se da por sobreentendido el significado del término, a que se traslada sin más el significado corriente del mismo (acto o proceso que convierte una cosa en otra distinta, acto o proceso a través del cual algo se vuelve diferente...) a las relaciones internacionales. Pero esta aplicación resulta problemática porque, primero, no se define qué es ese algo o esa cosa; segundo, porque el término "distinto" no refleja la diferencia entre cambios fundamentales y cambios no fundamentales y excluye cualquier continuidad que suceda en paralelo; y tercero, porque los actos y los procesos generan efectos diferentes cuya esencia tampoco es captada (transformaciones abruptas y graduales; giros radicales y aumento/descenso de tendencias). La teoría no puede permitirse sobreentendidos, debe definir con rigor, especificar los criterios en base a los que se establece una tipología y establecer las variables o marcadores para analizar el cambio.

Por otra parte, el tema cambio es víctima de una tendencia general en Relaciones Internacionales, y en otras disciplinas, que es la práctica desaparición de los trabajos de teorización y conceptualización a favor de los trabajos empíricos sobre temas puntuales de las relaciones internacionales, de los trabajos descriptivos o que, como mucho, intentan probar o refutar las teorías existentes[18]. Un recorrido por los índices de las revistas

---

mantienen la coherencia con ellos y el resultado final no es la esperada sistematización de una teoría del cambio. HOLSTI, Ole R., SIVERSON, Randolph M. y GEORGE, Alexander L. (eds.), *Change in the International System,* Boulder: Westview Press, 1980.

18 Tim Dunne, Lene Hansen y Colin Wigth, en tanto que editores del *European Journal of International Relations* ente 2008 y 2013, afirmaban haber observado dos tendencias comunes a todos los artículos recibidos y publicados: una es la reducción del debate teórico entre "ismos" y la otra la reducción de los trabajos puramente teóricos. DUNNE, Tim *et al., Op. cit.,* 2013.

de Relaciones Internacionales pone rápidamente de manifiesto el gran número de artículos que reflexionan sobre el impacto de la pandemia y/o la guerra de Ucrania sobre el sistema internacional, sobre el orden, sobre la globalización o sobre las relaciones entre grandes potencias, pero muy pocos lo hacen desde las teorías.

Esta limitación afecta también a la Escuela Inglesa (EI) de Relaciones Internacionales de cuyos trabajos parte nuestra contribución, tal como se verá más adelante. Desde sus orígenes, el foco de la EI ha sido el estudio de los comportamientos que permiten el mantenimiento de un orden internacional con lo que, casi por su idiosincrasia fundacional, la Escuela no ha situado el cambio en el centro de su agenda investigadora. Según Trine Flockhart, los procesos de cambio han dado lugar a la situación curiosa por la cual "han sido a la vez omnipresentes en muchas investigaciones empíricas ricas enmarcadas en la EI mientras han estado totalmente ausentes como objeto de análisis teórico y como teoría del cambio"[19]. Si bien, por ejemplo, Hedley Bull presta atención a procesos de erosión y cambio normativo como el tratado en lo que llamó "la revuelta contra Occidente" o los cambios asociados a la expansión de la sociedad internacional europea al resto del globo, su interés -comprensiblemente- estaba en explicar la estabilidad "en un contexto de parálisis bipolar entre superpotencias, teniendo en cuenta la aprensión generalizada sobre que cualquier cambio en el ecosistema internacional sería catastrófico"[20]. Según

---

19 FLOCKHART, Trine, "Theorizing change in the English School", en PAIKIN, Zachary y FLOCKHART, Trine (eds.), *Rebooting Global International Society. Change, Contestation and Resilience,* Ginebra: Palgrave MacMillan, 2022, pp. 21-39, p. 29.

20 PAIKIN, Zachary y FLOCKHART, Trine, "Introduction: Rebooting global international society", en PAIKIN, Zachary y FLOCKHART,

Reus-Smit, la propuesta de Bull se ha demostrado tan poderosa "que tanto sus seguidores como sus críticos han tenido dificultades para liberarse de sus clasificaciones y conceptualizaciones más importantes, demostrando que una taxonomía ingeniosa puede tener una herencia heurística"[21]. Desde entonces, según sugiere Tonny B. Knudsen, las reticencias de la EI a tratar el cambio se entenderían por una voluntad de reivindicar la existencia de una sociedad internacional ordenada y estable frente a los argumentos contrarios del realismo -que critica el reducido o nulo impacto del orden sobre el poder- y del liberalismo -que la entiende como un mero fruto de la interdependencia, cambiable en cualquier momento[22]. Aun así, en los últimos años autores como Cornelia Navari, Charlotta Friedner Parrat, Trine Flockhart o Kalevi Holsti han hecho esfuerzos significativos por revertir la situación, dedicando especial atención a cómo las instituciones secundarias del orden pueden generar transformaciones en las primarias -una suerte de camino inverso a lo que desde Bull había sido el mecanismo primordial por el que los cambios en las primarias generaban mutaciones en

Trine (eds.), *Rebooting Global International Society. Change, Contestation and Resilience,* Ginebra: Palgrave MacMillan, 2022, pp. 1-17, p. 11

21 REUS-SMIT, Christian, "*The Anarchical Society* and Human Rights", en SUGANAMI, Hidemi, CARR, Madeline y HUMPHREYS, Adam (eds.), *The Anarchical Society at 40. Contemporary Challenges and Prospects,* Oxford: Oxford University Press, pp. 75-91, p. 75.

22 KNUDSEN, Tonny B., "The relationship between primary and secondary institutions: Theorizing institutional change", en PAIKIN, Zachary y FLOCKHART, Trine (eds.), *Rebooting Global International Society. Change, Contestation and Resilience,* Ginebra: Palgrave MacMillan, 2022, pp. 79-105, p. 82.

las secundarias- así como a la gestación, la evolución y el declive de las instituciones primarias[23].

Uno de los autores que más ha insistido en la conceptualización del cambio es el ya mencionado Kal Holsti, quien propone establecer unos marcadores. Estos son variables que identifican cuándo se dan los cambios o transformaciones pero que, según él mismo indica, no explican el cambio. Por tanto, reivindica la necesidad de definir qué se entiende por cambio y toma en cuenta que suele convivir con las continuidades. Parte de la premisa que "el cambio, como la belleza, está en los ojos de quien que lo mira"[24] y exige a los teóricos la especificación de qué entienden por cambio. Hoslti sugiere cuatro de estos marcadores: las tendencias, los grandes acontecimientos, los grandes logros y las innovaciones socio-tecnológicas. Las tendencias registran los pequeños actos que derivan en transformaciones graduales, progresivas, a medio y largo plazo. Sirven para entender cómo la acumulación cuantitativa tiene capacidad de alterar lo cualitativo (por ejemplo, cómo la aparición de más y diferentes tipos de actores internacionales afecta al poder del estado y al significado de la soberanía). Los grandes acontecimientos son hechos dramáticos, extraordinarios, que tienen lugar abruptamente, en un momento preciso y que suponen grandes variaciones respecto a lo ordinario (por ejemplo, las

---

23 NAVARI, Cornelia, "Modelling the relations of fundamental institutions and international organizations", en KNUDSEN, Tonny B. y NAVARI, Cornelia (eds.), *International Organization in the Anarchical Society,* Londres: Palgrave, 2019. FRIEDNER PARRAT, Charlotta, "Change in international society: How not to recreate the 'first debate' of International Relations", *International Studies Review,* Vol. 22, núm. 4, pp. 758-778. FLOCKHART, Trine, *Op. cit.,* 2022. HOLSTI, Kalevi J., *Taming the Sovereign: Institutional Change in International Politics,* Cambridge: Cambridge University Press, 2004.

24 HOLSTI, Kalevi J., *Op. cit.,* 1998, p. 4.

guerras mundiales, la Paz de Versalles). Los grandes logros hacen referencia a hechos extraordinarios que provocan cambios efímeros, es decir, cambios que no sobreviven a quienes los originaron (por ejemplo, el reinado de una dinastía o la edad de oro de un imperio o de un país). Finalmente, las innovaciones socio-tecnológicas son aquellas transformaciones capaces de alterar las relaciones entre las potencias, pero no de acabar con la violencia interestatal como la revolución nuclear o, más recientemente, la revolución de las TIC. El establecimiento de estos marcadores no solventa la problemática de la conceptualización del cambio ya que, como señala el propio Holsti, no existe consenso sobre los baremos para medir las tendencias y, por ende, su impacto; no existe una definición precisa que identifique los grandes acontecimientos y los grandes logros; y tampoco existe un consenso sobre el significado y el impacto de las innovaciones tecnológicas.

Para solventarlo propone cuatro tipos de cambio -que tomaremos como punto de partida en nuestra clasificación en el siguiente epígrafe: el cambio como sustitución, el cambio como suma, el cambio dialéctico y el cambio como transformación[25]. En todos ellos, aunque no lo explicita, se supone -se deriva de los ejemplos que utiliza- que el objeto del cambio son las relaciones internacionales en general (entendidas como relaciones entre superpotencias o grandes potencias). El cambio como sustitución supone ruptura y discontinuidad: los patrones de relación del pasado son sustituidos por otros nuevos (la paz frente a la guerra). Este concepto coincidiría parcialmente

---

25 En realidad, propone un quinto ya que dedica un apartado *sui generis* a "Rosenau y el cambio" pero no lo incluimos porque consideramos que no se ajusta a la lógica de la tipología ya que no hace referencia a la naturaleza del cambio sino a su alcance (local, regional o internacional).

con la idea de cambio transformador de Drezner y con la idea de cambio sistémico y disruptivo de Sinha. Un cambio transformador es el producido por un fenómeno o proceso que altera los patrones de las relaciones internacionales y del que existe evidencia de que en ausencia de ese fenómeno o proceso no se habría producido el cambio[26]. Un cambio sistémico disruptivo es un giro brusco, violento, revolucionario, a gran escala, que afecta a todo el sistema[27]. Volviendo a Holsti, el cambio como adición incluye la continuidad y asume que nuevas formas de relación se construyen sobre las existentes: lo nuevo coexiste con lo viejo, con lo cual se añade complejidad a las relaciones (la permanencia del conflicto coexiste con el desarrollo de nuevas formas de gobernanza basadas en la cooperación, la sociedad civil coexiste con el estado). El cambio dialéctico presupone más que una suma de lo nuevo a lo viejo: la síntesis da lugar a una relación diferente (curiosamente, el autor no aporta ningún ejemplo de este tipo de cambio; la gestación de nuevos espacios de *multistakeholderism* en mecanismos de cooperación clásicos sería un ejemplo). El cambio como transformación es

---

26 DREZNER, Daniel W., *Op. cit.,* 2020, p. 20.

27 Aseema Sinha establece una tipología a partir de dos ejes: el proceso de cambio (que puede ser incremental o disruptivo) y el resultado (cambio o continuidad en el sistema/cambio de sistema). No compartimos las denominaciones que les da a los cuatro tipos de cambio resultantes (en concreto a los calificativos exógeno-endógeno) por considerar que inducen a confusión. Si bien los términos deberían aludir a las causas y en relación al sistema internacional (¿tiene sentido hablar de causas exógenas al sistema?), en realidad se refieren a cambios de sistema y cambios en el sistema, tal como los plantearemos más adelante. El problema deriva de que no establece qué entiende por sistema internacional. SINHA, Aseema, "Building a theory of change in International Relations: Pathway of disruptive and incremental change in world politics", *International Studies Review,* Vol. 20, núm. 2, 2018, pp. 195-203.

aquel que deriva de los cambios cuantitativos, acumulados en un periodo de tiempo y que conduce a nuevas formas de relación que se edifican sobre el legado de las anteriores (la institución monárquica se mantiene, pero cambian sus funciones; el atributo de soberanía se mantiene, pero cambia la capacidad de control de los estados soberanos).

La limitación más importante del gran esfuerzo de Holsti es que no distingue a qué elementos del sistema internacional aplica y no se detiene a preguntar si existen diferencias sobre el significado del cambio dependiendo de a cuáles afecte[28]. Tanto en la obra de Rosenau como en la de Sinha se recoge la diferenciación, formulada en distintos términos, de cambio sistémico (o de sistema) que supone la alteración de las propiedades básicas del sistema y de cambios en el sistema, que no las alteraría al mismo grado sino algunas de sus instituciones. Rosenau denomina estos últimos como cambios menores pero, en nuestra opinión, el término induce a error ya que sus resultados pueden ser muy importantes[29].

De este sobrevuelo de algunos de los trabajos seminales y de otros más recientes nos reafirmamos en la necesidad de definir el objeto cuyo cambio o continuidad analizaremos y de definir los tipos posibles de cambio.

---

28 La obra de Holsti es, una vez más, poco clara al respecto dado que, si bien la mayor parte del tiempo se refiere, aunque sea implícitamente, al sistema, al final introduce un apartado sobre el cambio de las instituciones. HOLSTI, Kalevi J., *Op. cit.*, 1998.

29 ROSENAU, James N., *Turbulence in World Politics: A Theory of Change and Continuity*, Princeton: Princeton University Press, 1990.

4. UNA PROPUESTA DE CLASIFICACIÓN DEL CAMBIO EN LAS RELACIONES INTERNACIONALES

Si queremos analizar el cambio en las relaciones internacionales desde la teoría de las RR.II., el primer elemento de nuestra propuesta consiste en centrar el análisis en torno a nuestro objeto de estudio principal: el sistema internacional. Nuestra aproximación al cambio parte de la concepción de sistema, sociedad y orden internacional de Bull, aunque amplía los actores que en ellos participan, y de la concepción constitutiva de las instituciones internacionales, base del orden internacional, de Cristian Reus-Smit. Tomando todo esto como punto de partida, proponemos la existencia de dos grandes tipos de transformaciones: los cambios de sistema y los cambios en el sistema.

Los cambios de sistema son aquellos que se refieren a permutas en la naturaleza de sus unidades principales y básicas, entendida como la forma de organización política del poder. El ejemplo histórico paradigmático de este tipo de cambio sería el que produjo la Paz de Westfalia en 1648 cuando una pluralidad de formas de organización política del poder (ciudades-estado, imperios) dieron paso progresivamente a la popularización del estado soberano moderno, primero en Europa y luego, con la "expansión de la sociedad internacional europea", al resto del globo[30]. Este tipo de cambios, por definición, no pueden ser instantáneos ni abruptos, sino que son el fruto de largos procesos de transformación política y social *alla Longue Durée*, más allá de que determinados acontecimientos de una gran importancia histórica (las guerras sistémicas, por ejemplo) puedan iniciarlos o acelerarlos. Además, los cambios de sistema nece-

---

30 WATSON, Adam, *The Evolution of International Society*, Londres: Routledge, 1992.

sariamente generarán cambios en el orden internacional y sus instituciones: en tanto que expresión de la voluntad y el acuerdo intersubjetivo de sus participantes, cualquier orden internacional no sobrevivirá a un cambio de esta magnitud en la naturaleza de sus protagonistas, algo inevitable si éstos quedan extintos o mutan en un tipo de organización del poder que las desvincula de cualquier pauta de comportamiento previa.

Los cambios en el sistema, segunda gran categoría en esta propuesta de tipología, incluirían los cambios en la estructura, en la tipología de los actores y en el orden internacional de cualquier sistema. Cualquier sistema internacional está formado por unos actores que se sitúan en una estructura de poder, entendida como "la posición que ocupan unos actores en relación con el resto [y cuyas] variables básicas son el número de actores y la distribución de poder entre ellos"[31]. Por cambios en la estructura nos referimos aquí tanto a una permuta en los protagonistas (del sistema multipolar antes de 1914 al sistema multipolar después de 1919) como al grado de concentración del poder en cada momento histórico (de la bipolaridad de la Guerra Fría a la multipolaridad compleja actual). En ambos casos, es probable que nuevos polos de poder impulsen cambios en el orden internacional -tratados más adelante- ya sea proponiendo o creando nuevas instituciones (*ex novo* o que sustituyan a las existentes) o promoviendo nuevas interpretaciones de las normas y las pautas de comportamiento socialmente aceptables. En ningún caso esto quiere decir que aceptemos la premisa del realismo estructural por la cual el comportamiento de los estados y el orden internacional del que se dotan en cada momento se derivan directa e inevitablemente de las características de la distribución de poder (de la

---

31 BRECHER, Michael y JAMES, Patrick, *Crisis and Change in World Politics*, Boulder/ Londres: Westview Press, 1986, p. 10.

unipolaridad se derivaría un orden hegemónico o imperial o de la multipolaridad uno de equilibrio de poder)[32]. Pero sí que los cambios en la estructura de cualquier sistema pueden abrir la puerta para que las nuevas potencias propongan o pongan en práctica nuevos patrones de conducta legítima basados en nuevos o refundados acuerdos intersubjetivos.

Los cambios en la tipología de actores se refieren al surgimiento de nuevos actores, o el aumento en su número y centralidad en las relaciones internacionales, de naturaleza alternativa a las unidades centrales del sistema internacional. El paradigma transnacionalista de los años sesenta y setenta del siglo pasado puso el foco en uno de estos tipos de cambio: la proliferación y creciente importancia para las relaciones internacionales de actores no estatales como las empresas transnacionales, los actores no gubernamentales internacionales, los grupos de criminalidad transnacional organizada y los grupos terroristas internacionales, entre otros. Estos nuevos actores no propiciaron un cambio de sistema en tanto en cuanto los estados soberanos siguieron siendo sus unidades centrales; aun así, desde entonces han desarrollado un papel cada vez más importante en el devenir de relaciones internacionales (incluyendo las interestatales) y de la gobernanza global -llegando incluso, en ocasiones, a convertirse en promotores de nuevas normas de alcance universal o de nuevas interpretaciones de las mismas, así como en actores con capacidad efectiva para contestar el orden internacional y algunas de sus instituciones. Su aparición y proliferación significa una alteración de la realidad de cualquier sistema, poniendo coto al monopolio efectivo en la acción de las unidades centrales y, en general, generando

---

32 WALTZ, Kenneth N., *Theories of International Politics,* Reading: Addison-Wesley Publishing Company, 1979, pp. 88-101.

anomalías propias de las dificultades de su inclusión en las instituciones y normas del orden internacional vigente.

En tercer y último lugar encontramos los cambios en el orden internacional. Aunque venimos hablando de un sistema internacional, consideramos que actualmente el sistema de alcance global es una sociedad internacional[33], entendida como el conjunto de estados y otros actores y autoridades internacionales que mantienen interacciones recurrentes y de impacto mutuo y significativo, que se encuentran facilitadas, a la vez que constreñidas, por un orden que ha sido creado o que surge, y va evolucionando, a partir de la toma de consciencia de la existencia de problemas e intereses comunes y de la necesidad de establecer mecanismo de coordinación para solventarlos y satisfacerlos. El orden internacional es un patrón de actividad, de conducta, orientado a mantener los objetivos fundamentales de la sociedad de estados (Bull pensaba exclusivamente en términos de sociedad de estados, pero podemos ampliar la definición a otros actores internacionales): la seguridad, el cumplimiento de los compromisos adquiridos, y la protección de los derechos de propiedad (territorial, en caso del estado). Siguiendo a Reus-Smit, para alcanzar estos objetivos, los estados (y añadimos: básicamente, pero no exclusivamente) se enfrentan a problemas de colaboración y tienen que cooperar para alcanzar intereses compartidos, como podría ser reducir los conflictos armados, y a problemas de coordinación y cooperan

---

33 Lo hacemos porque el termino sistema internacional es de uso más extendido, mientras que el de sociedad internacional se limita a autores de la Escuela Inglesa de las Relaciones Internacionales o a autores afines a la misma. La idea de sistema es aceptada por todas las aproximaciones teóricas, no pone barreras entre los diferentes "ismos" (realismo, liberalismo, institucionalismo, constructivismo...) al margen de que para unos el sistema actual sea un mero sistema, en sentido *bulliano*, y para otros sea una sociedad o tenga elementos que lo aproximen a una comunidad.

para evitar determinados resultados, como podría ser mitigar los efectos de la pandemia del Covid-19 o evitar una nueva pandemia. Para ello desarrollan las instituciones internacionales, definidas por Keohane como "conjuntos persistentes de normas (formales e informales)[34] que prescriben roles de conducta, limitan la actividad y modelan expectativas"[35]. El patrón de conducta que es el orden se establece a partir de las instituciones internacionales que lo constituyen.

Por tanto, para analizar este tipo de cambio analizaremos las instituciones que conforman el orden en el que se basa el sistema internacional. Y para identificar los tipos de cambio utilizaremos una categorización inspirada por las propuestas de Bull y Buzan: diferenciaremos entre instituciones fundamentales o primarias, y las instituciones secundarias y los regímenes específicos. Buzan, inspirándose en las propuestas de Bull, define las instituciones primarias como prácticas sociales "profundas y relativamente persistentes" [36], compartidas entre

---

34 Normas entendidas en el sentido sociológico del término, no jurídico, utilizado entre muchos otros por Peter Katzenstein, Marta Finnemore, Duncan Hollis o Katryn Sikkink. KATZENSTEIN, Peter J., *Cultural Norms and National Security: Police and Military in Postwar Japan*, Ithaca: Cornell University Press, 1996. FINNEMORE, Martha, "Constructing norms of humanitarian intervention", en KATZENSTEIN, Peter J. (ed.), *The Culture of National Security: Norms and Identities in World Politics,* Nueva York: Columbia University Press, 1996. FINNEMORE, Martha y HOLLIS, Duncan B., "Constructing norms for global cybersecurity", *American Journal of International Law,* Vol. 110, núm. 3, 2016, pp. 425-479. FINNEMORE, Martha y SIKKINK, Katryn, "International norm dynamics and political change", *International Organization,* Vol. 52, núm. 4, 1998, pp. 887-917.

35 KEOHANE, Robert O., *International Institutions and State Power,* Boulder: Westview Press, 1989, p. 3.

36 BUZAN, Barry, *An Introduction to the English School of International Relations. The Societal Approach,* Cambridge: Polity, 2014, p. 17.

los miembros de la sociedad internacional y que fijan patrones sobre el comportamiento legítimo "cimentados en los valores corales profesados por los participantes del orden y materializadas en una mezcla de normas, reglas y principios"[37]. La lista original de las instituciones fundamentales del orden contemporáneo de Bull incluye el equilibrio de poder, el derecho internacional, la diplomacia, la gestión privilegiada por parte de las superpotencias y la guerra[38]. Buzan añade el nacionalismo, la igualdad entre seres humanos y el mercado a la lista de instituciones primarias del orden internacional contemporáneo[39]. Las instituciones secundarias, por su parte, son "organizaciones diseñadas a conciencia con un propósito funcional y organizativo" tales como las organizaciones internacionales o los regímenes específicos como serían el de no proliferación o el de protección del medio ambiente[40].

---

37 BUZAN, Barry, *From International to World Society? English School Theory and the Social Structure of Globalisation,* Cambridge: Cambridge University Press, 2004, p. 181.

38 En verdad, aunque con menos impacto en la disciplina, incluso antes que Bull, Martin Wight había propuesto una lista que incluía el reconocimiento mutuo de la soberanía, la diplomacia, el comercio, la guerra, el sistema de conferencias, el derecho internacional, la gestión privilegiada de las superpotencias, el equilibrio de poder, la seguridad colectiva, las alianzas, las garantías y la neutralidad. WIGHT, Martin, *Systems of States,* Leicester: Leicester University Press, 1977. BULL, Hedley, *La Sociedad Anárquica,* Madrid: La Catarata.

39 BUZAN, Barry, *Op. cit.*, 2014, p. 17. Otros autores vinculados a la Escuela Inglesa incluirán a esta lista la territorialidad, la soberanía y el principio de no intervención, el imperialismo o el colonialismo, el dinasticismo, o la hegemonía. BUZAN, Barry, *Op. cit.*, 2014, pp. 97-112.

40 BUZAN, Barry, *Op. cit.,* 2004, p. 167. Utilizamos la noción de régimen internacional para referirnos al conjunto de normas y mecanismos de control de la conducta que convergen alrededor de una par-

Cualquier modificación en las instituciones primarias (ya sea la aparición de una nueva, la substitución de una por otra, o los cambios en alguna de las prácticas sociales que las componen) suele generar un efecto cascada sobre las instituciones secundarias y sus regímenes específicos en tanto en cuanto estas últimas están cimentadas sobre las primeras. Un cambio en los acuerdos intersubjetivos entre los actores del sistema sobre los patrones de comportamiento legítimos en el ámbito de la diplomacia, por ejemplo, provocará necesariamente modificaciones en las funciones y el funcionamiento de muchas organizaciones internacionales, así como en los regímenes específicos que establecen normas funcionales sobre esta institución. Estos cambios, pero, suelen ser menos abruptos que los correspondientes a las otras categorías de la tipología aquí presentada en tanto en cuanto las instituciones primarias son más "fruto de la evolución que del diseño"[41].

En relación con los cambios en el orden sería necesario esclarecer que hemos preferido no distinguir entre cambios *en* el orden y cambios *de* orden internacional, optando por utilizar sólo la primera noción. Evitamos así lo que entendemos que no sería otra cosa que un ejercicio con un valor explicativo limitado: cualquier cambio en una de las instituciones del orden ya genera una *foto finish* del mismo que no es idéntica a la original, permitiéndonos hablar cada vez que ello sucede de un *nuevo* orden internacional -o de un cambio *de* orden. Todo lo que no fuera eso sería tener que forzar una conclusión arbitraria y con poco interés analítico sobre el umbral entre ambas. ¿Cuántos cambios en las instituciones primarias de cualquier orden, o

---

te o fenómeno concreto de la realidad internacional. HAGGARD, Stephan y SIMMONS, Beth A., "Theories of international regimes", *International Organizations,* Vol. 41, núm. 3, 1987, pp. 491-517.

41 BUZAN, Barry, *Op. cit.,* 2014, pp. 16-17.

de qué intensidad, nos permitirían hablar de un cambio de un orden por otro de nuevo? ¿Cuál es el mayor valor explicativo que nos brinda hablar de un cambio *de* orden frente a un cambio *en* el orden, siempre y cuando seamos capaces de detectar qué instituciones han cambiado, en qué sentido y con qué intensidad?

Una vez presentadas las nociones de cambio de sistema y de cambio en el sistema, podemos hacer cuatro aclaraciones al respecto. La primera es que esta propuesta está vinculada con la de los tres niveles de las instituciones internacionales de la sociedad internacional propuestos por Reus-Smit: las estructuras constitucionales, las instituciones fundamentales y los regímenes específicos. Según este autor, las estructuras constitucionales son las instituciones fundacionales de todo orden y comprenden los metavalores que definen la identidad de las unidades fundamentales y las normas básicas que definen la corrección de la acción. Las instituciones fundamentales son las que establecen las reglas básicas de la práctica que estructura la forma en que los estados resuelven los problemas de cooperación. Y los regímenes específicos regulan las prácticas institucionales básicas en ámbitos concretos de las relaciones interestatales. Nuestra propuesta vincula los cambios de sistema a las trasformaciones –abruptas o graduales- de las estructuras constitucionales, siempre asociadas con la naturaleza de las unidades centrales del sistema y con el objetivo primario, y los cambios en el sistema a las transformaciones –en general graduales- de las instituciones fundamentales y de los regímenes específicos de Reus-Smit[42].

Es necesario en ese mismo sentido explicitar los marcadores del cambio. Para los cambios de sistema, habrá que determinar aquellos que permitan aprehender las transformaciones de la

---

42 REUS-SMIT, Christian, "The constitutional structure of international society and the nature of fundamental institutions", *International Organization,* Vol. 51, núm. 4, pp. 555-589.

soberanía estatal: desde la perforación de la soberanía por otros actores y dinámicas (lo que Krasner denomina dimensión de "control" de la soberanía) a la transformación normativa de la soberanía (dimensión de "autoridad y legitimidad" de la soberanía)[43]. Las transformaciones de la soberanía como control pueden analizarse a través de las transformaciones de la territorialidad (permeabilidad de fronteras, globalización económica...) y del poder relativo de otros actores internacionales. Para las instituciones fundamentales y los regímenes habrá que determinar, en cada caso, los marcadores cualitativos y cuantitativos que nos permitan aprehender en qué sentido evolucionan. Si analizamos, por ejemplo, las transformaciones del multilateralismo debemos considerar entre otros, las actuaciones unilaterales de los estados, especialmente de las grandes potencias, la aparición de nuevos foros y formas del multilateralismo (el multilateralismo blando y el multilateralismo multipartito) o la interacción de diferentes tipos de actores en las instituciones multilaterales (por ejemplo, en iniciativas normativas globales). Explicitar los marcadores del cambio nos permite determinar hasta qué punto el lugar de llegada tras cualquier cambio es diferente del lugar de partida y, por ende, evaluar si nos encontramos ante meros cambios cosméticos o, por el contrario, ante un cambio profundo de alguno de los elementos constitutivos del sistema. En el caso de los cambios en el sistema, además, pensar en términos de marcadores del cambio nos habilita para diferenciar, por un lado, entre conductas contrarias al orden (espontáneas, sin vocación de perdurar necesariamente en el tiempo y/o de contestar cuáles son las pautas de comportamiento legítimo) y las contestatarias (las que plantean un reto a alguno de los elementos del orden,

---

43 KRASNER, Stephen D., *Sovereignty: Organized Hypocrisy*, Princeton: Princeton University Press, 1999, p. 10.

con vocación de transformarlo, pero sin un grado de aceptación social en el sistema suficiente como para conseguirlo) y, por el otro, lo que realmente son cambios corales y efectivos en los acuerdos intersubjetivos sobre la conducta legítima en la base de todas las instituciones.

La tercera aclaración se refiere a la consideración de los elementos de continuidad en los contextos de cambio y en el análisis del impacto de las transformaciones. Cambio y continuidad coexisten en la realidad internacional, no son realidades mutuamente excluyentes. Los cambios, en cualquiera de las categorías señaladas, no suelen ser automáticos y universales, sino que cualquier proceso de cambio está marcado por grandes continuidades. Emanuel Adler, en su análisis sobre los cambios en la OTAN desde el fin de la Guerra Fría, acuña el término "meta-estabilidad" para referirse a la necesidad constante de cualquier entidad social de ir poniendo en práctica pequeños cambios para adaptarse ante nuevas realidades mientras que sus estructuras centrales se mantienen inalteradas[44]. Además, si nos centramos en los cambios en el orden internacional, como sugiere Rosenau, el volumen y la complejidad de las pautas de conducta regladas hace que los cambios pocas veces sean automáticos y se requieran tiempo para que el grueso de los actores participantes modifique conductas ancladas en el tiempo y/o muden en los acuerdos intersubjetivos en la base de dichos comportamientos reglados. El resultado es que el cambio y la continuidad son sincrónicos[45].

---

44 ADLER, Emanuel, "The spread of security communities: Communities of practice, self-restraint and NATO's post-Cold War transformation", *European Journal of International Relations,* Vol. 14, núm. 2, 2008, pp. 195-230.

45 Sobre la sincronía entre continuidad y cambio en Rosenau, véase: GÜL, Murat, "The concept of change and James N. Rosenau: Still international relations?", *African Journal of Political Science,* Vol. 5, núm. 6, 2011, pp. 1-9.

La cuarta y última aclaración de la propuesta apunta a evitar establecer una jerarquía valorativa entre cambios de sistema y en el sistema impulsada por la sobrevaloración de la novedad. La importancia de las transformaciones depende de cómo se valore el impacto sobre las relaciones internacionales, en definitiva, el impacto sobre la paz y la seguridad, la mejora del bienestar económico y social y la sostenibilidad planetaria.

5. REFLEXIÓN FINAL

A la vista de lo afirmado anteriormente, y retomando el hilo conductor de la reflexión más general en la que se inserta este trabajo, el sistema internacional y el "viejo nuevo mundo", sostenemos que la coyuntura puede ser crítica, que ha habido un gran acontecimiento (la pandemia del COVID-19) que si bien había sido considerado por la teoría -las pandemias como retos sistémicos de la globalización estaban integradas en las explicaciones de la seguridad multidimensional desde hace décadas[46]- ha sido realmente novedoso. La teoría no se había ocupado del impacto concreto. Y la magnitud del impacto sanitario, social, económico y también político ha sobrepasado las expectativas políticas y ha puesto de manifiesto las vulnerabilidades de los diferentes estados y del sistema en su conjunto. La conjunción de este elemento novedoso con otro tradicional (una guerra interestatal) de extrema gravedad como la guerra de Ucrania que pone de nuevo sobre la mesa la amenaza nuclear, el resurgir de las tendencias autoritarias a nivel global, la competición por el poder entre Estados Unidos y Rusia, pero con China de fondo; que cuestiona el efecto pacificador de la interdependencia económica; que genera una nueva crisis

---

46 DREZNER, Daniel W., *Op. cit.*, 2020.

energética, etc., se traduce en una sensación compartida de estar ante el abismo.

Pero de momento, y a pesar de la importancia política de los acontecimientos, desde la perspectiva académica de las Relaciones Internacionales y en base al esquema analítico propuesto nada apunta a un cambio de sistema, al menos a un cambio abrupto. Ninguno de los dos acontecimientos descritos está relacionado con un cuestionamiento de la centralidad del estado como forma de organización política del poder y la centralidad que ocupa en las relaciones internacionales contemporáneas, en general, y en el desarrollo, mantenimiento y uso de las instituciones del orden internacional actual, en particular.

Tampoco podemos hablar todavía de cambios en el sistema. Ni el Covid-19 ni la guerra de Ucrania han supuesto una redistribución de poder entre las superpotencias que nos aleje de la multipolaridad compleja presente antes de marzo del 2020 (tan sólo un eventual "segundo colapso" de la Rusia de Putin por el esfuerzo de guerra forzaría a revisitar esta afirmación). Los dos acontecimientos no han generado la aparición de nuevas tipologías de actores internacionales ni han aumentado drásticamente la presencia e importancia de actores diferentes a los estados: la importancia que en ambos contextos han ganado actores no estatales como las empresas farmacéuticas transnacionales (piénsese en Moderna, AstraZeneca o Pfizer) o los grupos de mercenarios (por ejemplo, Wagner) ha sido circunscrita geográfica, temática y/o temporalmente, sin llegar a representar una realidad sistémica lo suficientemente transversal como para hablar de cambios en la tipología de actores. Por último, ninguna de las instituciones primarias ni secundarias ha desaparecido o ha sido substituida por una de nueva a causa de la guerra o la pandemia. Tampoco han sufrido cambios sustantivos las pautas de comportamiento legítimo que prescriben ni sus funciones en el orden internacional, relacionadas con los objetivos de todo orden.

Estamos ante un "nuevo viejo mundo" más que ante un "viejo nuevo mundo". El orden liberal, evolución del orden westfaliano, en el que se basa el sistema internacional contemporáneo está sufriendo transformaciones en algunas de sus instituciones fundamentales y de sus regímenes específicos. Son transformaciones graduales, tendencias presentes en las relaciones internacionales desde hace décadas, en muchos casos vinculados a los procesos de globalización y a las transformaciones de la posmodernidad, que experimentan avances y retrocesos[47], y cuyo efecto acumulativo podría llegar a afectar de manera más profunda a la naturaleza de las unidades básicas del sistema (transformando el significado y legitimidad de la soberanía), pero que de momento no lo han hecho. La tensión entre la continuidad que promueven los estados soberanos y los cambios que promueven los intereses de otros actores siempre se ha resuelto, hasta el momento, a favor de los primeros.

---

47 MCNAMARA, Kathleen R. y NEWMAN, Abraham L., "The big reveal: Covid-19 and globalization's great transformations", *International Organization*, Vol. 74, núm. S1, 2020, pp. 59-77.

RESUMEN

A VUELTAS CON EL CAMBIO EN LA TEORÍA DE LAS RELACIONES INTERNACIONALES: UNA PROPUESTA DE CONCEPTUALIZACIÓN Y CLASIFICACIÓN

La conceptualización del cambio y la capacidad explicativa de la Teoría de las Relaciones Internacionales ante el cambio han sido una asignatura pendiente, si no suspendida, de las RR.II. Este trabajo se centra en la conceptualización del cambio como base teórica para el análisis de las trasformaciones contemporáneas de las relaciones internacionales que permita aprehender los procesos de cambio en curso y valorar la medida en la que los grandes acontecimientos pueden constituir o no una coyuntura crítica. Para ello se divide en tres partes. En la primera, se reflexiona sobre las dificultades de la Teoría de las RR. II. ante el cambio. En la segunda se realiza una revisión de algunas de las principales conceptualizaciones sobre el cambio. Finalmente, se presenta una propuesta de conceptualización y clasificación del cambio en las relaciones internacionales para luego reflexionar sobre cómo la pandemia de Covid-19 y la guerra de Ucrania encajan en dicha propuesta teórica.

Palabras clave: Teoría de Relaciones Internacionales – Orden- Cambio- Instituciones primarias.

ABSTRACT

GOING ON ABOUT THE NOTION OF CHANGE IN INTERNATIONAL RELATIONS THEORY: A PROPOSAL FOR CONCEPTUALIZATION AND CLASSIFICATION

The conceptualization of change and the explanatory capacity of International Relations Theory in the face of change have been a pending issue in IR, whenever not neglected altogether. This chapter focuses on the conceptualization of change as a theoretical basis for the analysis of contemporary transformations in international relations, in order to understand the processes of change underway and to assess the extent to which major events may constitute a critical juncture. To this end, it is divided into three parts. The first part reflects on the difficulties of IR Theory in the face of change. The second part reviews some of the main conceptualizations of change. Finally, a proposal for the conceptualization and classification of change in international relations is presented, followed by a reflection on how the Covid-19 pandemic and the war in Ukraine fit into this theoretical proposal.

Keywords: International Relations Theory – Order – Change – Primary institutions.

Crisis E.H.CARR: una aproximación realista al interregno en el sistema internacional.

KENNETH RAMÍREZ*

1. INTRODUCCIÓN

El sistema internacional está atravesando una coyuntura de inestabilidad, cuyas principales características son: (a) redistribución internacional del poder, donde compiten interpretaciones sobre la nueva estructura emergente[1]; (b) regreso de la rivalidad entre las grandes potencias, y rearme global[2]; (c) aumento de la polarización política (populismo, nacionalismo, y políticas identitarias); (d) contestación del orden internacio-

* Profesor de Teorías de Relaciones Internacionales en la Universidad Central de Venezuela. Doctor en Relaciones Internacionales por la Universidad Complutense de Madrid (*kenneth.ramirez@gmail.com*).

1 FOREIGN AFFAIRS, *Did the Unipolar Moment Ever End? Foreign Affairs asks the Experts,* Washington, 23 de mayo de 2023, *https://www.foreignaffairs.com/ask-the-experts/did-unipolar-moment-ever-end* (consultada el 30 de mayo de 2023).

2 TIAN, Nian, LOPES DA SILVA, Diego y MARKSTEINER, Alexandra, "The Great Global Rearmament. Ukraine and the dangerous rise in Military Spending" en *Foreign Affairs,* Washington, 7 de julio de 2022, *https://www.foreignaffairs.com/world/great-global-rearmament* (consultada el 15 de enero de 2023).

nal liberal y globalización[3] ralentizada (siguiendo el neologismo anglosajón *slowbalization*[4]) o "hipoglobalización".

Desde la tradición liberal de los "Estudios sobre la Hegemonía"[5], G. John Ikenberry ha teorizado la situación como

---

3 Para los efectos de esta contribución, asumimos el concepto más compartido de globalización económica, a saber: el proceso de "...integración de las economías nacionales en la economía internacional a través del comercio, la inversión extranjera directa, flujos de capital de corto plazo, flujos internacionales de trabajadores y de la humanidad en general, y flujos de tecnología". *Véase* BHAGWATI, Jagdish, *In Defense of Globalization*, Oxford University Press, Nueva York, 2004, p.3.

4 THE ECONOMIST, *Slowbalisation: The future of commerce*, Londres, 24 de enero de 2019.

5 Los "Estudios sobre la Hegemonía", como programa de investigación de la disciplina, han tenido tres olas. La primera ola (décadas de 1970s-1980s) se centró en el desarrollo de la Economía Política Internacional, las transiciones de poder y la guerra hegemónica, así como el declive hegemónico y la estabilidad de los órdenes económicos internacionales liberales. La segunda ola (desde el final de la Guerra Fría a mediados de la década de 2000s), se enfocó en el estudio de la falta de equilibrio de poder en la post-Guerra Fría, así como establecer diferencias entre hegemonía, unipolaridad e imperio, y el estudio de las grandes estrategias seguidas por las potencias hegemónicas y sus rivales. Mientras la tercera ola (desde la *Gran Recesión* al presente), ha centrado sus esfuerzos en teorizaciones sobre el orden hegemónico, considerándolo importante por derecho propio. También profundiza el tratamiento de la hegemonía como relación de autoridad, y las prácticas de la potencia hegemónica en relación a otros actores (*practice turn*). Además, ha hecho un mayor esfuerzo por incorporar a los actores transnacionales. Véanse. JESSE, Neal G., LOBELL, Steven E., PRESS-BARNATHAN, Galia y WILLIAMS, Kristen P., "The Leader Can't Lead When the Followers Won't Follow: The Limitations of Hegemony" en JESSE, Neal G., LOBELL, Steven E. y WILLIAMS, Kristen P. (eds.), Beyond Great Powers and Hegemons: Why Secondary States Support, Follow, or Challenge, Stanford University Press, Stanford, 2012, pp. 1-32; IKENBERRY, G. John y NEXON, Daniel, "Hegemony

una crisis del orden internacional liberal, lo cual "...irónicamente (...) se remonta al colapso de la bipolaridad de Guerra Fría y la expansión resultante del internacionalismo liberal. Las semillas de la crisis fueron plantadas en este momento de triunfo"[6].

En primer lugar, señala que esta ampliación del orden internacional liberal a nivel global ha terminado desencadenando una "crisis de autoridad", es decir, una disputa sobre cómo debe gobernarse este orden, donde nuevos acuerdos, roles, y responsabilidades son requeridos en el preciso momento en que Estados Unidos y sus aliados ya no están en condiciones de asignarlos[7]. Es decir, se trataría sólo de una cuestión sobre "¿quién paga? ¿quién ajusta? ¿quién lidera?", donde las potencias emergentes buscan "una mayor voz" dentro del orden internacional liberal[8]. En segundo lugar, agrega que aquello también ha generado una "crisis de propósito social", ya que el orden internacional liberal dejó de ser una comunidad de seguridad de democracias liberales, basada en valores compartidos, intereses comunes, y riesgos mutuos. Dicho de otra manera, el orden dejó de ser el arreglo de la vida social de las democracias liberales occidentales que fue durante la Guerra Fría para transformarse en una plataforma global de normas, reglas e instituciones para transacciones capitalistas[9]. Toman-

---

Studies 3.0: The Dynamics of Hegemonic Orders" en Security Studies, vol. 28, núm. 3, junio 2019, pp. 395-421.

6 IKENBERRY, G. John, "The End of International Liberal Order?", *International Affairs*, Vol. 94, núm.1, pp. 7-23.

7 IKENBERRY, G. John, *A World Safe for Democracy: Liberal Internationalism and the Crises of Global Order*, Yale University Press, New Haven, 2020, p. 257.

8 IKENBERRY, G. John, *op. cit.*, nota 6, p.19.

9 IKENBERRY, G. John, *op. cit.*, nota 7, p. 275.

do su propia metáfora, de ser un club de democracias liberales occidentales trocó en un centro comercial en expansión.

En consecuencia, afirma que todo esto puede entenderse "...como una crisis de éxito, en el sentido de que los problemas que acosan al orden internacional liberal surgieron de su triunfo y expansión posteriores a la Guerra Fría. Dicho de otra manera, los problemas de hoy podrían verse como una *Crisis Polanyi*–una creciente agitación e inestabilidad resultante de la rápida movilización y expansión del capitalismo global, la sociedad de mercado y la interdependencia compleja, todo lo cual ha superado los cimientos políticos que apoyaron su nacimiento y desarrollo temprano"[10]. Así, evita cuestionar los supuestos de su teoría, y trata de dar sentido a la crisis como acicate para una remodelación del orden internacional liberal por una coalición de las democracias con Estados Unidos a la cabeza.

Finalmente, G. John Ikenberry presenta el concepto *Crisis E. H. Carr* en el que se inspira esta contribución, pero con un alcance más limitado y de una manera más sesgada. De hecho, utiliza este constructo teórico en negativo, sólo para decir que las voces realistas no pueden afirmar que la crisis actual se trata de que "...el internacionalismo liberal falla debido al regreso de la política de las grandes potencias y los problemas de la anarquía. Los problemas que enfrenta el internacionalismo liberal no son impulsados por un retorno del conflicto geopolítico, aunque los conflictos con China y Rusia son reales y peligrosos"[11].

En contraste con la teorización de G. John Ikenberry, la presente contribución propone que el concepto *Crisis E. H. Carr* debe resignificarse desde la tradición realista en los "Estudios

---

10 IKENBERRY, G. John, *op. cit.*, nota 6, p.10.

11 *Ibidem.*

sobre la Hegemonía"[12], para darle un sentido de crisis de interregno hegemónico, es decir, un período donde el sistema internacional carece de la "gobernanza" coherente y efectiva de una potencia hegemónica, lo cual responde mejor a la obra de E. H. Carr[13]. A partir de allí, la presente contribución afirma que la situación internacional actual sí que puede entenderse como una *Crisis E. H. Carr*, donde la erosión de la hegemonía[14] de Estados

---

12 La "Teoría de la Estabilidad Hegemónica" (TEH) y la "Teoría de Transición de Poder" (TTP) constituyen el núcleo de la tradición realista en este programa de investigación de la disciplina, aunque los teóricos de esta última prefieren denominarla racionalista. *Véase* IKENBERRY, G. John. y NEXON, Daniel., *op. cit.*, nota 5, p. 403. Consideramos que a esto, debe sumarse el aporte teórico pionero de E.H.Carr.

13 E. H. Carr fue quien dijo por primera vez que "...cualquier orden moral debe descansar sobre alguna hegemonía de poder", y estableció una relación causal entre el declive de la *Pax Britannica* y el desmoronamiento del orden liberal decimonónico. Robert Gilpin reconoció este legado. *Véanse* GILPIN, Robert, *War and Change in World Politics,* Cambridge University Press, Nueva York, 1981, p. 29, p. 198; CARR, Edward Hallett y COX, Michael, *The Twenty Years' Crisis 1919-1939,* Palgrave Macmillan, Nueva York, 2016 (1939), p. 151, pp. 213-214.

14 Para Robert Gilpin, la hegemonía es una "forma de control o tipo de estructura internacional" donde una potencia global tiene preponderancia de capacidades materiales (militares, económicas, y tecnológicas), prestigio, así como voluntad de liderar y establecer un conjunto de normas y reglas que rigen el sistema, lo cual en primera instancia beneficia a su seguridad y bienestar material, pero más allá, proporcionan bienes públicos internacionales, lo cual le confiere legitimidad. *Véase.* GILPIN, Robert, *op. cit.*, nota 13, p. 29-34. La tercera ola de "Estudios sobre la Hegemonía" denomina "orden hegemónico" concretamente a esas normas y reglas. *Véase.* IKENBERRY, G. John, "The Rise, Character, and Evolution of International Order" en FIORETOS, Orfeo, FALLETI, Tulia y SHEINGATE, Adam (eds.), *The Oxford Handbook of Historical Institutionalism,* Oxford University Press, Oxford, 2016, pp. 538-552, p. 538. En este contexto, las teorías realistas subrayan que el orden

Unidos o *Pax Americana*, ha traído consigo la crisis del orden internacional liberal –cuya ampliación a nivel global impulsó al finalizar la Guerra Fría–, tal como ha ocurrido con otras grandes potencias y sus órdenes hegemónicos en el pasado:

> "Mientras tanto, la era contemporánea ha sido acertadamente descrita como una 'hegemonía en erosión' (…). Tal condición en la política mundial ha, por supuesto, existido en el pasado. El *interregno* entre el dominio británico y el dominio estadounidense de la economía y la política internacionales, lo que E.H.Carr denominó la 'crisis de los veinte años' (1919-1939), fue un período de este tipo. La antigua potencia hegemónica ya no podía fijar las reglas, y la potencia hegemónica emergente no tenía ni la voluntad ni el poder para asumir esta responsabilidad"[15].

Por último, el concepto *Crisis E.H. Carr* que propone la presente contribución tiene un mayor alcance, ya que incluye tres aspectos distintos, aunque relacionados: (a) una "crisis de gobernanza" del sistema internacional; (b) una "crisis del liberalismo" como ideología del orden hegemónico[16]; y, (c) perspectivas de cambio sistémico[17] si la crisis de gobernanza no es

---

hegemónico es sólo uno de los elementos de la gobernanza del sistema, siendo dependiente de la estructura hegemónica y las políticas de ordenación hegemónica.

15 GILPIN, Robert, *op. cit.*, nota 13, p. 234.

16 Michael Cox señala que la teorización de E.H.Carr puede decirnos mucho de los límites del liberalismo en nuestros días. *Véase.* COX, Michael, "E.H.Carr and the Crisis of Twentieth-Century Liberalism: Reflections and Lessons" en *Millennium: Journal of International Studies*, vol. 38, núm. 3, mayo 2010, pp. 523–533, p. 533.

17 Siguiendo a Robert Gilpin, un cambio sistémico (*systemic change*) es un cambio en la gobernanza del sistema internacional, esto implica cambios en la distribución del poder, en la jerarquía del prestigio, y en las normas y reglas que rigen el sistema, aunque rara vez ocurren simultáneamente. *Véase.* GILPIN, Robert, *op. cit.*, nota 13, p. 42.

resuelta a largo plazo, con la consecuente renovada preocupación por el "problema fundamental del cambio pacífico"[18].

2. CRISIS DE GOBERNANZA: DECLIVE HEGEMÓNICO, RESURGIMIENTO DE LAS RIVALIDADES ESTRATÉGICAS, E HIPOGLOBALIZACIÓN

En primer lugar, la *Crisis E.H.Carr* remite a una disyunción creciente entre la gobernanza del sistema y la redistribución internacional del poder económico y militar que ha venido erosionando la hegemonía de Estados Unidos o *Pax Americana*. Aunque Estados Unidos sigue teniendo la primacía entre las grandes potencias, ya no tiene el poder, el prestigio y legitimidad suficientes para "gobernar" el sistema internacional como en el pasado. El declive relativo de Estados Unidos frente a otras potencias, significa que los costes de mantener el *statu quo* internacional han aumentado en relación con su capacidad económica. En otras palabras, encara un desequilibrio creciente entre los recursos disponibles y la carga de mantener su posición hegemónica.

Las dos décadas de lucha contra el terrorismo que siguieron al 11-S, y el unilateralismo e intervencionismo en el Medio Oriente de la Administración Bush (hijo) en particular, desgastaron las capacidades materiales y el prestigio de Estados Unidos. La caótica retirada de Afganistán en agosto de 2021, ha sido el último acto de esta tragedia. Por otra parte, los beneficios desiguales de la globalización, generaron el ascenso relativo de China, y en menor medida de otras potencias emergentes. Esto último no resulta sorprendente, la TEH sostiene que una economía internacional abierta tiende a la difusión de

---

[18] CARR, Edward Hallett, *op. cit.*, nota 13, pp. 191-202.

la industria y la tecnología, lo cual socava la posición de la potencia hegemónica frente a otras potencias emergentes, erosionando así los cimientos políticos sobre los que se construyó[19].

La *Gran Recesión* (2007-2009) y la concatenada crisis de la zona euro (2010-2013), revelaron que se estaba produciendo esta redistribución internacional del poder. Alemania y Japón, principales aliados de Estados Unidos y actores claves (*lynchpin States*)[20] del orden hegemónico, también habían declinado relativamente.

Tal como señalan la TEH y la TTP, con una hegemonía en su cénit, las rivalidades[21] entre las potencias globales permanecen

---

19 GILPIN, Robert, *U.S. Power and Multinational Corporation. The Political Economy of Foreign Direct Investment,* Basic Books, Nueva York, 1975, pp. 42-44.

20 MASTANDUNO, Michael, "Partner Politics: Russia, China and the challenge of extending U.S. Hegemony after the Cold War" en *Security Studies,* vol. 28, núm.3, 2019, pp. 479-504, p. 488.

21 El concepto "competencia entre las grandes potencias" (*great-power competition*) es el nuevo concepto de moda (*buzzword*), el cual se puede rastrear hasta la Estrategia Militar Nacional de Estados Unidos publicada en junio de 2015. La actual Estrategia de Seguridad Nacional de Estados Unidos publicada en octubre de 2022, afirma que la "...era de la post-Guerra Fría ha terminado definitivamente y una competencia está en marcha entre las grandes potencias". A continuación, la define como una "lucha entre autocracias y democracias". *Véase.* THE WHITE HOUSE, *National Security Defense Strategy of the United States of America,* Washington, octubre de 2022, p.6, p.23. No obstante, consideramos mucho más apropiado utilizar el concepto rivalidad estratégica, que es un tipo de competencia especialmente intensa que supone enfrentamiento y hostilidad entre potencias que aspiran a lograr una misma cosa, en este caso, el cambio de la gobernanza del sistema internacional. Mientras que la competencia se refiere a una realidad generalizada de la política internacional, las rivalidades son contiendas bilaterales específicas entre potencias opuestas, y juegan un papel relevante en la con-

bajo control; pero cuando la brecha de poder se cierra, las rivalidades estratégicas reaparecen.

En el caso de China, el *rapprochement* con Estados Unidos desde 1972 y las reformas de Deng Xiaoping, le permitieron incorporarse con cierta facilidad al orden internacional liberal. China se transformó en uno de los actores clave (*lynchpin States*) del orden económico hegemónico en Asia, y esto se tradujo en capacidades e influencia cada vez mayores. La apuesta de Estados Unidos era completar su hegemonía en Asia, y transformar a China en una democracia liberal. No obstante, al no producirse la esperada transformación de China, materializarse su adelantamiento a Japón como segunda economía mundial en 2010, y mostrarse más afirmativa en sus disputas marítimas, la Administración Obama puso en marcha el "Pivote a Asia" en noviembre de 2011, como una estrategia de cobertura (*hedging*) para mantener la cooperación económica mientras preparaba el escenario regional ante el temor a posibles futuros conflictos[22]. Esto fue percibido en Beijing como una amenaza al suponer un regreso de la política de contención de Estados Unidos de tiempos de Guerra Fría[23], lo cual exacerbó sus inclinaciones afirmativas, resurgiendo así la rivalidad

---

formación del grado de conflicto en el sistema internacional. En MAOZ, Zeev y MOR, Ben, *Bound by Struggle: The Strategic Evolution of Enduring International Rivalries,* University of Michigan Press, Ann Arbor, 2002; COLARESI, Michael, RASLER, Karen y THOMPSON, William, *Strategic Rivalries in World Politics: Position, Space and Conflict Escalation,* Cambridge University Press, Cambridge, 2008.

22 MASTANDUNO, Michael, *op. cit.*, nota 20, p. 501.

23 CHRISTENSEN, Thomas, "Obama and Asia: Confronting the China Challenge", *Foreign Affairs,* vol. 94, núm. 5, septiembre-octubre de 2015, pp. 28-36.

estratégica[24]. Tras el ascenso al poder de Xi Jinping a finales de 2012, China fue mostrando una creciente insatisfacción con la *Pax Americana,* recibiendo un fuerte estímulo con la guerra comercial y la política de desacoplamiento (*decoupling*) de la Administración Trump. Así, China se ha convertido en el "retador hegemónico" (*hegemonic challenger*)[25].

En el caso de Rusia, Washington ofreció a Moscú términos de adhesión más duros al orden hegemónico tras finalizar la Guerra Fría; desoyendo sus planteamientos sobre la OTAN en materia de seguridad[26], y delegando la gestión de sus graves problemas económicos al Fondo Monetario Internacional (FMI) como si se tratase de cualquier Estado menor, lo cual fue percibido en Moscú como una humillación. El resurgimiento de Rusia a partir del año 2000, no se debió a los beneficios de su integración al orden internacional liberal, sino al regreso del clásico modelo autoritario ruso apalancado en la venta de materias primas y armas. Entonces, Vladimir Putin hizo su famoso discurso de Múnich en 2007 donde dejó clara la insatisfacción rusa con la *Pax Americana* y cuestionó la ampliación hacia el Este de la Organización del Tratado del Atlántico Nor-

---

24 HU, Richard Weixing, "Assessing the 'New Model of Major Power Relations" between China and United States" en TAN, Andrew (ed.), *Handbook of US-China Relations,* Edward Elgar Publishing, Northampton (Massachusetts), 2016, pp. 222-242, p. 222; LEBOW, Richard Ned y ZHANG, Feng, *Taming Sino-American Rivalry,* Oxford University Press, Oxford, 2020, p. 105.

25 MASTANDUNO, Michael, *op. cit.*, nota 20, p. 503.

26 SHIFRINSON, Joshua, "Deal or No Deal: The End of the Cold War and the U.S. offer to limit NATO Expansion", *International Security,* vol. 40, núm. 4, primavera 2016, pp. 7-44; SAROTTE, Mary Elise, "A broken promise? What the West really told Moscow about NATO expansión", *Foreign Affairs,* vol. 93, núm. 5, septiembre/octubre 2014, pp. 90-97.

te (OTAN), resurgiendo así la rivalidad estratégica. Empero, debido a las menores capacidades de Rusia en comparación a China, y la posición marginal que ha ocupado en el orden hegemónico en Europa, puede considerarse apenas como un "saboteador hegemónico" (*hegemonic spoiler*)[27]. Todo esto también permite explicar la paradoja de un revisionismo de Rusia más radical que el de China, siendo que cabría esperar lo contrario desde la TEH y la TTP.

Hoy por hoy, China y Rusia intentan construir esferas de influencia[28]; han desplegado estrategias de equilibrio duro (*hard balancing*) frente a Estados Unidos, han estrechado sus relaciones bilaterales; y están promoviendo un nuevo orden internacional basado en una "multipolaridad civilizatoria" como lo hizo recientemente Xi Jinping[29].

Por su parte, Estados Unidos ha redescubierto sus debilidades internas (entre ellas, el menor dinamismo económico, el persistente cambio estructural de su economía nacional hacia los servicios, el elevado nivel de deuda externa, las desigualdades sociales y la polarización política[30]) y externas (aumento de

---

27 MASTANDUNO, Michael, *op. cit.*, nota 20, p. 492.

28 ALLISON, Graham, "The New Spheres of Influences: Sharing the Globe with other Great Powers", *Foreign Affairs,* Vol. 99, núm. 2, marzo/abril 2020, pp. 30-40

29 Discurso de Xi Jinping como Secretario General del PCCh en la Reunión de Diálogo con Partidos Políticos del Mundo, Beijing, 15 de marzo de 2023, *http://english.scio.gov.cn/topnews/2023-03/16/content_85171478.htm*

30 A esto podríamos añadir los efectos corruptores de la preeminencia en las elites y en las masas, lo que lleva a la potencia hegemónica a un "estado mental" donde considera el *statu quo* tan obviamente beneficioso, que todos deberían asentir en su valoración y preservación. Cualquier alternativa resulta inconcebible. De esta manera, "…ni cede ante las justas demandas de retadores emergentes ni hace los

los costos del dominio político, y desafío a su liderazgo económico y tecnológico). En respuesta, Estados Unidos está ensayando un rejuvenecimiento hegemónico (remodelación de sus infraestructuras con la *Bipartisan Infrastructure Law* aprobada en 2021, y nueva política industrial con la *Chips and Science Act* y la *Inflaction Reduction Act* aprobadas en 2022), exacción a aliados (por ejemplo, Alemania y Japón han emprendido el mayor rearme desde la Segunda Guerra Mundial), *retrenchment* militar (fin de sus intervenciones en el Medio Oriente), y la remodelación de su portafolio de alianzas (relanzamiento del QUAD en 2017, el lanzamiento del AUKUS y la Estrategia sobre el Indo-Pacífico en 2021, el fortalecimiento y expansión de la OTAN tras la Cumbre de Madrid de junio de 2022) para contener a Rusia y contener/competir con China.

Históricamente, las rivalidades han venido acompañadas "...en un paquete sombrío que incluye relaciones tensas y hostiles, crisis en serie, y en algunos casos guerras"[31], como lo muestra la invasión rusa de Ucrania en febrero de 2022 y la cuarta crisis del Estrecho de Taiwán en agosto de 2022.

Con el declive relativo de Estados Unidos y el resurgimiento de la rivalidad entre las potencias globales, el orden internacional liberal ha estado siendo contestado desde arriba (re-

---

sacrificios necesarios para defender su mundo amenazado". *Véase.* GILPIN, Robert, *op. cit.*, nota 13, p. 166. Más específicamente, Stephen Walt ha tratado este efecto sobre la élite de política exterior de Estados Unidos y su negativa a abandonar la "gran estrategia de hegemonía liberal" a pesar de sus fallas y fracasos. *Véase.* WALT, Stephen, *The Hell of Good Intentions: America's Foreign Policy Elite and the Decline of U.S. Primacy*, Farrar, Straus and Giroux, Nueva York, 2018.

31 HEATH, Timothy y THOMPSON, William, "Avoiding U.S.-China Competition Is Futile: Why the Best Option Is to Manage Strategic Rivalry," en *Asia Policy*, Vol. 13, núm.2, abril 2018, pp. 91-120, p. 99.

visionismo de China y Rusia, y demandas de reformismo de otras potencias emergentes), desde abajo (redes iliberales, revisionismo de potencias medias, y contestación desde el Sur Global), y desde dentro (auge del populismo y erosión de las democracias avanzadas, el Brexit, y políticas erosivas del propio Estados Unidos).

En otro orden de ideas, el resurgimiento de estas rivalidades ha traído consigo sanciones económicas, guerras comerciales, y el uso coercitivo de la interdependencia (*weaponized interdependence*)[32], lo cual ha llevado a la eclosión de una nueva era de globalización ralentizada o "hipoglobalización", donde las participaciones del comercio mundial, las inversiones extranjeras, los préstamos, y las cadenas de suministro, en relación al Producto Interno Bruto (PIB) mundial, aunque siguen siendo considerables, se han reducido relativamente o se han estancado. Así, por ejemplo, la participación del comercio mundial en el PIB mundial disminuyó desde su máximo histórico de 61 por ciento en 2008 hasta 57 por ciento en 2021; lo que a su vez, sigue estando por encima del 51 por ciento en 2000 y el 38 por ciento en 1990[33].

Más allá de esto, la mayor preocupación de Estados Unidos por el patrón de ganancias relativas de la globalización dado el ascenso de China, junto al efecto catalizador del enjambre de "eventos sísmicos"[34] conformado por la *Gran Recesión*, la pan-

---

32 FARRELL, Henry, y NEWMAN, Abraham, "Weaponized Interdependence: How Global Economic Networks shape State Coercion" en *International Security*, Vol. 44, núm.1, verano de 2019, pp.42-79.

33 Datos proporcionados por el Banco Mundial, *https://data.worldbank.org/indicator/NE.TRD.GNFS.ZS*

34 Stephen Krasner señaló que los "eventos sísmicos" (*cataclysmic events*), como las grandes crisis económicas, hambrunas, y guerras, son catalizadores necesarios para que se produzcan cambios en las

demia del COVID-19, y la Guerra de Ucrania; le ha llevado a cambiar sus políticas de ordenación económica internacional hacia una restricción parcial de la liberalización económica, en línea con lo esperado desde la TEH[35]. Es decir, la nueva era de hipoglobalización ha llegado para quedarse.

Las nuevas políticas de ordenación económica hegemónica[36] incluyen: (a) regreso parcial del neo-mercantilismo, de la mano de nuevas política industriales (como la citada *Inflation Reduction Act* de Estados Unidos, el *Green Transformation GX* de Japón, y el *Green Deal Industrial Plan* de la Unión Europea); (b) priorización de la seguridad sobre la eficiencia económica, lo cual se traduce en la eliminación de riesgos mediante el monitoreo y la restricción de vínculos con rivales (como la política de *de-risking* acordada por el G-7 frente a China en la Cumbre de Hiroshima en mayo de 2023), retorno (*reshoring*) de las industrias estratégicas a sus países de origen (por ejemplo, la citada *Chips and Science Act* de Estados Unidos), búsqueda de diversificación de proveedores y mantenimiento de inventarios estratégicos (las empresas están pasando del *just-in-time*

políticas de ordenación económica internacional de las potencias hegemónicas conforme a sus intereses nacionales, porque así son vencidas posibles resistencias internas. *Véase.* KRASNER, Stephen, "State power and the structure of international trade" en *World Politics,* Vol. 28, núm. 3, abril 1976, pp. 317-347, p. 341.

35 *Véase.* KRASNER, Stephen. y WEBB, Michael, "Hegemony Stability Theory: An Empirical Assessment" en *Review of International Studies,* Vol. 15, núm. 2, abril 1989, pp.183-198, p.184.

36 Algunas de estas ideas están presentes en el Discurso de Jake Sullivan, Consejero de Seguridad Nacional de Estados Unidos, en el Brookings Institution, Washington, 27 de abril de 2023, *https://www.whitehouse.gov/briefing-room/speeches-remarks/2023/04/27/remarks-by-national-security-advisor-jake-sullivan-on-renewing-american-economic-leadership-at-the-brookings-institution/*.

al *just-in-case*); (c) relocalización de empresas en países amigos (*friendshoring*), y fomento de agrupaciones multinacionales de pensamiento afín (*like-minded blocks*)[37] como el "Marco Económico del Indo-Pacífico"; (d) aumento de la producción interna (Orden Ejecutiva 14017 de la Administración Biden) y competencia internacional por minerales críticos y tierras raras asociados a la Cuarta Revolución Industrial.

A menos que se establezcan nuevos acuerdos entre las potencias globales que proporcionen una nueva base suficiente para la gobernanza del sistema internacional, o se produzca un rejuvenecimiento efectivo de la potencia hegemónica, un sorpresivo colapso de la potencia retadora o un igualmente inesperado cambio revolucionario en los respectivos portafolios de alianzas, seguirá emergiendo una "paz fría", basada en la rivalidad, la disuasión nuclear y el rearme, llena de conflictos recurrentes, incertidumbre y desasosiego, donde los problemas internacionales más acuciantes serán muy difíciles de resolver. Entonces, podemos afirmar con E. H. Carr:

---

37 Desde la TEH puede afirmarse que esto es un claro síntoma de la erosión de la *Pax Americana.* Robert Gilpin indicó que el declive de la potencia hegemónica puede derivar en el surgimiento de bloques comerciales regionales rivales, cada uno de los cuales busca "...a través del ejercicio del poder económico (...) incrementar los beneficios de la interdependencia y disminuir los costos", que en última instancia podría ocasionar una desglobalización como la del período entreguerras. *Véase.* GILPIN, Robert, *op. Cit.*, nota 19, p. 261. Aunque, hoy por hoy, no resulta probable este escenario extremo porque Estados Unidos no ha hecho un viraje hacia una política de ordenación económica internacional completamente excluyente respecto a sus rivales, tampoco se puede descartar por completo a largo plazo, a menos que se produzca un cambio en la trayectoria de poder de Estados Unidos. *Véase.* De hecho, el FMI ha empezado a advertir de los costos económicos que esto supondría. *Véase* FMI, *World Economic Outlook. A Rocky Recovery*, Washington, abril 2023, pp. 91-114.

"El poder es un ingrediente necesario de todo orden político. Históricamente, todos los enfoques del pasado hacia una sociedad mundial han sido producto de una única potencia. [...] El nuevo orden internacional sólo puede construirse sobre una unidad de poder suficientemente coherente y suficientemente fuerte para mantener su ascendencia [...] Cualesquiera que sean las cuestiones morales que puedan estar involucradas, esto es una cuestión de poder que no puede expresarse en términos de moralidad"[38].

3. CRISIS DEL LIBERALISMO COMO IDEOLOGÍA DEL ORDEN HEGEMÓNICO

En segundo lugar, la *Crisis E.H.Carr* señala el descrédito de los supuestos del orden internacional liberal. En abstracto, resultó loable promover la democracia y los derechos humanos a nivel internacional al finalizar la Guerra Fría, y pensar que esto fortalecería la paz. Empero, en la práctica, lo que terminó ocurriendo, fue un intervencionismo sin límites para intentar modelar el Mundo a imagen de Estados Unidos y mantener su posición hegemónica. Esto terminó socavando las capacidades materiales y la legitimidad del liderazgo hegemónico, alentando además el auge del nacionalismo y de las políticas identitarias alrededor del Mundo (por ejemplo, el islam político, el nativismo, el proyecto *hindutva* de Modi, el giro discursivo hacia el "civilizacionismo" de Rusia y China como reacción ideológica contra-hegemónica[39], etc.).

---

38 CARR, Edward Hallett, *op. cit.*, nota 13, pp. 213-216.

39 China sigue enarbolando su "socialismo con características chinas", aunque ha venido asumiendo un discurso civilizacionista desde 2017. Rusia, por su parte, ha tenido un giro conservador y civilizacionista (*Russkiy Mir*) desde 2013. *Véase.* BETTIZZA, Gregorio, BOLTON, Derek, y LEWIS, David, "Civilizationism and ideological

En concreto, la arrogancia cuasi-imperial de la Administración Bush (hijo) con la invasión de Irak, y más tarde, el nacionalismo/neo-aislacionismo de la *America First* de la Administración Trump, mostraron que:

> "...esos principios supuestamente absolutos y universales no eran para nada principios, sino reflejos inconscientes de la política nacional basados en una interpretación particular del interés nacional en un momento determinado. En un sentido, la paz y la cooperación entre las naciones [...] es un fin común y universal al margen de los intereses y políticas en conflicto. En un sentido, existe un interés común en el mantenimiento del orden [...] Pero en cuanto se intentan aplicar esos principios abstractos a una realidad política concreta, se revelan como disfraces transparentes de intereses creados egoístas. La bancarrota del utopismo no reside en que no viva de acuerdo con sus principios, sino en la revelación de su incapacidad para proporcionar ningún patrón absoluto y desinteresado para la dirección de los asuntos internacionales"[40].

Ahora la Administración Biden intenta, desde el internacionalismo liberal, volver a gestionar el sistema internacional como si estuviese atravesando por una suerte de *Crisis Wilson*, donde Estados Unidos debe encabezar la "lucha entre democracias y autocracias"[41]; lo que moviliza poco a la opinión pública global debido a la ya citada deslegitimación del liderazgo hegemónico, y dado que ni China ni Rusia buscan exportar a nivel global sus modelos autoritarios –al menos por ahora– como lo hicieron la Unión Soviética y la China de Mao en la Guerra Fría[42].

---

contestation of the Liberal International Order" en *International Studies Review*, vol. 25, núm. 2, junio 2023, pp. 1-28.

40 CARR, Edward Hallett, *op. cit.*, nota 13, p. 80

41 THE WHITE HOUSE, *op. cit.*, nota 21.

42 China y Rusia tienen diferentes actitudes hacia el liberalismo: contestan el liberalismo político con nacionalismo y "civilizacionismo";

En otro orden de ideas, al finalizar la Guerra Fría, Estados Unidos y sus aliados asumieron con optimismo, que la "influencia pacificadora del comercio" a través de la globalización, fomentarían la cooperación y la prosperidad internacional, y transformarían gradualmente a China y Rusia en democracias de libre mercado. Tres décadas después, aquellas ilusiones liberales, han dado paso a la frustración, la ansiedad, y el miedo. China no se democratizó, pero logró modernizar su modelo económico de una manera inesperada: un nuevo "capitalismo de Partido-Estado"[43]. Rusia después de fracasar con la "castastroika" de Boris Yeltsin, optó por actualizar viejas formas: neozarismo acompañado de un "capitalismo de *nomenklatura*"[44], que le han permitido un resurgimiento más acotado y problemático. A partir de allí, las viejas rivalidades estratégicas se reactivaron, ha regresado el mercantilismo con nuevos ropajes, y la hipoglobalización se ha instalado.

Todo esto demuestra que, si bien los factores económicos y tecnológicos son importantes, la política internacional es la que en última instancia tiene un papel decisivo en la determinación

utilizan el institucionalismo liberal como medio para impulsar sus propios proyectos internacionales iliberales; mientras tienen una relación ambivalente hacia el liberalismo económico, siendo China más proclive y efectiva en su instrumentalización al servicio de su proyecto nacional e iniciativas internacionales. *Véase.* COOLEY, Alexander, y NEXON, Daniel, "(No) Exit from liberalism" en *New Perspectives,* vol. 28, nº 3, julio 2020, pp. 280-291.

43 PEARSON, Margaret, RITHMIRE, Med, y TSAI, Keelle, "China's Party-State Capitalism and International Backlash: From Interdependence to Security" en *International Security,* Vol.47, núm. 2, otoño 2022, pp. pp.135-176.

44 SNEGOVAYA, Maria y PETROV, Kirill, "Long soviet shadows: the nomenklatura ties of Putin elites" en *Post-Soviet Affairs,* vol. 38, julio 2022, pp. 329-348.

del futuro de la globalización[45]. Por otro lado, prueba que, a pesar de sus incentivos para la cooperación internacional, "... la interdependencia económica y las perspectivas de beneficio mutuo no han eliminado la competencia y la desconfianza mutua entre las naciones"[46]. El caso de la relación entre la Unión Europea y Rusia a la luz de la Guerra de Ucrania ha dejado bien claro que la interdependencia no es sinónimo de paz.

Por otra parte, el neo-*laissez-faire* que ha promovido la globalización, ha provocado crisis económicas como la *Gran Recesión* –que tuvo su origen en la desregulación financiera– que han traído un aumento de las desigualdades sociales, lo que a su vez ha reforzado la vuelta del nacionalismo[47] a nivel global, y ha favorecido la oleada de populismo en las democracias avanzadas; y esto a su vez, ha terminado dañando la calidad e imagen internacional de las mismas (por ejemplo, asalto al Capitolio de Estados Unidos en 2021). Aprovechando esto últi-

---

45 La corriente realista siempre negó que la globalización tuviese una lógica inexorable; ya que, si bien reconoció que los avances tecnológicos pueden ser irreversibles, enfatizó que las políticas y acuerdos que la han hecho posible son el reflejo de una determinada distribución de poder (en el presente, la *Pax Americana*), las cuales habían sido revertidas en el pasado, y podían serlo en el futuro. *Véase* GILPIN, Robert, "The Nation-State in the Global Economy" en LITTLE, Richard, y SMITH, Michael, *Perspectives on World Politics*, Routledge, Nueva York, 2006 (1991), pp.45-53, p. 46.

46 *Véase*. GILPIN, Robert, *op. cit.*, nota 13, p. 220.

47 E. H. Carr demostró que el nacionalismo moderno tiene una doble función: social y psicológica. En consecuencia, las desigualdades sociales que provocó el *laissez-faire* en el pasado hicieron que aumentaran las aspiraciones de las masas a la seguridad económica y el bienestar en un marco nacional, y esto llevó a que el orden económico internacional liberal decimonónico se deslizara hacia la competencia neo-mercantilista y la guerra. *Véase* CARR, Edward Hallett , *Nationalism and After*, Macmillan, Londres, 1945.

mo, China publicó un libro blanco donde defiende su modelo político como una "democracia popular que funciona"[48].

Podríamos afirmar, siguiendo a E.H.Carr, que el declive hegemónico ha llevado a la bancarrota política y moral de esa nueva versión de la vieja "doctrina de armonía de intereses" en materia económica que ha sido el "Consenso de Washington"[49], la cual está dando paso a una nueva era de intensa competencia económica:

> "Económicamente, Gran Bretaña en el siglo diecinueve era lo suficientemente dominante como para adoptar una postura audaz que impusiera al Mundo su propia concepción sobre moralidad económica internacional. Cuando la competición de todos contra todos sustituyó la dominación del mercado mundial por una sola potencia, las concepciones sobre la moralidad económica mundial se volvieron caóticas"[50].

4. TRANSICIÓN DE PODER Y EL "PROBLEMA FUNDAMENTAL" DEL CAMBIO PACÍFICO

En tercer lugar, la *Crisis E .H. Carr* hace visible las perspectivas de un posible cambio sistémico en caso de que la actual crisis de gobernanza no sea resuelta. En este sentido,

---

48 CONSEJO DE ESTADO DE LA REPÚBLICA POPULAR DE CHINA, *China: Democracy That Works,* Beijing, 4 de diciembre de 2021, http://english.www.gov.cn/archive/whitepaper/202112/04/content_WS61aae34fc6d0df57f98e6098.html (consultada el 6 de noviembre de 2022).

49 WILLIAMSON, John, "The strange history of the Washington Consensus" en *Journal of Post-Keynesian Economics,* vol. 27, núm. 2, invierno 2004, pp. 195-206.

50 CARR, Edward Hallett, *op. cit.*, nota 13, p. 76.

la TTP[51] advierte que estamos en un proceso de transición de poder, con una eventual convergencia de las trayectorias de Estados Unidos y China en las próximas décadas[52]; por lo cual el sistema internacional se dirige hacia una fase muy peligrosa, expresada en términos elocuentes desde la TEH como "trampa de Tucídides"[53].

La TTP señala que nos encaminamos hacia la fase de "paridad" en el marco del proceso de transición de poder, la cual se iniciará cuando China como potencia emergente alcance una cuota equivalente al 80 por ciento de los recursos de poder que posee la potencia hegemónica y finalizará cuando esa cuota alcance el 120 por ciento, siendo probable que esto inicie en las próximas décadas. Dentro de la fase de "paridad", se encuentra el "adelantamiento"[54] que se refiere al punto exacto en el que las trayectorias de poder se cruzan y la potencia emergente sobrepasa a la potencia declinante. Según esta teoría, si la "paridad" o el "adelantamiento" se materializan con una China

---

51 Abramo F.K. ORGANSKI predijo el potencial ascenso de China en 1958, señalando que "las potencias occidentales encontrarán que la amenaza más grande a su supremacía proviene de China". *Véase.* ORGANSKI, Abramo F.K., *World Politics*, Alfred A. Knopf, Nueva York,1958, p.361.

52 Un grupo de académicos ha modelado 29 escenarios con diferentes supuestos y variables, y en 26 de ellos, China adelantaría a Estados Unidos antes de 2060, y en la mayoría de ellos el adelantamiento se produciría a principios de la década de 2040s. *Véase.* MOYER, Jonathan, MEISEL, Collin, y MATTHEWS, Austin, "Measuring and Forecasting the Rise of China: Reality over Image" en *Journal of Contemporary China*, Vol.32, núm. 40, 2023, pp. 191-206.

53 ALLISON, Graham, *Destined for War: Can America and China escape Thucydides's Trap?*, Houghton Mifflin, Nueva York, 2017.

54 ORGANSKI, Abramo F. K., y KUGLER, Jacek, *The War Ledger*, The University of Chicago Press, Chicago, 1980.

insatisfecha[55], una guerra hegemónica se vuelve un escenario probable. Empero, si se produce con una China satisfecha, un relevo hegemónico pacífico debería producirse.

China muestra evidencias de insatisfacción activa (revisionismo) desde la llegada de Xi Jinping al poder, lo cual puede observarse en el aumento de su gasto militar (un aumento de 63 por ciento en 2022 respecto a 2013), su portafolio de alianzas (la "amistad sin límites" proclamada con Rusia en la antesala de la Guerra de Ucrania), proyectos internacionales (por ejemplo, la "Nueva Ruta de la Seda" lanzada en 2013, el Banco de Desarrollo de los BRICS establecido en 2014, y el Banco Asiático de Inversión e Infraestructura establecido en 2015) y en el contenido de sus documentos oficiales[56]. Empero, como ya hemos señalado, el revisionismo de China tiene mucho más de reacción a las sucesivas políticas de Estados Unidos desde

---

55 Los teóricos de la TTP no han logrado un consenso sobre el momento de iniciación de la guerra hegemónica. *Véase*. LEVY, Jack y THOMPSON, William, *Causes of War*, Wiley-Blackwell, Chichester, 2010, p. 45. Empero, dejan claro que la "paridad" o el "adelantamiento" sólo crean la "oportunidad", y es la insatisfacción la que genera "la voluntad de lucha". DOUGLAS, Lemke y KUGLER, Jacek, "The evolution of power transition perspective" en DOUGLAS, Lemke y KUGLER, Jacek (eds.), *Parity and War: Evaluations and extensions of the War*, University of Michigan Press, Ann Arbor, 1996, pp. 3-33. Sin embargo, Jonathan DiCicco sostiene que en realidad lo importante es la insatisfacción activa, es decir, el revisionismo, dando así margen a la agencia humana. *Véase*. DICICCO, Jonathan, "Power Transition Theory and the Essence of Revisionism" en *Oxford Research Encyclopedia of Politics*, Oxford, 2017, p. 28.

56 En concreto puede citarse, MINISTERIO DE ASUNTOS EXTERIORES DE LA REPÚBLICA POPULAR DE CHINA, *U.S. Hegemony and its Perils*, Beijing, 20 de febrero de 2023, *https://www.fmprc.gov.cn/mfa_eng/wjbxw/202302/t20230220_11027664.html* (consultada el 21 de febrero de 2023).

2011 que de búsqueda de auto-afirmación, siendo el valle la guerra comercial declarada por la Administración Trump en 2018.

Robert Gilpin advirtió, que aunque las armas nucleares han hecho que la guerra hegemónica sea muy costosa, esto no elimina el problema[57], porque a pesar de la disuasión mutua, siempre existen riesgos como: (a) chantajes nucleares (por ejemplo, Vladimir Putin en la Guerra de Ucrania) y errores de cálculo; (b) la expansión de estos arsenales (por ejemplo, la expansión del programa nuclear chino para sumarse al club de grandes potencias nucleares, al que hoy sólo pertenecen EEUU y Rusia[58]), y el debilitamiento de los acuerdos de control; (c) las guerras convencionales limitadas, guerras por delegación, y el terrorismo, se transforman en instrumentos para intentar forzar el cambio del *statu quo*, a pesar de los riesgos de una escalada (aquí encaja el caso de la Guerra de Ucrania y el potencial caso de Taiwán). En el presente, debemos añadir otro asunto preocupante: (d) una potencial nueva revolución militar (robótica e inteligencia artificial).

A pesar de sus pronósticos y advertencias, ni la TTP ni la TEH creen que la guerra hegemónica sea inevitable. Estas teorías sólo pretenden subrayar la relación histórica entre guerra y cambio político global, tomando en cuenta los costos catastróficos de la guerra moderna, para plantear entonces el problema fundamental del cambio pacífico[59], esto es, "...cómo efectuar los cambios necesarios y deseables (...) sin guerra", y

---

57 GILPIN, Robert, *op. cit.*, nota 13, pp. 213-218.

58 Según fuentes de inteligencia estadounidenses, puede llegar a 1000 ojivas en 2030. *Véase* KREPINEVICH, Andrew, "The New Nuclear Age: How China's Growing Nuclear Arsenal Threatens Deterrence" en *Foreing Affairs*, vol. 101, n°3, mayo-junio 2022, pp. 92-97.

59 Gilpin, Robert, *op. cit.*, nota 13, pp.7-8

donde la solución "...debe basarse en un compromiso entre la moralidad y el poder"[60].

E.H.Carr estaba convencido de que el cambio pacífico era posible en transiciones de poder a través de concesiones adecuadas por parte de la potencia hegemónica a las potencias revisionistas. Robert Gilpin, menos convencido de tal posibilidad, consideró, sin embargo, que la mayor tarea del arte de gobernar es identificar cuando apaciguar a las potencias revisionistas[61]. Winston Churchill manifestó que todo dependía de las circunstancias:

> "El apaciguamiento en sí mismo puede ser bueno o malo según las circunstancias. El apaciguamiento desde la debilidad es tan inútil como fatal. El apaciguamiento desde la fuerza puede ser magnánimo y noble, y podría ser el más seguro y quizás único camino a la paz"[62].

Desde otro ángulo, pero siguiendo el mismo "realismo inconsistente"[63] de E. H. Carr para abordar el problema del cambio pacífico, es posible imaginar un escenario distinto –posible, aunque luzca hoy improbable– a la "paz fría" que está emergiendo: una transición hacia una "paz cálida" basada en la cooperación y la seguridad común, mediante la creación de un nuevo Concierto de Grandes Potencias a partir de un G-7 reformado (Estados Unidos, Unión Europea, Japón, China, Ru-

---

60 CARR, Edward Hallett, *op. cit.*, nota 13, p. 192.

61 GILPIN, Robert, *op. cit.*, nota 13, p. 207.

62 Discurso de Winston Churchill ante el Parlamento Británico en medio de la Guerra de Corea, 14 de diciembre de 1950, citado en THOMPSON, Kenneth W., *Winston Churchill's World View: Statesmanship and Power*, Louisiana State University Press, Baton Rouge (Luisiana), 1983, p. 4.

63 *Véase.* CARR, Edward Hallett., *op. cit.*, nota 13, pp. 84-88.

sia, India, y Brasil)[64] que en conjunto representan alrededor del 70 por ciento del PIB mundial y el gasto militar, y por tanto, puede constituir una hegemonía colectiva para la gobernanza coherente y efectiva del sistema internacional.

Inicialmente, serviría como un mecanismo diplomático para poner en marcha un proceso de "contestación ideacional"[65] entre Estados Unidos y China, y en segunda instancia, entre Estados Unidos y Rusia: (a) diálogo sostenido, refreno estra-

---

64 Varios autores realistas han hecho propuestas sobre la creación de un concierto global de potencias. Por ejemplo, *véase* LASCURETTES, Kyle, *The Concert of Europe and Great-Power Governance Today. What can the Order of 19th Century Europe teach Policymakers about International Order in the 21st Century*, RAND, Santa Monica (California), 2017. No obstante, nuestra propuesta sigue más el espíritu de los planteamientos de E. H. Carr al final de la Segunda Guerra Mundial. Cabe recordar, que entonces, E.H.Carr recomendó a Gran Bretaña que no tomara partido ni por Estados Unidos ni por la Unión Soviética, porque se vería reducida a un rol de aliado subordinado. La única manera en que Gran Bretaña podía lograr recuperarse económicamente y mantener su posición como gran potencia era si apostaba –a pesar de las dificultades– por una hegemonía colectiva de los *Big Three* al estilo del viejo "Concierto Europeo", lo que podía a su juicio justificarse moralmente dada las contribuciones que estos países hicieron para la victoria. Además, planteó que esta hegemonía colectiva debía comprometerse con la promoción de una suerte de internacionalismo de bienestar (*welfare internationalism*). Ergo, E.H.Carr no pensaba, en términos deterministas, que una transición de poder lleva necesariamente a una sucesión de hegemonías de Estados individuales. *Véase.* JONES, Charles, *E.H.Carr and International Relations. A Duty to Lie*, Cambridge University Press, Cambridge, 1998, pp. 105-110.

65 *Véase.* KUPCHAN, Charles, ADLER, Enmanuel, COICAUD, Jean-Marc, y FOONG, Yuen Foong, *Power in Transition: The Peaceful Change of International Order*, The United Nations University, Tokio, 2001, pp. 8-9.

tégico y acomodamiento; (b) construcción recíproca de imágenes benignas mutuas; (c) negociación de un esbozo de un nuevo orden del internacional que genere satisfacción mutua; (d) legitimación del nuevo orden con el resto de las potencias y Estados menores. Luego, operaría como el mecanismo de concertación política global de la hegemonía colectiva.

Finalmente, este nuevo Concierto Global de Grandes Potencias puede fomentar una "hipoglobalización" distinta de la que está emergiendo, comprometida con una nueva forma de "liberalismo embebido" (*embedded liberalism*)[66] y que favorezca la proliferación de regionalismos económicos[67] como unidades neo-mercantilistas benignas que favorezcan la estabilidad económica y el bienestar social de sus miembros[68]; permitiendo así disfrutar de la prosperidad económica sin hacer a un

---

66 RUGGIE, John Gerard, "International regimes, transactions and change: embedded liberalism in the postwar economic order" en *International Organization*, Vol. 36, núm. 2, primavera 1982, pp. 379-415.

67 Al finalizar la Segunda Guerra Mundial, E.H.Carr apoyó la organización del orden económico internacional con agrupaciones regionales con múltiples alcances y funciones, en el cual la planificación económica salvaguardara la libertad individual, subrayando que debían tener una débil centralización política. Algunos autores han dicho que esta propuesta de E.H.Carr era una suerte de "continentalismo keynesiano". *Véanse.* CARR, Edward Hallett., *op. cit.*, nota 47, p. 62; LINKLATER, Andrew, *E.H.Carr, Nationalism and the Future of Sovereign State* en COX, Michael (ed.), *E.H.Carr. A Critical Appraisal*, Palgrave, Nueva York, 2020, pp. 234-257, p. 237.

68 Robert Gilpin señaló que el "mercantilismo benigno" es defensivo, y supone un grado de proteccionismo que salvaguarda empleos, industrias estratégicas y control de política macroeconómica; mientras el "mercantilismo maligno" es ofensivo, y busca la acumulación de poder y el dominio de otros Estados. *Véase.* GILPIN. Robert, *The Political Economy of International Relations*, Princeton University Press, Princeton, 1987, p. 404.

lado la agenda climática y la cohesión social, lo cual a su vez, contribuirá a disminuir la polarización política y el fortalecimiento de las democracias a nivel mundial.

5. A MODO DE CIERRE

La teorización de G. John Ikenberry sobre la situación internacional actual desde la tradición liberal de los "Estudios sobre la Hegemonía", ha supuesto un interesante esfuerzo intelectual, pero adolece de defectos importantes. En principio, su planteamiento de regresar a E. H. Carr y Karl Polanyi, como arquetipos teóricos para explicar la actual crisis del orden internacional liberal, ha agregado sustancia a las discusiones teóricas, pero lo ha hecho al costo de desdibujar el pensamiento de estos autores, con el propósito de instrumentalizarlos a favor de su propia teoría.

Hemos demostrado en esta contribución, que hablar de *Crisis E.H.Carr* como lo hace G. John Ikenberry, para señalar únicamente que este no es un momento donde "...los realistas pueden dar un paso adelante y decir que los idealistas liberales estaban equivocados y que el regreso de la anarquía y la guerra revela las verdades perdurables de la política mundial como una lucha por el poder y la ventaja"[69], resulta un constructo teórico limitado y sesgado. En resumen, puede decirse que G. John Ikenberry ha apelado aquí a la clásica falacia del hombre de paja, para así rebatir fácilmente el realismo sin ahondar en sus argumentos sobre la situación del sistema internacional actual, y sobre todo, para eludir las críticas a su propia teoría.

---

69 IKENBERRY, G. John, *Liberal Leviathan: The Origins, Crisis, and Transformation of the American World Order*, Princeton University Press, Princeton, 2011, p. 338.

En contraste, la presente contribución ha redefinido el concepto de *Crisis E .H. Carr* como una crisis de interregno hegemónico, demostrando que esto es mucho más cónsono con el pensamiento de este autor en particular, y la tradición realista de los "Estudios sobre la Hegemonía" en general.

A partir de allí, la presente contribución ha demostrado que la situación internacional actual sí que puede entenderse como una *Crisis E. H. Carr*, donde la erosión de la hegemonía de Estados Unidos o *Pax Americana*, ha traído consigo la crisis del orden internacional liberal, tal como ha ocurrido con otras grandes potencias y sus órdenes hegemónicos en el pasado. Asimismo, nuestro concepto *Crisis E. H. Carr* incluye tres aspectos distintos, aunque interrelacionados.

En primer lugar, una "crisis de gobernanza" del sistema internacional, donde Estados Unidos sigue teniendo la primacía en comparación a otras potencias emergentes, pero ya no tiene el poder, el prestigio y legitimidad suficientes para "gobernar" el sistema internacional como en el pasado. La erosión de la hegemonía estadounidense es producto de dos décadas de lucha contra el terrorismo y aventurerismo estratégico en Medio Oriente, de la redistribución de las capacidades económicas y tecnológicas producto de la globalización que ha llevado al ascenso de potencias emergentes –sobre todo China–, así como de sus propias debilidades internas. El declive hegemónico relativo, ha espoleado el resurgimiento de las rivalidades estratégicas con China y Rusia, la contestación del orden internacional liberal, y la eclosión de una nueva era de hipoglobalización. Ergo, este primer aspecto que denota nuestro concepto de *Crisis E. H. Carr*, incluye parte de la definición de *Crisis Polanyi* de G. J. Ikenberry en tanto que afirma que la globalización ha contribuido a desbordar sus cimientos políticos. Empero, en contraste, señalamos que los efectos redistributivos de la globalización son sólo una de las causas de la erosión de la posición hegemónica de Estados Unidos; y subrayamos además que Rusia y en menor medida China, tienen hoy por hoy planteamientos revisionistas del orden internacional liberal, y no sólo buscan más voz dentro de este orden hegemónico como sería el caso, por ejemplo, de India.

En segundo lugar, una "crisis política y moral del liberalismo" como ideología del orden hegemónico. El internacionalismo liberal ha llevado a un intervencionismo sin límites de Estados Unidos para intentar modelar el Mundo a su imagen y fortalecer su posición hegemónica, lo cual no sólo ha desgastado su poder y prestigio, sino que ha hecho visibles incoherencias entre sus políticas y los valores liberales que propugna. El resultado ha sido un auge del nacionalismo y las políticas identitarias, donde destaca el "civilizacionismo" multipolar defendido por Rusia y China como alternativa al orden internacional liberal. Por otra parte, los defensores del neo-*laissez faire*, no sólo han errado sus pronósticos de que Rusia y China se transformarían en democracias liberales gracias a la globalización y que esta fortalecería además la cooperación internacional, sino que el neo-*laissez faire* promovido por la globalización ha provocado crisis económicas recurrentes como la *Gran Recesión* y aumentado las desigualdades sociales, lo cual ha dado un propósito social a la vuelta del nacionalismo a nivel global y ha generado una oleada populista nativista que ha minado la calidad e imagen internacional de las democracias avanzadas, y entre ellas, Estados Unidos. Aquí, cabe destacar, que mientras la crisis política y moral del liberalismo político es invisibilizada por G. John Ikenberry en su teorización, al menos reconoce el agotamiento del neo-*laissez faire* y la necesidad de apostar por un nuevo "liberalismo embebido" (*embedded liberalism*) en su definición de *Crisis Polanyi.*

En tercer lugar, el concepto *Crisis E. H. Carr* planteado en esta contribución, toma en cuenta las perspectivas de cambio sistémico si la crisis de gobernanza no es resuelta a largo plazo. Aquí desde la posición de "realismo inconsistente" recomendada por E.H.Carr, no sólo hemos señalado la emergencia de una "paz fría" basada en la disuasión nuclear y el rearme global, así como advertido sobre los riesgos a largo plazo de escenarios extremos de fragmentación de la economía mundial y guerra hegemónica. También hemos planteado la necesidad urgente de volver a pensar en el problema del cambio pacífico y progresista del sistema internacional, es decir, la transición hacia una "paz cálida" basada en la cooperación y la seguridad común, que ofrezca respuesta a los clásicos conflictos de intereses entre potencias satisfechas e insatisfechas, así como entre países desarrollados y países en vías de desarrollo, y entre élites y masas dentro de las sociedades domésticas, sin perder de vista desafíos transnacionales como la lucha contra el Cambio Climático. En este sentido, inspirándonos en los escritos de E. H. Carr al finalizar la Segunda Guerra Mundial, hemos propuesto un Concierto Global de Grandes Potencias que incluya a Estados Unidos y sus aliados tradicionales, a China, Rusia, India y Brasil, como una nueva hegemonía colectiva que permita una gobernanza coherente y funcional del sistema internacional, e impulsar una nueva "hipoglobalización" comprometida con una nueva forma de "liberalismo embebido" (*embedded liberalism*) y que permita los regionalismos económicos como unidades neo-mercantilistas benignas.

Visto entonces desde esta perspectiva, la contraposición que hace G. John Ikenberry entre Karl Polanyi y E. H. Carr resulta incorrecta. Aunque desborda los propósitos de esta contribución, muchos autores han notado que existe una congruencia notable entre los pensamientos de estos autores[70], los cuales

---

[70] GERMAIN, Randall, "Nearly Modern IPE? Insights from IPE at Mid-Century" *Review of International Studies*, vol. 47, nº 4, 2021, pp. 528-548; GARETH, D., "In search of Polanyi's International Relations Theory" *Review of International Studies*, Vol. 42, núm. 3, 2015, pp. 401-424.

llegaron incluso a trabar amistad. Podemos notar, por ejemplo, su rechazo compartido hacia los extremos del "crédulo cinismo" del neo-maquiavelismo y el "ilusorio" liberalismo en palabras de Karl Polanyi, así como su crítica común al *laissez-faire* decimonónico, y los parecidos notables entre las "grandes unidades multinacionales" de E. H. Carr y los "imperios domesticados" de Karl Polanyi como propuestas para organizar la economía política mundial después de la Segunda Guerra Mundial.

Más problemático aún resulta la movilización de Karl Polanyi que hace G. John Ikenberry para reafirmar el papel de los Estados Unidos como *Leviatán liberal* a la cabeza de "...un esfuerzo de última oportunidad para reclamar el proyecto internacional liberal de dos siglos de construcción"[71]. Desde la nostalgia por la pérdida de propósito social del orden internacional liberal en tanto ha dejado de ser un club de democracias liberales occidentales como lo era en la Guerra Fría, ahora G.John Ikenbery ha planteado la creación de un nuevo "comité directivo de las democracias más importantes del Mundo" que denomina D-10 (donde al G-7 se le sumaría Australia, Corea del Sur e India)[72] liderado por Estados Unidos para impulsar la reforma del orden internacional liberal y así "permitir que

---

71 IKENBERRY, G. John., "The Next Liberal Order: The Age of Contagion Demands More Internationalism, Not Less" *Foreign Affairs,* vol. 99, núm. 4, julio-agosto 2020, pp. 133–142. p. 134.

72 IKENBERRY, G.John, *op. cit.*, nota 71, p. 140. Aquí, por cierto, G.John Ikenberry pasa por alto las críticas liberales al creciente déficit de democracia en India tras la llegada al poder de Narendra Modi, lo cual revela inconsistencias entre este planteamiento y teoría. También obvia la tradicional gran estrategia de "no alineamiento" que ha mantenido la India incluso después de la Guerra Fría. *Véase.* MARKEY, Daniel, "India as It Is: Washington and New Delhi shared interests, not values" en *Foreign Affairs,* vol. 102, núm. 4, julio-agosto de 2023, *https://www.foreignaffairs.com/india/markey-modi-biden-united-states*

sobreviva la democracia liberal occidental", y "...enfrentar los peligros que amenazan la sobrevivencia de la democracia"[73], entre ellos, el desafío de los revisionismos de China y Rusia. Si a esto sumamos su gran exhortación a "volver a hacer el Mundo seguro para la democracia" citando la frase del célebre discurso de Woodrow Wilson, pero tal como dice, como un alegato de seguridad y no de idealismo, lo que parece estar ahora planteando es una suerte *Crisis Wilson* donde Estados Unidos debe volver a movilizarse en defensa del liberalismo y el regreso de sus enemigos, dejando entre líneas la idea de una Guerra Fría 2.0[74]. Esto, por cierto, recuerda también a la retórica de "democracias versus autocracias" asumida por la Administración Biden, que ha tenido poco calado a nivel global ha debido a la deslegitimación del liderazgo hegemónico de Estados Unidos.

En consecuencia, el compromiso de preservar el *statu quo* parece ser la preocupación central de G.John Ikenberry. El ejemplo más significativo y revelador es el tratamiento del orden internacional liberal como constantemente propenso a la crisis: "El proyecto internacional liberal ha viajado desde el siglo XVIII hasta nuestros días a través de repetidas crisis, trastornos, desastres y rupturas"[75], pero sin preguntarse por qué esto ocurre, y sin considerar otras alternativas más allá de la lucha descarnada por el poder que atribuye al realismo. Aunque es consciente de que es "precisamente en un momento de

---

[73] IKENBERRY, G. John, *op. cit.*, nota 7, pp. XI-XII.

[74] No es necesario hacer un gran esfuerzo para recordar que Harry Truman era un admirador de Woodrow Wilson, y apeló a su visión moral maniquea al inicio de la Guerra Fría. *Véase.* COOPER, John Milton, *Reconsidering Woodrow Wilson. Progressivism, Internationalism, War, and Peace,* The John Hopkins Univesity Press, Baltimore, 2008, p. 280.

[75] IKENBERRY, G. John., *op. cit.*, nota 6, p. 22.

crisis global cuando se abren grandes debates sobre el orden mundial y emergen nuevas posibilidades"[76], su respuesta a los problemas del orden mundial es insistir en que "las soluciones a los problemas de hoy son más democracia liberal y más orden liberal"[77]. Ergo, su planteamiento se termina pareciendo más una defensa ideológica del orden hegemónico, que a una propuesta teórica.

En cambio, desde la posición de "realismo inconsistente" recomendada por E. H. Carr, puede correrse el velo utópico del liberalismo y al tiempo distanciarnos de un realismo estéril y determinista, asumiendo el desafío de pensar en posibilidades de un cambio pacífico y progresista del sistema internacional, restaurando así al realismo político el atractivo emocional, el derecho al juicio moral, y dejando margen a la agencia humana.

---

76 IKENBERRY, G. John, *op. cit.*, nota 71, p. 142.

77 DEUDNEY, Daniel e IKENBERRY, G. John, "Liberal World. The Resilient Order" , *Foreign Affairs*, vol. 97, núm. 4, julio-agosto 2018, pp. 16-24, p. 24.

Conceptualizando la "crisis orgánica" global: Una visión teórica crítica del sistema internacional contemporáneo

JONATHAN PASS[1]

1. CRISIS ORGÁNICA: LA PERSPECTIVA GRAMSCIANA Y NEOGRAMSCIANA

Vivimos en tiempos revueltos, cuando "lo viejo muere y lo nuevo no puede nacer", que se manifiesta en "fenómenos morbosos". Así es como A. Gramsci define un periodo de *interregno*: una crisis estructural, es decir, "orgánica". Una crisis orgánica, A. Gramsci nos cuenta, es una crisis de autoridad, de gobernanza, cuando se rompe el compromiso social entre la clase dirigente y las clases aliadas/subalternas. También constituye una "crisis hegemónica" porque las clases dominantes ya no gozan de "liderazgo intelectual y moral" y gobiernan, cada vez más, por medios coercitivos. Se abre un periodo largo de inestabilidad política, económica y social, durante el cual se cuestionan las instituciones, se produce una división entre las élites, se radicaliza la política, crece la desigualdad y aumenta la agitación social. En este vacío político surgen nuevos proyectos hegemónicos que compiten entre sí para la supremacía.

---

1 Profesor Ayudante Doctor de Derecho Internacional Público y Relaciones Internacionales, Universidad Pablo de Olavide (jonapass@upo.es).

Siguiendo el ejemplo de R. W. Cox[2], varios académicos de relaciones internacionales han transportado las ideas de Gramsci al orden mundial, interpretando los problemas estructurales contemporáneos (por ejemplo, las tensiones geopolíticas, las guerras comerciales, los flujos migratorios masivos, la inestabilidad financiera y la desconfianza en los partidos políticos tradicionales) como expresiones de una crisis orgánica "global"[3].

Según estos neogramscianos, el orden mundial lleva años en crisis, en concreto, desde la crisis global financiera de 2008, que representa el fracaso definitivo del proyecto hegemónico neoliberal, un proyecto transnacional dirigido por una *clase capitalista transnacional* (CCT). La CCT tiene conciencia de clase, y se reúne periódicamente en distintas organizaciones y conferencias globales, como el Foro Económico Mundial, la Comisión Trilateral o el Grupo Bilderberg, para mover sus propios intereses[4]. Gracias a la consolidación de la CCT y a los pro-

---

2 COX, Robert W., "Social Forces, States, and World Orders: Beyond International Relations Theory"; "Gramsci, Hegemony and International Relations: An Essay in Method"; COX, Robert W. y SINCLAIR, Timothy J., *Approaches to World Order,* Cambridge, Cambridge University Press, 1996, COX, Robert W., *Production, Power, and World Order: Social Forces in the Making of History,* Nueva York, Columbia University Press, 1987.

3 MØLLER STAHL, Rune, "Ruling the Interregnum: Politics and Ideology in Nonhegemonic Times", *Politics & Society,* vol. 47, núm. 3, 2019, pp. 333-360. BABIC, Millan, "Let's talk about the interregnum: Gramsci and the crisis of the liberal world order"; *International Affairs* vol. 96, núm. 3, 2020, pp. 767–786; SANAHUJA, José Antonio, "Interregno. La actualidad de un orden mundial en crisis", *Nueva Sociedad,* núm. 302, 2022, pp. 86-94.

4 Véase por ejemplo, GILL, Stephen, *American Hegemony and the Trilateral Commission,* Cambridge, Cambridge University Press, 1990; VAN DER PIJL, Kees, *Transnational Classes and International Relations,* Londres, Routledge, 1998; ROBINSON, William I.,

cesos de la globalización (entre ellos la "internacionalización del estado" y la 'internacionalización de la producción')[5], los neogramscianos rechazan la idea de que los estados puedan ejercer la hegemonía a nivel internacional hoy en día. Dicha posibilidad se reserva para la CCT, o, mejor dicho, determinada fracciones de ella.

Ya que no cuenta con el liderazgo intelectual y moral, a las elites neoliberales no les queda más remedio que gobernar con medidas cada vez más coercitivas: el neoliberalismo se ha convertido en el neoliberalismo "autoritario"[6] o "predatorio"[7]. Siguiendo el patrón de Gramsci, nuevos proyectos hegemónicos han florecido, ofreciendo otras visiones de cómo se debe reorganizar la sociedad en estos tiempos turbios. Aunque algunos neogramscianos, como R. Møller Stahl, han identificado al populismo de izquierda como un posible contendiente al trono neoliberal[8], la mayoría de ellos se centran únicamente en el auge de la derecha nacionalista/extrema derecha, citando

---

"Gramsci and Globalization: From Nation-State to Transnational Hegemony", *Critical Review of International Social and Political Philosophy*, vol. 8, núm. 4, 2005, pp. 1-16; GILL, Stephen *Power and Resistance in the New World Order*, Basingstoke, 2ª ed., Palgrave Macmillan, 2008; BIELER, Andreas y MORTON, Adam David, *Global Capitalism, Global War, Global Crisis*, Cambridge, Cambridge University Press, 2018.

5 COX, Robert W., *op. cit.*, pp. 107-111.

6 BRUFF, Ian, "The Rise of Authoritarian Neoliberalism", *Rethinking Marxism*, vol. 26, núm. 1, 2014, pp. 113–129.

7 VAN DER PIJL, Kees, "A Transnational Class Analysis of the Current Crisis", en JESSOP, Bob y OVERBEEK, Henk (eds.), *Transnational Capital and Class Fractions: the Amsterdam School Perspective Reconsidered*, Abingdon, Routledge 2019.

8 MØLLER STAHL, Rune, *op. cit.*

como ejemplos la elección de Donald Trump y Jair Bolsonaro, la salida del Reino Unido de la Unión Europea y los regímenes de Xi, Putin y Erdoğan[9].

2. LAS DEFICIENCIAS DE LA PERSPECTIVA NEOGRAMSCIANA

El trabajo realizado por los neogramscianos sobre la dinámica de la crisis orgánica global actual es impresionante. No obstante, desde nuestro punto de vista, padece de ciertas deficiencias.

En primer lugar, le falta profundidad ontológica. Se centra casi exclusivamente en el "momento político-cultural" de la hegemonía[10], es decir, en la evolución, desarrollo y socialización de los proyectos hegemónicos, especialmente en los procesos de institucionalización. La desventaja de reducir la realidad a la agencia consciente/intersubjetiva es que resulta muy difícil teorizar sobre la causalidad y el cambio. A los neogramscianos, por ejemplo, les cuesta explicar por qué surge un proyecto hegemónico determinado en un momento dado, por qué uno tiene éxito y otro no, y por qué un proyecto hegemónico entra en crisis.

En gran medida el problema se debe a la posición ontológica original de Cox y su conceptualización de la estructura. Según él, las "estructuras históricas" no constituyen una "realidad externa objetiva", sino que se construyen socialmente, y sólo se hacen reales "en virtud de su existencia en la intersubjetividad de grupos relevantes de personas" (visión colectiva

---

9 SANAHUJA, José Antonio., *op. cit.*, BABIC, Millan, *op. cit.*

10 GRAMSCI, Antonio, *op. cit.*, pp. 175-185.

compartida)[11]. No se diferencia, pues, entre la estructura y la agencia. De hecho, hacen una *conflación central* que imposibilita el estudio de la interacción dialéctica entre ellas, y consecuentemente el análisis de cambio[12].

Sin embargo, esta posición de Cox contrasta con la de Gramsci, que sí destaca las diferencias ontológicas entre la estructura y la agencia. Los proyectos hegemónicos (agencia), por ejemplo, necesariamente surgen de las relaciones "objetivas" de producción (estructura), con las que mantienen una relación dialéctica y constante. Toda acción política, en resumen, pretende conservar o transformar una realidad *preexistente*[13]. Esta perspectiva *materialista* de la hegemonía de Gramsci concuerda con el "modelo transformacional de la actividad social" de R. Bhaskar[14].

Aunque algunos neogramscianos sostienen que trabajan dentro de un marco teórico de materialismo histórico, no extrañaría que muchos, con algunas excepciones destacables – la Escuela de Ámsterdam, Adam Morton y Andreas Bieler y Stephen Gill – evitaran cualquier mención de la lógica del capitalismo global. No obstante, para Gramsci, no se puede entender

---

11 COX, Robert W., *op. cit.*, p. 395; COX, Robert W., "Towards a posthegemonic conceptualisation of world order: reflections on the relevancy of Ibn Khadun"; COX, Robert W. y SINCLAIR, Timothy J., *Approaches to World Order*, Cambridge, Cambridge University Press, 1996, p. 149.

12 ARCHER, Margaret S., "Human Agency and Social Structures: A Critique of Giddens", 1990; CLARK, Jon, MODGIL, Celia & MODGIL, Sohan (eds), *Anthony Giddens: Consensus and Controversy*, Londres, Falmer Press, 1990, pp. 73-84.

13 GRAMSCI, Antonio, *op. cit.*, p. 137, pp. 175-185, p. 418.

14 BHASKAR, Roy, *The Possibility of Naturalism*, Londres, Routledge, 1979, pp. 43-44.

la dinámica cambiante de clases dentro de cualquier *bloque histórico* – que representa la institucionalización de un proyecto hegemónico – fuera de este contexto mundial. Al fin y al cabo, la base de cualquier bloque histórico es un régimen de acumulación de capital junto con un modo de regulación compatible. Los neogramscianos prestan atención insuficiente a las contradicciones implícitas dentro de los bloques históricos, y cómo éstos quedan afectados por la evolución constante de una economía capitalista global, aquejada por el desarrollo desigual[15].

En cuanto a la conceptualización de la hegemonía, los neogramscianos no solamente adoptan una lectura más voluntarista/ideológica (y menos materialista) que Gramsci, sino que tampoco contemplan ni el uso de la coerción, ni la fuerza militar, puesto que para ellos la hegemonía es una relación *consensual.* Pero para Gramsci tanto la coerción como la fuerza militar (en su justa medida) forman parte integral de la función hegemónica. Además, el militarismo constituye la tercera de las tres "relaciones de fuerzas" (junto la económica-corporativa y la política-cultural), consideradas esenciales para el establecimiento de cualquier bloque hegemónico[16].

No sorprende, por ende, que a los neogramscianos les cueste explicar cómo se interrelacionan la CCT y el sistema interestatal/la geopolítica. No existe un acuerdo entre los neogramscianos, por ejemplo, sobre cómo interpretar la intervención militar americana en países en vía de desarrollo desde la caída del Muro de Berlín. Para algunos, dicho aventurismo sirve a los

---

15 SAULL, Richard, "Rethinking Hegemony: Uneven Development, Historical Blocs, and the World Economic Crisis", *International Studies Quarterly*, vol. 56, núm. 2, 2012, p. 329.

16 PASS, Jonathan, "Gramsci meets Emergentist Materialism: Towards a *Neo* Neo-Gramscian perspective on World Order", *Review of International Studies*, vol. 44, núm. 4, 2018, p. 22.

intereses materiales generales de la CCT[17], mientras otros miran dentro de Estados Unidos (EE. UU.) y culpan o a intereses particulares vinculados con el complejo-industrial-militar[18] o a una división política entre las elites globales y nacionales[19].

La Escuela de Ámsterdam sí reconoce la importancia del sistema internacional y la geopolítica. El bloque histórico transnacional, donde reside la CCT, se restringe a lo que K. van der Pijl denomina al *Corazón lockeano* (Lockean Heartland), un espacio capitalista libre que une las potencias más avanzadas de Norte de América, Europa Occidental y sus aliados asiáticos. Prevalece un nivel de tensión geopolítica constante entre estos Estados "lockeanos" liberales y los Estados contendientes "hobbesianos", los últimos dirigidos de forma autoritaria por la clase estatal que aspira a alcanzar a sus contrincantes a través de regímenes de acumulación/modos de regulación estatales[20].

A primera vista es tentador analizar los conflictos geopolíticos actuales entre Occidente y China/Rusia bajo este paradigma. No obstante, dicha categorización binaria es demasiada básica. En primer lugar, simplifica demasiado las diferencias entre los dos tipos de estados: la coerción y la intervención estatal, por ejemplo, también forman parte de la gobernanza dentro de Estados lockeanos, igual que existen compromisos sociales en los Estados hobbesianos. Tampoco se puede afir-

---

17 ROBINSON, William I., *op. cit.*

18 BIELER, Andreas y MORTON, Adam David, *Global Capitalism, Global War, Global Crisis*, Cambridge, Cambridge University Press, 2018.

19 GILL, Stephen, 'Neo-Liberalism in the Shift Towards a US-centred Transnational Hegemony", en OVERBEEK, Henk (ed.), *Restructuring Hegemony in the Global Political Economy: The Rise of Transnational Neoliberalism in the 1980s*, Londres, Routledge, 1993.

20 VAN DER PIJL, Kees, *Transnational Classes and International Relations*, Londres, Routledge, 1998.

mar que los estados liberales son menos belicistas que los estados contendientes. Además, esta tipificación sobreestima la unidad entre los Estados lockeanos, e ignora los conflictos de clases que ocurren dentro de todos los estados[21].

3. REINTRODUCIENDO LA HEGEMONÍA MUNDIAL

Desde nuestra perspectiva es demasiado pronto para hablar de una CCT hegemónica. En vez de una crisis orgánica global, consideramos que es más apropiado describir la coyuntura actual como una crisis del *hegemón mundial* – entendida en términos gramscianos, no realistas – dentro de una economía global capitalista jerarquizada, afligida por el desarrollo desigual.

Según G. Arrighi, en ciertos momentos históricos el estado (o "complejo estado/sociedad"[22]) capitalista más avanzado puede ejercer la hegemonía sobre sus homólogos al convencerles que actúa en los intereses generales del capital. Lanza un nuevo proyecto hegemónico que consiste en un nuevo régimen de acumulación y un modo de regulación compatible que sirve como un motor de crecimiento global. Así el hegemón dirige el sistema capitalista hacia una nueva etapa de expansión material y restaura las tasas de beneficios. Este *ciclo sistémico de acumulación* (CSA) está compuesto por dos fases. En la fase-A domina el capital productivo y se caracteriza por un proceso de acumulación estable. En la fase-B prevalece el capital financiero y es un proceso de acumulación muchas más inseguro, marcado por la expansión financiera, la especulación y la re-

---

[21] MONTALBANO, Giuseppe, "Gramsci in Amsterdam: A Critique and Re-appraisal of the Neo-Gramscian Transnationalism", *Globalizations*, vol. 19, núm. 2, 2021, pp. 5-6.

[22] COX, Robert W., *op. cit.*, p. 96.

estructuración geográfica, que acaba en una situación de 'caos sistémico' y colapso final[23].

Para ejercer la hegemonía mundial, el establecimiento de organizaciones internacionales es clave (forma parte del 'momento' político-cultural). Sirven principalmente para sentar las relaciones de poder hegemónicas – ayudando a las clases dominantes de otros complejos estado/sociedad a reconstruir sus relaciones sociales de producción conforme al nuevo régimen de acumulación y establecer un modo de regulación compatible – que es lo que Gramsci llama una "revolución pasiva"[24]. Luego las organizaciones hacen cumplir las normas, reparten beneficios a los grupos subordinados y, cuando es necesario, sancionar las conductas inapropiadas.

Todos los neogramscianos coinciden en que ha habido dos proyectos hegemónicos principales desde la Segunda Guerra Mundial: 1) keynesianismo/fordismo (fase-A) y 2) neoliberalismo (fase-B), cada uno con su régimen de acumulación, modo de regulación y proceso de institucionalización, respectiva. Coinciden con la fase-A y la fase-B, respectivamente, del CSA de Arrighi. Creemos que resulta imposible desvincular dichos proyectos de las fuerzas sociales que emergen del bloque histórico norteamericano.

También es importante subrayar que las relaciones hegemónicas entre EE. UU. y los complejos estado/sociedad aliados no se basan exclusivamente en el consenso (liderazgo inte-

---

23 ARRIGHI, Giovanni, *The Long Twentieth Century: Money Power and the Origins of Our Times*, Londres, Verso, 2010; ARRIGHI, Giovanni, *Chaos and Governance in the Modern World System*, Minneapolis: University of Minnesota Press, 1999; ARRIGHI, Giovanni, *Adam Smith in Beijing: Lineages of the Twenty-First Century*, Londres, Verso, 2008.

24 GRAMSCI, Antonio, *op. cit.* pp. 58-59; pp. 105-120.

lectual y moral). Incluso durante la Guerra Fría las relaciones transatlánticas tuvieron sus momentos conflictivos y de coerción (por ejemplo, el desmantelamiento del imperio, la crisis de Suez, la Guerra de Vietnam, Bretton Woods, *Ostpolitik*)[25]. Por mucho que se hable de una CCT, opinamos que el mundo sigue dividido políticamente entre estados soberanos territoriales y que las rivalidades geopolíticas dentro del Corazón lockeano no han cesado[26].

Además, recordamos que las relaciones de fuerzas militares constituyen una pieza clave en cualquier relación hegemónica. La *Ley de Seguridad Nacional*, firmada por Harry Truman en septiembre 1947, marca un punto de inflexión para la hegemonía americana. Establece una infraestructura industrial-militar-política que permite la proyección internacional del poder americano que le convierte a Washington en el guardián global de los mercados y la propiedad privada. Aparte de garantizar que se cumplieran las normas hegemónicas elaboradas en las distintas organizaciones, el poderío militar americano protegería los aliados de las amenazas externas e internas, pero eso sí, a cambio de su subordinación política y el abandono de cualquiera política exterior independiente[27].

Si bien han participado muchos factores, sostenemos que la causa principal de la crisis orgánica global es la crisis del neoliberalismo (y por lo tanto de la hegemonía americana), minado por sus múltiples contradicciones internas y el auge de otros centros/modos de acumulación. La fase-B del CSA de Arrighi está llegando a su fin. La rivalidad China-EE. UU.,

---

25 PASS, Jonathan, *American Hegemony in the 21st Century: A Neo Neo-Gramscian Perspective*, Nueva York, Routledge, 2019.

26 CALLINICOS, Alex, "Does Capitalism Need the State System?", *Cambridge Review of International Affairs*, vol. 20, núm. 4, 2007.

27 PASS, Jonathan, *op. cit.*

la consolidación (y ampliación) de los países BRICS (BRICS+) reflejan estos cambios estructurales.

Durante la administración de Trump y su política de *America First* las tensiones transatlánticas aumentaron, manifestadas en guerras comerciales, la disputa G5, quejas sobre el gasto militar europeo, críticas a la Unión Europea (particularmente a Alemania) por parte de Washington y, por primera vez, se ponía en duda el futuro de la OTAN. Aunque las relaciones transatlánticas empezaron a mejorar con la llegada de Biden a la Casa Blanca, el liderazgo intelectual y moral norteamericano estaba en entredicho, socavado por la retirada desastrosa de Afganistán, el pacto AUKUS, y el acuerdo Australia-EE. UU. para la compra de submarinos nucleares. En Europa se hablaba, por primera vez, sobre si ya era la hora de liberarse de EE. UU. y adoptar una política exterior independiente.

Una de las consecuencias de la guerra en Ucrania ha sido que EE. UU. ha podido reafirmar su hegemonía político-cultural y militar sobre Europa. La crisis ha dejado claro la dependencia militar europea en EE. UU.: la OTAN ha salido reforzado; ha reducido la posibilidad de que Europa desarrolle una "autonomía estratégica" verdadera; y ha cortado la dependencia energética europea en Rusia. A principio de la década de los años 80 del siglo pasado, la administración de Reagan también pudo volver a imponer la hegemonía política y militar americana sobre Europa con el lanzamiento de la *Segunda* Guerra Fría. La gran diferencia entre la situación de los años 80 y de 2024 es que Reagan contaba con un nuevo proyecto hegemónico basado en un nuevo régimen de acumulación, pero Biden, no. Una cosa es que EE. UU. ejerza su hegemonía política/militar sobre Europa (Occidental), otra cosa es que goce del liderazgo intelectual y moral internacional sobre las elites de los países BRICS+ cuando ya no sirve como el motor principal de crecimiento capitalista y existen dudas sobre su supremacía militar. Además, un número creciente de países en vía de desarrollo – mucho de ellos exportadores de gas natural y petróleo – ya plantean la posibilidad de alejarse de un sistema financiero basado en el dólar, a favor del yuan chino[28]. Y claro, si se rompiera el vínculo entre la venta del petróleo y el dólar, finalizaría la hegemonía de éste[29] y, de forma definitiva, la fase-B del CSA.

---

28 El Sistema de Pago Interbancario y Transfronterizo (*Cross-Border Interbank Payments System*).

29 GOWAN, Peter, *The Global Gamble: Washington's Faustian Bid for World Dominance*, Londres, Verso, 1999.

La crisis del concepto de seguridad y el problema de los estudios de seguridad en las relaciones internacionales hoy.

DAVID GARCÍA CANTALAPIEDRA[1]

1. INTRODUCCIÓN

Desde un punto de vista teórico, y práctico en última instancia, la entrada en crisis del actual concepto de Seguridad y, por ende, de los Estudios de Seguridad, sería un avatar del debate actual en las Relaciones Internacionales como disciplina. No obstante, también conviene señalar que al ampliarse las miras más allá de su objeto de estudio tradicional – la seguridad del Estado – los Estudios de Seguridad sustituyeron a los Estudios Estratégicos, adquiriendo un enfoque crecientemente multidisciplinar. Sin embargo, veremos que existirá una reaparición de los Estudios Estratégicos, abandonado su enfoque prioritariamente militar (Estudios Militares) y abarcando una visión más comprehensiva por encima de los Estudios de Seguridad, ya que contendría por ejemplo cuestiones geopolíticas y geoeconómicas que estos habían abandonado practicante al acabar la Guerra Fría. El problema subsistirá si se mantiene esa asimetría y resistencia por parte de las aproximaciones teóricas

---

1 Profesor Titular de Universidad. Departamento de Relaciones Internacionales e Historia Global. Universidad Complutense de Madrid. djgarcia@pdi.ucm.es Todas las páginas web mencionadas en este estudio, se consultaron por última vez el 27 de junio de 2023.

mainstream de las Relaciones Internacionales, que impactaran decisivamente en los Estudios de Seguridad. Esto los hará disfuncionales a la hora de plantear el análisis y, sobre todo, de la prospectiva del escenario internacional. En este sentido, las Relaciones Internacionales no pueden ser solo un mecanismo explicativo del Sistema Internacional, sino tener una capacidad de adaptación si se produce un cambio *del* Sistema Internacional, no solo *en* el Sistema Internacional. Esto, en el fondo es lo que le ocurren a los Estudios de Seguridad, y es lo que hace necesario la aparición de los Estudios Estratégicos renovados que nos permita enfrentarnos a ese cambio, a ese nuevo Sistema Internacional, proporcionarnos prospectiva. Quizá el mayor problema ha sido una identificación inconsciente (o consciente en algunos casos) del Sistema Internacional con una determinada estructura, esto es, el Orden Internacional Liberal Multilateral. Es este sentido una identificación consciente se produce al considerar este el mejor (o único) posible, sobre todo tras los relatos del Fin de la Historia al terminar la Guerra Fría. En ello está claro porqué es necesario modificar que entendemos por Relaciones Internacionales, esto es su ontología, y seguidamente, su epistemología, que no puede ser la de la Ciencia Política, la Psicología, la Sociología o la Historia, que en gran media es lo que ha adoptado hasta hoy la disciplina. Evidentemente, en este acotado espacio solo se puede adelantar un primer planteamiento, y quizá señalar alguno de los elementos de cambio más acuciantes en el objeto de estudio, como sus elementos y lo que entendemos como Seguridad.

2. EL DECLIVE DEL ORDEN LIBERAL COMO EJE VERTEBRADOR DEL DEBATE

Europa, y en general Occidente, debe reconocer que la evolución del Sistema Internacional nos sitúa en el declive del Orden Internacional Liberal Multilateral tal como lo conocíamos, se encuentran ante una revolución en los asuntos estratégicos que deja obsoleta su visión y postura internacional. Debido al despliegue por parte de Rusia, y sobre todo de la República Popular de China, de un entorno estratégico que desarrolla el concepto de "Guerra Ilimitada" definida como "el uso de todos los medios, incluidas las fuerzas armadas o no armadas, militares y no militares, y medios letales y no letales para obligar a un enemigo a aceptar sus intereses"[2]. Esto le puede abocar a su irrelevancia política, económica, cultural y estratégica. Ha habido una muy lenta reacción a lo que lleva significando una serie de modificaciones en el sistema internacional producida sobre todo por la ruptura del consenso en el orden liberal y el profundo cambio en la distribución de capacidades. Además, y de forma consciente y clara, algunos actores en el sistema han actuado claramente por la ruptura del statu quo. Esto inflige un duro revés a los postulados teóricos y prácticos principales, en lo referente a la teoría de las Relaciones Internacionales, mantenidos tras el fin de la Guerra Fría. Es necesariamente un profundo choque para el mundo académico en términos teóricos y prácticos, llevando a una obligada revisión de sus postulados y sobre todo sus bases ontológicas y epistemológicas. Así, la evolución necesaria del concepto de Seguridad y de los Estudios de Seguridad será básicamente un debate que replica el debate en la Teoría de las Relaciones Internacionales. Hubo intentos de acercar o crear puentes relativamente exitosos en cuanto a una mayor búsqueda de mecanismos prospectivos mixtos, en términos de consenso teórico, que en los Estudios de Seguridad intentaban dar solución a problemáticas teóricas que las teorías *mainstream* post-Guerra Fría como la de Copenhague, no acababan de po-

---

2 LIANG, Qiao y XIANGSUI, Wang, "Unrestricted warfare", *PLA Literature and Arts Publishing House Arts*, 1999.

der solucionar. Por ejemplo, la Escuela Inglesa, y en concreto las aproximaciones teóricas de B. Buzan y O. Waever tras su obra *Regions and Order* de 2003[3], y la creación de conceptos como el complejo regional de seguridad (Regional Security Complex) que aúnan aproximaciones realistas y constructivistas. Sin embargo, la dinámica acelerada de cambio del orden internacional obliga a una revisión profunda de la disciplina y se mantienen muy debatibles posturas, incluso a veces más por el ámbito académico que por el político. Además, más que nunca, existiría la necesidad de aproximaciones teóricas verdaderamente prospectivas en la realidad internacional, y no solo descriptivas, y muchas veces sólo ocupadas de su congruencia y consistencia teórica, y en algunos casos, desgraciadamente, solo ideológica. Muchas veces estas situaciones responden a una salvaguardia de las posturas *mainstream* que sirven a ciertas concepciones, narrativas y en última instancia a visiones determinadas en el ámbito de la UE y en Europa en general. Eso no quiere decir que no se deba de buscar la consistencia teórica como unos de los fines científicos básicos, pero no a costa de la desconexión de la realidad cambiante. La pandemia deviene en un detonante de toda una serie de análisis sobre su impacto sistémico y los cambios que esto iba a producir en el orden internacional; desde el declive definitivo del Orden Liberal Multilateral hacia un modelo más autoritario y proteccionista[4]; el fin de Occidente (*Westnessless*)[5] y de EE. UU. como superpotencia; el ascenso definitivo de la

---

3 BUZAN, Barry and WAEVER, O. *Regions and Powers: A Guide to the Global Security Order*. Cambridge, Cambridge University Press, 2003.

4 Aunque hay autores que siguen defendiendo su vigencia. IKENBERRY, John, “The Next Liberal Order. The Age of Contagion Demands More Internationalism, Not Less”. *Foreign Affairs*, 2020.

5 MITCHA, Andrew, “The Deconstruction of the West”. *The American Interest*, 2017. Disponible en: *https://www.the-american-interest.com/2017/04/12/the-deconstruction-of-the-west/*; MSC 2020 West-

RPC[6] con Asia como nuevo centro político, económico y militar (*the Rise of the Rest*)[7]. Mientras, una revolución tecnológica sigue sin pausa cambiando los cimientos de la estructura del sistema internacional en términos de actores, capacidades y la relación competición-cooperación. Sin embargo, para muchos teóricos, académicos y analistas, pero también para los científicos, empresarios, políticos y militares, gran parte de estas ideas no son nuevas y llevan discutiéndose bastante tiempo antes de la aparición de la pandemia. En gran medida se va gestando tras los ataques del 11 de septiembre de 2001 y la Gran Recesión de 2008, y en la mayoría de estos ámbitos hay un consenso sobre que habrá un antes y después como lo hubo tras aquellos eventos. Y a pesar de las pruebas de desgaste y transformación, se había mantenido una fe ilimitada en la permanencia, validez y viabilidad de un orden internacional liberal multilateral, sobre todo en el ámbito de los estados occidentales y concretamente en la Unión Europea[8]. Mientras, el escenario estratégico también cambiaba hacia

---

lessness. Disponible en: *https://securityconference.org/assets/user upload/MunichSecurityReport2020.pdf*

Parece que el problema reside más en la Revolución Tecnológica y el retraso de Europa. Véase DEMPSY, J. "It is the Technology, not "Westlessness". Carnegie Europe, 2020.

6 Fukujama hace un despiadado análisis del sistema del Partido Comunista Chino. Véase FUKUJAMA, Francis, "What Kind of Regime Does China Have?" *The American Interest.* Vol. 15, Núm. 6, 2020. Para una crítica aún mayor, siguiendo fuentes internas, véase GARMAUT, John, "National Socialism with Chinese Characteristics. Meet He Di, the insider trying to save the Chinese Communist Party from itself". *Foreign Policy*, 2012.

7 AMDSEN, Alice Hoffenberg. *The Rise of "The Rest": Challenges to the West from Late-Industrializing Economies.* Oxford, Oxford University Press. 2001.

8 FUKUJAMA, Francis. The End of History? *The National Interest,* No. 16, Summer 1989. pp. 3-18; IKENBERRY, J. "The Future of the Lib-

una dura competición entre grandes potencias (o al menos eso creemos) y se habría paso un nuevo orden internacional[9]. Está claro que el enfoque, las herramientas y las perspectivas no eran las adecuadas: probablemente se ha estado sufriendo un *wishful thinking* ideológico y estratégico auto-inducido, viviendo una realidad inventada[10]. Estaba claro que el concepto de Seguridad estaba cambiando más rápido de lo que pensaban los políticos, militares y académicos; por ejemplo, la separación entre la seguridad interior y la externa se había difuminado progresivamente y los ataques del 11 de septiembre de 2001 confirmaban esta dinámica. La consecuencia directa sería que la "Global War on Terror" (GWOT)[11] básicamente ya establecía que el mundo entero era un campo de batalla y que incluso las personas que fueron arrestadas en entornos civiles en los Estados Unidos y que nunca participaron en las hostilidades en un campo de batalla, podrían ser tratadas como "combatientes"[12]: la percepción de pérdida de diferencia entre "Paz" y Guerra: las Áreas Grises"[13] (aunque no sea una idea nueva). Diferentes autores dudan de la capacidad

---

eral World Order," *Foreign Affairs*, 2011.

9 ALLISON, Graham, "The New Spheres of Influence. Sharing the Globe with Other Great Powers". *Foreign Affairs*. 2020, pp. 30-40.

10 HERRERO DE CASTRO, Rubén. *La Realidad Inventada*. Madrid, Plaza y Valdés. 2002.

11 Un amplio análisis de la GWOT, su contenido y significado se puede consultar en GARCIA CANTALAPIEDRA, David y HERRERO DE CASTRO, Rubén. *Aliados*, Madrid, Plaza y Valdés. 2015; también véase GARCIA CANTALAPIEDRA, David, *"Peace through Primacy". La Administración Bush, la política exterior de EEUU y las bases de una primacía imperial*. Madrid, UNISCI Papers 21. 2004.

12 *Ibídem*, pp. 1-10.

13 MAZZAR, Michael, "Mastering the Gray Zone: Understanding a Changing Era of Conflict", Strategic Studies Institute, U.S. Army War College, 2015. Disponible en: *https://press.armywarcollege.edu/monographs/428*; ECHEVERRIA, Antulio, "Operating in the Gray

de diferenciar ya entre civiles y combatientes, a pesar de que la legislación internacional lo establece[14]. Cada vez más se difumina la distinción clara entre lo que es y lo que no es un "campo de batalla", porque es cada vez más difícil diferenciar entre competición y conflicto, y por la fusión entre lo civil y lo militar[15]. Así, los llamados Espacios Comunes (*Global Commons*) clásicos llegan a ser "campos de batalla" potenciales, pero también los espacios no físicos (información/ciber, cognitivo, moral y social). Paradójicamente, hay una tendencia hacia una nueva versión del concepto de Seguridad Nacional, debido a las visiones políticas re-nacionalizadoras, que ayudan a que Defensa se solape con Seguridad. Para ello también son de importancia fundamental las narrativas que se establecen en ese momento junto con las tendencias cooperativas-competitivas que se vayan desarrollando, sobre todo si esto va a debilitar o reforzar a diferentes actores, y van a justificar un nuevo sistema internacional. En este sentido, el escenario se plantea extremadamente dinámico y ello impactará nuestra concepción de la Seguridad. La amenaza biológica iba a reforzar algunas dinámicas y favorecer algunas estrategias más que otras, influyendo en la tendencia hacia un escenario competitivo entre grandes potencias[16] en un espacio de segu-

---

Zone: An Alternative Paradigm for U.S. Military Strategy". United States Army War College Press, 2016.

14 "Similarly, we struggle to tell the difference between "civilians" and "combatants." What counts as a protected civilian object in cyberspace? When can a hacker, a financier, or a propagandist be considered a combatant? BROOKS, Rosa, "Rule of Law in the Grey Zone", *Modern War Institute*, vol. 2, 2018.

15 LEVESQUE, Greg, "Military-Civil Fusion: Beijing's "Guns AND Butter" Strategy to Become a Technological Superpower", *Jamestown*. China Brief, Vol. 19, p. 18, 2019.

16 MEAD, Walter Russell, "The Return of Geopolitics. The Revenge of the Revisionist Powers". *Foreign Affairs*, vol. 93, p. 69, 2014.

ridad multi-dominio[17]. Definitivamente, la invasión de Ucrania por Rusia será el punto de inflexión (y de alguna forma, la excusa) para reconocer la progresiva desaparición del orden liberal, al menos tal como lo entendíamos. En este sentido, autores del realismo ofensivo se han sentido reivindicados por su postura teórica mantenida desde hace mucho tiempo, y también posturas teóricas *mainstream* se han encontrado sin base ni respuesta ante esta situación

3. GUERRA ILIMITADA Y LA SEGURIDAD MULTIDOMINIO

Cada vez más se difumina la distinción clara entre lo que es y lo que no es un campo de batalla: los llamados Espacios Comunes (*Global Commons*) son todos campos de batalla potenciales, pero también los espacios no físicos. Así, parece que no hay consenso sobre qué es un campo de batalla o no, entre qué es la paz o la guerra, cuál es el estado "normal" y cómo definiremos la seguridad. La doctrina ha debatido sobre la naturaleza y el impacto de estas amenazas, pero no existe un debate sobre el impacto de estas categorías en los Estudios de Seguridad ni un intento real de ofrecer nuevos enfoques y la definición del concepto de Seguridad[18]. Así, la idea de limi-

---

[17] GARCIA CANTALAPIEDRA, David, "Realism, International Order and Security. Time to move beyond the 2016 European Union Global Strategy", en CONDE, Elena, SCOPELLITI, Marzia y YANEVA, Zhaklin, *The Routledge Book of European Security Law and Policy*. London, Routledge, 2019. pp. 71-72.

[18] Excepto por algunos pocos intentos. *Véase* BARKAWI, Tarak, "From War to Security: Security Studies, the Wider Agenda and the Fate of the Study of War". *Millennium: Journal of International Studies*. Vol. 39, núm. 3, 2011. pp. 701–716.

tar la Guerra como concepto y objetivo no funcionaría ya tal como fue desarrollado por Hedley Bull[19]. Paradójicamente, a pesar de que las características y los medios de la Guerra han evolucionado, esta sigue siendo, à la Clausewitz, "un acto de fuerza para obligar a nuestro enemigo a hacer nuestra voluntad", donde "para la aplicación de esa fuerza no hay límite", Sin embargo, no habría que pensar en esa aplicación desde el punto de vista de fuerza material y militar incremental, sino en la búsqueda de la expansión de los dominios de la Guerra. Esto hace posible la expansión exponencial del concepto del campo de batalla más allá del dominio físico al eliminar sus restricciones geográficas, funcionales, políticas y legales, permitiendo que se vuelva omnipresente. En respuesta a la pregunta, "¿Dónde está el campo de batalla?": según la Guerra Ilimitada está estará "en todas partes". Por lo tanto, esta aplicación podría ser cualitativa y no necesariamente cuantitativa en términos de escalada en el uso de la fuerza cinética militar como se interpreta comúnmente. Esta expansión de los medios se hace a los diferentes dominios: todos estos actores, todas estas capacidades diferentes, significan extenderse a todos los dominios. Paradójicamente, al apuntar al control de estos dominios, esto también podría significar una tendencia a su "militarización", sobre todo por el impacto transversal del ciberespacio y la pérdida de diferencia entre lo civil y lo militar: es sintomático este uso y la búsqueda de control de los dominios, sobre todo del ciberespacio por parte de algunas grandes po-

19 *Véase* GARCÍA CANTALAPIEDRA, David. y PULIDO, Julia, "El nuevo espacio de seguridad trans/multidominio. Las amenazas híbridas y la insurgencia criminal: la evolución del concepto de sociedad anarquista de Hedley Bull", en GRASA, Rafael y GARCIA, Caterina, *Cambios en la Naturaleza de Diplomacia y de la Guerra en los cuarenta años de la Sociedad Anárquica de Hedly Bull.* Tyrant, Valencia, 2019, pp. 211-21.

tencias[20]: La llamada 4ª Revolución Industrial-Tecnológica, el ciberespacio, la Inteligencia Artificial (IA) y su relación con los humanos, no solo en el Internet de las Cosas (IoT), sino en el Campo de Batalla de las Cosas (Battlefield of Things, BoT)"[21]. ¿Cómo será la relación humano-IA? ¿Será una fuerza humana prescindible tácticamente para sostener estratégicamente una máquina-robot autónoma/IA, que ofrecerá la victoria en un enfrentamiento, batalla, guerra o conflicto general? En este sentido las expectativas para una IA podrían ser diferentes a las de los humanos. Al mismo tiempo, como los niveles de incertidumbre serán más y más altos en el campo de batalla, también lo serán en el ámbito de la seguridad: ¿quién va a identificar una amenaza existencial y un objeto o ideal para proteger? Este nuevo «campo de batalla» está tan lleno de incertidumbre que hace casi imposible conocer amenazas, objetos protegidos, estrategias claras o «actos discursivos». Esa incertidumbre nos empujaría a buscar el control de los dominios tanto como podamos para reducirla. En el campo de la defensa parece que esta situación conduce al campo de batalla y operaciones multi-dominio[22].

---

20 *Véase* BESHA, Patrick, "Civil-Military Integration in China: A Techno-Nationalist Approach to Development". *American Journal of Chinese Studies,* Vol. 18, Núm. 2, 2011, pp. 97-111.

21 KOTT, Alexander, "Challenges and Characteristics of Intelligent Autonomy for Internet of Battle Things in Highly Adversarial Environments", AAAI Spring Symposium Series, 2018, p. 147. https://www.researchgate.net/publication/324150694 Challenges and Characteristics of Intelligent Autonomy for Internet of Battle Things in Highly Adversarial Environments

22 SHHMUEL, Shmuel. "Multi-Domain Battle: AirLand Battle, Once More, with Feeling". *War on the Rocks,* vol. 20, 2017. https://warontherocks.com/2017/06/multi-domain-battle-airland-battle-once-more-with-feeling.

4. CONCLUSIONES ¿HACIA UNOS NUEVOS ESTUDIOS ESTRATÉGICOS?

Sin embargo, los objetivos para la Seguridad no parecen ser aquellos en los que se haya centrado hasta ahora: primero, ya que no está claro el significado del Estado, y este, junto a las sociedades y los seres humanos, cómo compiten como receptores de esta protección, aunque hay una tendencia a priorizar la seguridad nacional de nuevo; segundo, la tecnología no es inherentemente civil o militar, y hace que todos los conflictos sean conflictos multi-dominio/civil-militar. La característica más importante de este nuevo espacio de seguridad trans-dominio es su naturaleza integrada aunque asimétrica, con una tendencia que parece apuntar a la búsqueda del control los dominios como objetivo principal: físico (tierra, mar, aire, espacio), información/ciber, cognitivo, moral y social[23]. Los estados y otros actores buscaran ese dominio, en función de sus capacidades, y no parece que todos tengan como objetivo la protección de las personas sino su control. En este sentido los estados en general tenderán hacia la seguridad nacional y los estados autoritarios hacia la supervivencia del partido o grupo en el poder. En este caso la incertidumbre no tendrá como respuesta la resiliencia sino una expansión del control interno por parte del estado:

- Dominio (s) físico (s): son los dominios de tierra, mar, aire y espacio.
- Dominio de información: donde se crea, manipula y comparte la información. Se extiende por el dominio cibernético.

---

23 REED, Donald, "Beyond the War on Terror: Into the Fifth Generation of War and Conflict". *Studies in Conflict & Terrorism*, vol. 31, núm. 8, 2008, pp. 684-722.

- Dominio cognitivo: donde residen la intención, la doctrina, las tácticas, las técnicas y los procedimientos.
- Dominio social: donde se interactúa, se intercambia información, forman conciencia, comprensión compartidas y toman decisiones: *"social media/networks are the foundation of commercial, political and civil life"*[24].

Así, la Seguridad[25] no parece que este dividida en dimensiones espaciales globales, regionales o locales, sino en el Dominio físico, sobre todo debido a la desaparición de la seguridad interior y exterior; a que las "identidades" de los actores (estados o actores no estatales) tampoco están claramente definidas. La incertidumbre y la difusión en los identidad de los actores (en el fondo, de la soberanía) hace complicado el establecimiento de objetos referentes, debido a la fuerte influencia que generaría el dominio social, con muchos actores entre población, empresas, gobiernos y otros actores no estatales. Los sectores estarán en función de los dominios de información y cognitivo. Las dimensiones espaciales, sectores, identidades y la naturaleza de los objetos de referencia servían para crear un marco que estudiaba los temas que "son representados como amenazas existenciales a los objetos de referencia por un actor de seguridad que genera el respaldo de las medidas de emergencia más allá de las reglas obligatorias legales del sistema de

---

24 SINGER, Peter Warren y BROOKING, Emerson, "*LikeWar. The Weponization of Social Media*", HMH, 2018, p. 262.

25 Según BUZAN, la Seguridad estaba dividida en varias dimensiones definidas por características espaciales (local, regional, y global), sectores (militar, político, económico, cultural, and medioambiental), identidades (estados, actores sociales, organizaciones internacionales), y la naturaleza de los objetos de referencia (estados, naciones, principios, naturaleza). BUZAN et al. *Security: A New Framework for Analysis.* Boulder, Lynne Rienner Publishers. 1998

gobierno democrático"[26]. ¿Quién va a identificar una amenaza existencial y un objeto o ideal para proteger? ¿Será necesario persuadir a una audiencia? Más aún, ¿habrá un proceso securitización-desecuritización, de acuerdo con los parámetros de la Escuela de Copenhague? Este nuevo "campo de batalla" está tan lleno de incertidumbre que hace muy difícil conocer amenazas, establecer objetos protegidos y crear estrategias claras. Los elementos políticos, jurídicos, tecnológicos son fundamentales, pero los económicos adquieren para Q. Liang y Xiangsui un significado crucial: para ellos la guerra económica es el escenario central de la Guerra[27]. Unido a la revolución tecnológica ambos establecen una revolución en los asuntos estratégicos, un cambio conceptual fundamental en el marco de pensamiento relativo a la seguridad:

> "Military threats are already often no longer the major factors affecting national security......traditional factors are increasingly becoming more intertwined with grabbing resources, contending for markets, controlling capital trade sanctions, and other economic factors, to the extent that they are even becoming secondary to these factors[28]".

En este argumento, esta expansión del "uso de la fuerza" no cinética en todos los dominios sería congruente incluso congruente con la definición de la naturaleza de la Guerra de Clausewitz como "un acto de fuerza para obligar a nuestro enemigo a hacer nuestra voluntad", donde "para la aplicación de esa fuerza no hay límite». Esto nos obliga a repensar la definición de Seguridad y los Estudios de Seguridad pensando una definición más enfocada a ese control de los dominios, y en establecer un enfoque estratégico del que carece la Secu-

---

26 *Ibidem*, p. 5

27 LIANG, Qiao y XIANGSUI, Wang, *op. cit.*, p. 39

28 *Ibidem*, p. 116.

ritización: ya no hay un Orden Internacional Liberal que sea un espacio político pacífico sin amenazas "exteriores". Hay un progreso a otro Sistema Internacional, donde se dirimen una pluralidad de órdenes, algunos no pacíficos ni democráticos, que nos obligan a cambiar nuestras categorías y centrarlas en los dominios para competir en ellos. Algunas veces cooperaremos y se realizarán alianzas, en otros dominios o lugares no. Se funcionará en un espacio discontinuo, como una symploke: no habrá un espacio global de paz y seguridad único (Orden Internacional Liberal Multilateral) sino un entretejimiento de órdenes. Esta situación reclama entonces unos nuevos Estratégicos enfocados en los dominios, donde la violencia será incremental, incluyendo la militar, sobre todo por el impacto transversal del ciberespacio, en los dominios físicos y cognitivos, y la pérdida de diferencia entre lo civil y lo militar.

Aproximación teórica al concepto de sanción internacional: evolución y elementos de debate

MARIANO RODRIGO NAVAS ESCRIBANO*

1. INTRODUCCIÓN

Si hay un terreno en los campos del Derecho Internacional Público (DIP) y de las Relaciones Internacionales (RRII) que se preste al debate académico por sus palmarias consecuencias prácticas, ése sin duda es el de las sanciones que Estados y Organizaciones Internacionales (OOII) pueden aplicar por la comisión de hechos internacionalmente ilícitos. Sirva esta introducción para adelantar que no existe ninguna definición de "sanción internacional" que satisfaga a los académicos, puesto que ya su mera expresión no está libre de controversia.

Una perspectiva de Derecho interno puede coadyuvar a clarificar el concepto. A modo de ejemplo, el prestigioso *Black Law's Dictionary* define "sanción" como un castigo o pena provistos como medios para imponer la obediencia a una ley[1].

* Doctorando en el Programa de Ciencias Jurídicas de la Universidad de Granada y Secretario General del Instituto Internacional de Derechos Humanos de España (marianonavas@correo.ugr.es). Todas las páginas webs mencionadas en este estudio han sido consultadas el 7 de junio de 2023.

1 GARNER, Bryan (ed.), *Black Law's Dictionary*, 4º edición, West Publisher Co., Saint-Paul (Minnesota), 1968, p. 1583.

En el ámbito interno, la significación de este concepto resulta precisa, por cuanto la teoría de la división de poderes de Montesquieu[2] establece con claridad quién es el sujeto creador de normas jurídicas, quién las aplica y, sobre todo, quién está encargado de controlar su cumplimiento y, por ende, tiene capacidad para aplicar sanciones en caso de que dichas normas sean contravenidas.

El elemento conflictual se pone de manifiesto cuando se trata de realizar una traslación de este concepto al ámbito del DIP. El problema reside, no sólo en la inexistencia de un sujeto universal creador de normas jurídicas, sino sustancialmente en la ausencia de una jurisdicción de alcance universal y con poder sancionador hacia los sujetos que componen el orden internacional.

Presente desde la concepción del DIP y su evolución durante los siglos, la originalidad de este debate puede ser puesta en entredicho. Sin embargo, históricamente los sujetos del orden internacional se han servido de ciertas medidas con el objetivo de actuar contra hechos internacionalmente ilícitos. Estudiando la evolución del concepto de sanción y poniendo los diferentes elementos de debate sobre la mesa, trataremos de averiguar la naturaleza de estas medidas y su encaje dentro del DIP. Éstos son los objetivos fundamentales de una comunicación que tratará de contribuir a desentrañar la complejidad inherente al campo de las sanciones y centrar la atención de los investigadores hacia determinados aspectos de las mismas cuya consideración sería merecedora de una mayor relevancia en aras a esclarecer el concepto.

---

2 MONTESQUIEU, Charles de, *El espíritu de las leyes*, El Cid Editor, Miami (Florida), 2016.

2. BREVE REPASO A LA EVOLUCIÓN DEL CONCEPTO DE SANCIÓN INTERNACIONAL Y ELEMENTOS DE DEBATE

La utilización del término "sanción" ha experimentado un aumento significativo en la última década, especialmente acentuado en la actualidad por el conflicto derivado de la invasión de la Federación Rusa a Ucrania[3]. Con todo, es preciso no caer en el equívoco de creer que el uso de este concepto es novedoso en la disciplina, puesto que su origen puede rastrearse hasta los comienzos del siglo XX[4], siendo un concepto de sanción que, aunque primario, dejaba entrever ya la complejidad de este tipo de herramientas y la aparente dificultad en su conceptualización y, sobre todo, aplicación práctica.

Después de la II Guerra Mundial, Hans Kelsen se planteaba como interrogante aún irresoluto si existía la sanción en el DIP como acto coercitivo a consecuencia de la acción de

---

3 A modo ilustrativo, véase un listado exhaustivo de las sanciones de la Unión Europea dirigidas a la Federación Rusa con ocasión de la adhesión de Crimea (2014) y la invasión a Ucrania (2022) en *EU Sanctions Map* (Recurso electrónico disponible en *https://www.sanctionsmap.eu/#/main*).

4 Para una visualización de la constancia de esta idea entre los internacionalistas, se observa que ya en 1920 la afirmaba Roxburgh en ROXBURGH, Ronald, "The sanction of International Law", *The American Journal of International Law,* vol. 14, 1920, núm. 1, p. 31. Sin perjuicio de que en esta obra se refiera a la recién nacida Sociedad de Naciones, podemos observar una referencia muy interesante a un elemento que mencionaremos a continuación: la idea de que, en ausencia de una división de poderes en el orden internacional, el uso de la fuerza (o la amenaza de la misma) constituía el elemento coercitivo más poderoso para lograr el cumplimiento de la norma jurídica internacional.

un Estado. Y en este sentido, distinguía dos posibles formas de entender las sanciones[5]:

- *Como obligación de reparar el daño moral y material*: Esta reparación conllevaría el restablecimiento a una situación anterior a la de la comisión de este daño y una posible indemnización por este motivo. Al no existir una autoridad objetiva, esta obligación estaría sujeta al acuerdo de los Estados implicados. Con todo, Kelsen niega que estas obligaciones sean sanciones en sí mismas, y por eso alude a la siguiente manera de concebirlas.
- *Como medida coercitiva*: Basado en la auto-tutela, el Estado receptor del daño estaría facultado para ejercer otro tipo de medidas que tengan efectos sobre los intereses del otro Estado. Aunque Kelsen no usa el término específico de contramedidas como se conocen en el DIP, sí que menciona directamente las represalias y las retorsiones como herramientas de las que se puede servir el Estado para afectar a los intereses del Estado causante del año.

El cambio de paradigma que supuso la creación de la Organización de las Naciones Unidas (ONU) y su sistema de seguridad colectiva aportó un nuevo elemento de debate, que es el de las "sanciones institucionalizadas"[6]. En otras palabras, el Capítulo VII de la Carta de Naciones Unidas sirvió de inspiración para otras OOII a la hora de incluir en su seno la posibilidad de aplicar sanciones contra sus miembros.

---

5 KELSEN, Hans, *Principios de Derecho Internacional Público*, CAMINOS, Hugo y HERMIDA, Ernesto (trad.), Editorial Comares, Granada, 2013, pp. 14-18.

6 Un repaso al origen y despliegue de estas sanciones institucionalizadas puede encontrarse en ILIEVA, Jana, DASHTEVSKI, Aleksandar y KOKOTOVIC, Filip, "Economic sanctions in International Law", *UTMS Journal of Economics*, vol. 9, 2018, núm. 2, pp. 201-211.

Si bien es cierto que aquí sí podríamos hablar de una sanción en sentido específico como la conocemos en el sentido interno ya comentado (por la existencia de órganos tanto legisladores o productores de normas jurídicas como aquellos encargados de aplicar consecuencias jurídicas/sanciones a sus Estados miembros por violar una obligación jurídica, ya sea convencional o del propio ordenamiento interno de la Organización), ello no ha impedido que los Estados sigan usando estas medidas de autotutela para reaccionar contra otros Estados[7], y ello se debe fundamentalmente a dos motivos:

i. *La inoperancia del sistema de sanciones de Naciones Unidas*, entre otras causas por el veto de los Estados del Consejo de Seguridad que impide a la ONU actuar con una sola voz a la hora de sancionar hechos internacionalmente ilícitos de los distintos Estados[8].

ii. *La ausencia de un corpus normativo sobre responsabilidad internacional*: En este terreno conviene ser preciso, porque ciertamente existe algún tipo de legislación que regula

---

7 En MILOVANOVIC, Milivoj, "Sanctions and International Law", *South African Yearbook of International Law,*1981, núm. 7, p. 58; ya se hace una referencia a esta idea. A pesar de que la Carta de Naciones Unidas prohíbe a los Estados la amenaza o el uso de la fuerza en su artículo 2.4, M. Milovanovic duda de la fuerza jurídica de este artículo y considera que los Estados hacen lo posible por respetar la ley, no por la posibilidad de un castigo en caso de incumplimiento, sino más bien por factores externos que mencionaba Henkin en HENKIN, Louis, *How Nations Behave – Law and Foreign Policy,* Pall Mall for the Council on Foreign Relations, Londres, 1968, p. 88. Estos factores externos son la respuesta de la víctima y sus aliados ante el hecho, pérdida de prestigio, la estabilidad internacional, entre otros.

8 MEYER, Jeffrey, "Second Thoughts on Secondary Sanctions", *University of Pennsylvania Journal of International Law,* vol. 30, 2009, núm. 3, pp. 905-968.

la responsabilidad internacional de los Estados[9]. Y también sabemos que existen varios proyectos de artículos elaborados por la Comisión de Derecho Internacional de la ONU en materia de responsabilidad internacional[10] que contienen numerosas normas consuetudinarias aceptadas por los Estados como derecho vinculante. Sin embargo, más allá de esto, no dejan de ser proyectos en una fase jurídicamente no vinculante *per se*. En cada sesión de la Asamblea General hay exacerbadas grandilocuencias prometiendo que se va a retomar dicho proyecto[11], pero no deja de ser más que la expresión de una ingenuidad capciosa por parte de los Estados que, por tanto, dejan deliberadamente un hueco legal en esta materia.

---

9 En este sentido, varias actividades específicas han sido recogidas en tratados creando para ellas un régimen de responsabilidad *sine delicto*, como el *Convenio Internacional para prevenir la contaminación por los buques* de 2 de noviembre de 1973, la *Convención sobre la protección física de los materiales nucleares* de 3 de marzo de 1980 o el *Convenio de Basilea sobre el control de los movimientos transfronterizos de los desechos peligrosos y su eliminación* de 22 de marzo de 1989, entre otros.

10 El más relevante en la materia es, sin duda, el Proyecto de Responsabilidad del Estado por hechos internacionalmente ilícitos: "Informe de la Comisión de Derecho Internacional a la Asamblea General sobre la labor realizada en su quincuagésimo tercer período de sesiones", *Asamblea General; Documentos Oficiales: Quincuagésimo sexto período de sesiones*, supl. Núm. 10 (A/56/10), Naciones Unidas, Nueva York, 2001.

11 Se puede observar un estado más avanzado del debate en PADDEU, Federica y TAMS, Christian, "Encoding the Law of State Responsibility with Courage & Resolve – James Crawford & the 2001 Articles on State Responsibility", *GCILS Working Paper Series*, vol. 12, 2022, pp. 18-21.

Todos estos elementos han favorecido que los Estados adopten sus propias legislaciones sobre sanciones, lo que el Profesor Diego Liñán ha denominado como "deslizamiento del ámbito de las sanciones hacia las contramedidas"[12], si bien estas contramedidas ya se usaban con carácter previo a las sanciones institucionalizadas, por lo que más que "deslizamiento" podríamos denominarlo "resignación con el sistema universal de sanciones y amparo en un régimen difuso entre las contramedidas y otra cosa". El uso de la palabra de la palabra "resignación" tiene un sentido inequívoco en esta definición: no es que los Estados y las OOII se deslicen hacia este régimen por su propia voluntad, sino que es una situación forzada por la ineficacia del sistema universal.

Cuando hablamos del régimen difuso entre las contramedidas y "otra cosa" partimos de la base de que la naturaleza de las contramedidas suele surgir de una relación bilateral[13]. Haciendo un ejercicio de visualización, pensemos que el Estado X realiza un hecho internacionalmente ilícito que afecta a otro Estado Y, y este Estado Y adopta un acto que en teoría podría ser ilícito también pero que está amparado por el Derecho Internacional, pues es un acto destinado a volver al *status*

---

12 Una excelente aproximación tanto terminológica como material la constituye la clase magistral del Profesor Diego Javier Liñán Nogueras, en "Sanciones internacionales: fortaleza política y debilidad jurídica", *Tu Mejor Clase,* 3ª ed., Facultad de Derecho, UGR, 11/11/2022, en *https://almacendederecho.org/tu-mejor-clase*.

13 Para una lectura pedagógica pero completa de la definición de contramedidas, véase GARZÓN CLARIANA, Gregorio, "Procedimientos de aplicación de las normas internacionales (VI)–Aplicación forzosa: Procedimientos descentralizados e institucionalizados", en DÍEZ DE VELASCO VALLEJO, Manuel (Dir.) y ESCOBAR HERNÁNDEZ, Concepción (coord.), *Instituciones de Derecho Internacional Público,* 18ª Edición, Tecnos, 2013, 1045-1064, pp. 1051-1056.

quo anterior al acto del Estado X y en caso de que no sea posible, reparar al Estado Y. Éste es el concepto de represalia como ejemplo típico de una contramedida.

Esta es la teoría, pero en la actualidad tenemos Estados y Organizaciones Internacionales realizando complejas legislaciones sobre sanciones internacionales. Pensemos en la *Global Magnitsky Act* de Estados Unidos[14] o en los distintos regímenes de sanciones de la Unión Europea (UE)[15]. El elemento novedoso aquí con respecto a las contramedidas es que ya no se sanciona, siguiendo el ejemplo anterior, porque el Estado X, haya hecho un daño directo al Estado Y, sino que la base de la sanción parte de una consideración subjetiva del sujeto sancionador[16] de que una obligación de la sociedad internacional

---

14 *Global Magnitsky Human Rights Accountability Act*: S.1039–Sergei Magnitsky Rule of Law Accountability Act of 2012, 112th Congress (2011-2012), en *https://bit.ly/3ZQMeSQ*.

15 Una excelente aproximación teórica al complejo sistema de sanciones de la Unión Europea se puede observar en PÉREZ BERNÁRDEZ, Carmela, "Las sanciones de la UE como instrumento de la acción exterior: una apuesta renovada por sus valores fundamentales", en ALDECOA LUZÁRRAGA, Francisco. (ed.), *El papel internacional de la Unión Europea – Propuestas para la Conferencia sobre el futuro de Europa*, Los Libros de la Catarata, 2021, pp. 215-219.

16 La inclusión de este criterio de subjetividad da origen a otro elemento de debate muy interesante, pues mientras las Relaciones Internacionales se centran en analizar, entre otros aspectos, si estas sanciones son efectivas, si cumplen sus objetivos o cuáles son los intereses políticos detrás de esas sanciones, el DIP o incluso la Filosofía del Derecho tienen otro objetivo teórico, que es el de analizar la legitimidad de estas sanciones, es decir, si los Estados o las Organizaciones tienen legitimidad para ejercer su poder coercitivo contra un Estado por su interpretación de qué es un hecho internacionalmente ilícito y cómo afecta éste a la sociedad internacional. Véase al respecto DAMROSCH, Lori Fisler, "The Legitimacy of Economic

en su conjunto, contra ciertos derechos, normas *erga omnes* e incluso valores que dicha sociedad persigue, ha sido infringida por algún miembro de ésta.

Las RRII nos muestran cómo los Estados (o las OOII como la UE) se cuidan bastante de aplicar sanciones a otros Estados, pues su ejecución suele traer consecuencias políticas o diplomáticas notoriamente conocidas. Por este motivo, vamos a introducir aquí el último elemento de debate: desde los años 90 se configuraron desde la ONU las llamadas "*targeted sanctions*" o "*smart sanctions*"[17], es decir, sanciones inteligentes cuyo objetivo no es un Estado, sino determinadas personas o entidades que pueden representar a ese Estado. Esta técnica ha sido copiada tanto por Estados como por Organizaciones Internacionales, y el desarrollo de los Reglamentos de la UE en materia de sanciones inteligentes (aunque la UE no las llama sanciones, sino "medidas restrictivas") desde un ámbito temático es buena prueba de ello[18], puesto que supone una auténtica revolución conceptual y procedimental en este campo.

Todos estos elementos de debate, fruto de la evolución en la conceptualización de las sanciones internacionales, conforman un panorama que arroja más sombras que dudas a la hora de precisar con exactitud qué son estas medidas, pues como hemos visto tampoco existe uniformidad a la hora de hablar de ellas, y sólo cabe hablar por tanto de una tipología (más práctica que teórica) de sanciones.

Sanctions as Countermeasures for Wrongful Acts ", *Berkeley Journal of International Law*, vol. 37, 2019, pp. 249-263.

17 TOSTENSEN, Arne y BULL, Beate, "Are Smart Sanctions Feasible?", *World Politics*, 2002, núm. 54, pp. 373-403.

18 PÉREZ BERNÁRDEZ, Carmela, *op. cit.*, p. 5.

3. CONCLUSIONES

En línea con el objetivo general planteado en la introducción de esta comunicación, perseguir una definición de "sanción internacional" es una quimera fuera de nuestro alcance en el estado actual del estudio. Con todo, y teniendo en cuenta que la clave del conocimiento y de la investigación no es otra que hacerse preguntas para llegar a respuestas, las conclusiones de esta comunicación irán encaminadas, no a resolver cuestiones ni plantear definiciones exactas, sino a plantear interrogantes cuyo esfuerzo teórico en su resolución nos permita avanzar en el estudio de las sanciones.

Estos interrogantes son los siguientes:

- ¿Cómo se enmarcan los distintos regímenes de sanciones estatales e institucionalizados y cuál es su interacción entre sí y para con el Derecho Internacional?
- ¿Qué legitimidad tienen los Estados y las OOII como la UE para imponer sanciones coercitivas a otros Estados (no miembros en el caso de las OOII)?
- ¿Cómo modifica la existencia de las "sanciones inteligentes" en el debate sobre la legitimidad de las sanciones en su conjunto?
- ¿Hacia qué horizonte nos dirigimos y qué posición debemos adoptar ante la realidad de las sanciones? Es innegable asumir que se trata de un instrumento que busca actuar rápidamente ante un desequilibrio internacional y un ejemplo visualmente explícito lo constituyen las sanciones de la Unión Europea a la Federación Rusa por la invasión a Ucrania.
- ¿Hasta qué punto las sanciones son apoyadas por la opinión pública internacional? Sobre todo, teniendo en cuenta que las consecuencias de la guerra y las acciones

de la alta política se sienten muy cerca en nuestras acciones cotidianas. La guerra no es algo etéreo o abstracto que sucede a miles de kilómetros de nuestras casas, sino que en un mundo altamente globalizado e interconectado sus efectos se dejan notar.

La respuesta (o el intento de la misma) a estos interrogantes permitirá con toda certeza avanzar hacia la cuestión primigenia, que no es otra que la definición en sí de sanción (o sanciones) internacionales. La realidad práctica se mueve a una velocidad vertiginosa, y los marcos teóricos apenas tienen tiempo de reaccionar ante los cambios acometidos en el sistema internacional. El viejo mundo cada vez es más viejo y los paradigmas están siendo ampliamente superados por la realidad, por lo que todo lo que contribuya a actualizar estos paradigmas o incluso crear otros nuevos, lejos de conducir al cataclismo, pueden ser una buena noticia para el orden internacional.

II. LA GUERRA EN UCRANIA Y SU IMPACTO EN LA SEGURIDAD INTERNACIONAL

La guerra de Ucrania y su impacto en la consolidación de la Unión Europea como actor global en materia de seguridad

SAGRARIO MORÁN BLANCO*[1]
Universidad Rey Juan Carlos

1. INTRODUCCIÓN

En la madrugada (5:30 hrs. de Moscú) del 24 de febrero de 2022, Vladimir Putin, presidente de la Federación de Rusia, se dirigió a los ciudadanos de su país a través de un mensaje para anunciar el comienzo de la guerra en Ucrania. El mensaje, retransmitido por los canales de televisión esta-

---

1 *Catedrática de Derecho Internacional Público y Relaciones Internacionales de la Universidad Rey Juan Carlos (URJC) de Madrid (mariasagrario.moran@urjc.es). Este trabajo fue expuesto y discutido en el VII Seminario AEPDIRI, "El Sistema Internacional y el Viejo Nuevo Mundo", celebrado en la Fundación Euroárabe de Altos Estudios de Granada, el 12 de mayo de 2023. Además, el artículo es fruto de las investigaciones realizadas como miembro del Grupo de Alto Rendimiento en Libertad, Seguridad y Ciudadanía en el Orden Internacional (INTERCIVITAS) de la Universidad Rey Juan Carlos de Madrid. También ha sido realizado en el marco del Proyecto de Investigación I+D+i, "ODS, Derechos Humanos y Derecho Internacional" con referencia PGC2018-095805-B-100 de la Universidad Carlos III de Madrid. Todas las páginas webs mencionadas en este estudio han sido consultadas el 3 de Julio de 2023.

tales rusos y de media hora de duración, tuvo dos partes claramente diferenciadas. En la primera parte, V. Putin anunció el inicio de una "operación militar especial", según sus palabras, en el territorio de Ucrania, y justificó la agresión militar señalando que para Rusia era "en última instancia una cuestión de vida o muerte, una cuestión para su futuro histórico como pueblo". Y añadió: "Y esto no es una exageración, es cierto. Esta es una amenaza real no solo para nuestros intereses, sino para la existencia misma de nuestro Estado, para su soberanía". En definitiva, el presidente buscó convencer a los ciudadanos de que la agresión era en defensa propia y para protegerse de las amenazas que acechan a Rusia. Es más, en su relato llegó a decir que era "necesario detener el genocidio contra los millones de personas que viven allí, que solo confían en Rusia…", en clara referencia a la población de origen ruso que vive en el Este y Sur de Ucrania. Con lo cual, en su discurso V. Putin pretendió convencernos de que la decisión la tomó también por motivos humanitarios, y para proteger y defender a los rusos que viven en el país vecino.

En la segunda parte de su discurso el presidente ruso lanzó una serie de advertencias a aquellos que, según sus propias palabras, "puedan verse tentados a intervenir en los acontecimientos en curso", para que no interfieran en el conflicto, e hizo un llamamiento a los miembros de las Fuerzas Armadas ucranianas para que depusieran de inmediato las armas y se fuesen a su casa. Y añadió, en clara referencia a Occidente, que la respuesta de Rusia para aquellos que intenten poner obstáculos sería inmediata y acarrearía "consecuencias que nunca han experimentado en su historia". Muchos medios y expertos occidentales consideraron estas palabras como una amenaza para el uso de armas nucleares. Por último, en un acto de cinismo sin límites, Putin no dudó en enfatizar que "toda la responsabilidad por un posible derramamiento de sangre recaerá enteramente en la conciencia del régimen que gobierna en Ucrania"[2].

Desde ese discurso hasta hoy (principios de julio de 2023, momento en el que se escribe este artículo) han pasado más o menos 500 días de guerra que, además de provocar miles de víctimas mortales ucranianas y rusas, ciudades destruidas y otras catástrofes, han convulsionado el sistema internacional abriendo una nueva etapa de las relaciones internacionales. Al respecto Romualdo Bermejo no ha dudado en señalar que la invasión ha causado un "terremoto político y geopolítico en el mundo"[3]; mientras que José Juan Ruiz e Ignacio Molina sostienen que se trata de un evento "de una entidad disruptiva solo comparable" a otros "grandes traumas globales"[4] desencadenados en lo que va de siglo XXI, como los atentados terroristas de 2001, las primaveras árabes de 2011, la creación de un

---

2 Discurso íntegro del Presidente ruso Vladimir Putin. Disponible en: *https://www.elmundo.es/internacional/2022/02/24/621725ae21efa094208b45f9.html*. Una primera aproximación GUTIÉRREZ ESPADA, Cesáreo, *Sobre la "operación militar especial" de Rusia en Ucrania,* Diego Marín Librero Editor SL; Murcia, 2022.

3 BERMEJO GARCÍA, Romualdo, "La crisis ucraniana: algo más que un conflicto entre Rusia y Ucrania", *Anuario Español de Derecho Internacional,* vol. 39, 2023, p. 36. Por su parte Richard Falk afirma que la guerra entre Rusia y Ucrania tiene tintes geopolíticos: "The geopolitical stakes are high. It is a two-level war, consisting of direct combat on the ground and in the air between Russia and Ukraine and a second geopolitical war between Russia and the United States over the character of world order after the Cold War….". "Complexities of the Ukraine War", en *https://richardfalk.Org/2022/04/15/complexities-of.the-ukraine-war)*. En BERMEJO GARCÍA, Romualdo, *op. cit.*, p. 41.

4 RUIZ, José Juan y MOLINA, Ignacio, "La guerra en Ucrania un año después. Impacto global, europeo y español", *Real Instituto Elcano,* Madrid, febrero de 2023, p. 5.

Califato Islámico en Siria e Iraq o la pandemia de 2020, casi todos ellos ocurridos a comienzos de década del presente siglo. Y al igual que los eventos señalados -aunque en esta ocasión se aprecia de forma más evidente- la agresión rusa de Ucrania tiene importantes consecuencias para la seguridad internacional y en particular para la seguridad europea. Precisamente por ello, las respuestas tanto a nivel mundial como europeo han sido inmediatas y progresivas en el tiempo.

No podía ser de otra forma, tal y como expresó el presidente de la Asamblea General de las Naciones Unidas al afirmar que la invasión rusa de un Estado soberano situaba a la comunidad internacional en una doble disyuntiva: "Avanzar por el camino de la solidaridad y determinación colectiva para defender los principios de la Carta de la ONU o un camino de agresión, guerra, violaciones normalizadas del derecho internacional y acción global colapsada". En efecto, la mayor parte de los Estados del sistema internacional entendieron, como quedó reflejado en las resoluciones de condena contra Rusia aprobadas en el marco de la Asamblea General de las Naciones Unidas y de otros organismos internacionales[5], que era el momento de

---

5 El 2 de marzo de 2022, seis días después del comienzo de la guerra, la Asamblea General de las Naciones Unidas adoptó una resolución de condena de la agresión rusa por una amplia mayoría. La resolución, que instaba a Putin a retirarse de forma inmediata y sin condiciones de Ucrania, contó con 141 votos a favor, cinco en contra (Bielorrusia, Corea del Norte, Eritrea, Rusia y Siria) y 35 abstenciones. En A/ES-11/L.1, disponible en https://news.un.org/es/story/2022/03/1504852. Al año siguiente, al cumplirse el primer aniversario de la invasión, la Asamblea General aprobó nuevamente una resolución de condena contra Rusia. El texto volvió a exigir la retirada de las tropas y el cese de las hostilidades, y se adoptó por 141 votos a favor, 32 abstenciones, entre ellas la de China, y siete votos en contra. También la Organización para la Cooperación y el Desarrollo Económico (OCDE) se ha pronunciado al respecto.

solidarizarse con el pueblo ucraniano y demostrar firmeza con los principios que sustentan el orden internacional, porque de lo contrario se impondría el realismo más agresivo en las relaciones internacionales o, dicho otra manera, la conocida como *ley de la selva.*

2. IMPACTOS Y RESPUESTAS DE LA UNIÓN EUROPEA A LA GUERRA DE AGRESIÓN RUSA EN UCRANIA: TRIPLE DIRECCIÓN

Como se ha señalado, la invasión rusa de Ucrania ha tenido y tiene claras consecuencias e impactos en la seguridad, en el más amplio sentido de la palabra, al afectar a las dimensiones humana, económica, social, ambiental y energética; a nivel internacional y, de manera particular, europeo. Impactos que se suman a los ya generados por otros eventos recientes como la pandemia y que explican que, desde finales de 2021, la UE tenga abiertos varios frentes en el plano geopolítico.

En el ámbito específicamente europeo, tras la agresión rusa de Ucrania la guerra volvía otra vez al continente. Recordemos que desde la década de 1990 y los conflictos internos que asolaron a la multiétnica Yugoslavia no se había vuelto a pro-

---

Así en la Declaración del Consejo de la OCDE a la agresión rusa de Ucrania, de 24 de febrero de 2022, se condenó la invasión de forma tajante y se la calificó de clara violación del derecho internacional y una amenaza seria a las reglas del orden internacional. Al día siguiente hubo otra declaración, en esta ocasión del secretario general, con medidas iniciales tomadas en respuesta a la agresión militar rusa de Ucrania. A esta última se sumó otra del 8 de marzo de 2022, también del secretario general de la OCDE, con nuevas actuaciones contra la guerra. En *https://www.oecd.org/countries/ukraine/statement-of-oecd-council-on-the-russian-aggression-against-ukraine.htm.*

ducir ningún enfrentamiento bélico en Europa. Precisamente, el regreso de la guerra y sus consecuencias explican que la invasión de Ucrania se haya convertido en "la cuestión central del panorama estratégico europeo"[6], y que algunos autores no duden en afirmar que el estallido del conflicto es desde el derrumbe del Muro de Berlín y la consiguiente desintegración de la Unión Soviética (1991), el acontecimiento que más impacto está generando en la UE y que marca un antes y un después en el proyecto europeo[7]. También los jefes de Estado y de Gobierno de la UE expresaron en la *Declaración de Versalles* (apartado 6) que "la guerra de agresión rusa constituye un vuelco descomunal en la historia europea"[8] y explicitaron la necesidad de responder en una triple dirección: Una respuesta de la UE hacia Ucrania, una respuesta de la UE hacia Rusia y una respuesta de la UE hacia sí misma.

En efecto, esta triple respuesta de la UE queda recogida en la *Declaración de Versalles,* aprobada en el marco de una cumbre informal organizada por la presidencia francesa y presidida por Charles Michel, exactamente quince días después del comienzo de la agresión (viernes 11 de marzo). Además, la citada declaración constituye la contestación escrita de los dirigentes europeos al discurso pronunciado por V. Putin el 24 de febrero (viernes) y a los bombardeos e invasión rusa de Ucrania. Por lo que cabría preguntarse: ¿Y cuál fue la totalidad del contenido de esa respuesta escrita de la UE? A continuación vamos a

---

6 RUIZ, José Juan y MOLINA, Ignacio, *op. cit.*, p. 5.

7 GONZÁLEZ BARBA, Juan, "El impacto de la guerra de Ucrania sobre la UE", *Política Exterior,* núm. 9, mayo 2022, en *https://www.politicaexterior.com/el-impacto-de-la-guerra-de-ucrania-sobre-la-ue/*.

8 Véase la Declaración de Versalles *en https://www.consilium.europa.eu/es/press/press-releases/2022/03/11/the-versailles-declaration-10-11-03-2022/*.

abordar algunos de los puntos centrales del discurso de Putin, que ya hemos valorado anteriormente, y la contestación de los jefes de Estado y de Gobierno europeos.

1) En relación con el término "operación militar especial" utilizado por V. Putin en su discurso, la UE señala que se trata de una "agresión militar injustificada y no provocada de Rusia contra Ucrania, que viola de forma flagrante el Derecho Internacional (...)". Desde entonces, en todas las reuniones periódicas del Consejo Europeo y del Consejo de la UE celebradas para debatir la situación en Ucrania se ha insistido en esta cuestión y se ha repetido hasta la saciedad que Rusia debe detener esta "guerra atroz"[9], además de condenarse la anexión ilegal de las regiones ucranianas de Donestk, Luhansk, Zaporiyia y Jersón[10]. También la mayoría de la doctrina científica considera que "la intervención armada rusa en Ucrania no es una operación militar especial, sino mucho más". Cesáreo Gutiérrez Espada no duda en señalar que estamos ante una agresión "que puede describirse a la perfección con las palabras de la definición de agresión que recoge la Declaración 3314, de

---

9 Conclusiones del Consejo Europeo del 9 de marzo de 2023.

10 La condena unánime y sin fisuras de la UE contrastó con la de la comunidad internacional puesto que, como señala Romualdo Bermejo, "un número notable de países no condenaron la invasión..., y esto ha continuado en la adopción de resoluciones adoptadas con los diversos órganos onusianos, bien sea la Asamblea General, el Consejo de Derechos Humanos..., al vetar Rusia las resoluciones. Y en este marco nos encontramos con que un número de Estados, en torno a 35, que no siguen las consignas occidentales, absteniéndose en todas ellas. Entre ellos, China e India, que no es poco, acompañados, según los casos por las abstenciones de Brasil, Sudáfrica, y muchos otros países iberoamericanos y africanos, entre estos últimos, Argelia, Sudán, etc., al margen de Sudáfrica.". En BERMEJO GARCÍA, Romualdo, *op. cit.*, p. 43.

14 de diciembre de 1974, aprobada por la Asamblea General de las Naciones Unidas"[11]. Por lo tanto, la guerra desatada por el Ejército ruso es, desde el primer momento, una violación flagrante de los principios fundamentales sobre los que descansa el orden jurídico internacional. Principios como el contenido en el artículo 2.4. de la Carta de las Naciones Unidas y que hace referencia a la prohibición de recurrir a la amenaza o al uso de la fuerza contra la integridad territorial de cualquier Estado y que ha sido pisoteado sin justificación jurídica posible que lo explique[12].

2) A la aseveración realizada por Putin en su mensaje del 24 de febrero, señalando que toda responsabilidad recae en el "régimen de Ucrania"; la UE señala que no es así. En la *Declaración de Versalles* los 27 afirman que toda la responsabilidad recae en Rusia y en Bielorrusia, su cómplice. La UE no pasa por alto la participación del "país satélite" de Rusia en la agresión militar. Con lo cual, al requerimiento expresado por Putin a que Ucrania deponga las armas, la UE responde señalando que es Rusia la única responsable de la brutal agresión y que, por lo tanto, solamente a ella le corresponde el deber de detenerla.

---

11 "El primer ejemplo de agresión armada de la definición de la Agresión es el que incrimina al Estado que con su Ejército regular invade el territorio de otro y lo ocupa total o parcialmente y/o, en su caso, se lo anexiona". Y añade; "Jurídicamente, la anexión a Rusia de cuatro regiones ucranianas, sobre la base de un referéndum sin más control que el de la potencia ocupante es nula de pleno derecho y no puede ser reconocida por Estado alguno", GUTIÉRREZ ESPADA, Cesáreo, "De la guerra en Ucrania", *Anuario Español de Derecho Internacional*, vol. 39, 2023, pp. 81-99, p. 84.

12 Véase la Declaración sobre la invasión de Ucrania por la Federación Rusa, de la Sección de Derecho Internacional Público de la Real Academia de jurisprudencia y legislación de España, *http://www.rajyl.es/*.

Esta respuesta ha sido repetida también de forma constante por la UE y por la Asamblea General de las Naciones en sus reiteradas resoluciones de condena a la agresión.

Desde la aprobación de la *Declaración de Versalles*, un documento que, como ya hemos señalado, lanza diversos mensajes tanto a Ucrania como a Rusia y en el que se exponen las medidas necesarias que se deben adoptar en el futuro más inmediato ("la construcción de la soberanía europea, reducir sus dependencias y diseñar un modelo de crecimiento e inversión para 2030"); la UE ha ido "cumpliendo", con sus más y sus menos, cada uno de los propósitos y objetivos explicitados. De hecho, se puede afirmar, un año y medio después de su aprobación, que lo expresado en esta declaración no ha sido en ningún caso un brindis al sol de la UE, en un momento delicado de las relaciones internacionales, ni tampoco papel mojado puesto que, desde entonces, se ha asistido a lo que algunos analistas ya han definido como una "ola de integración". En efecto, la *Declaración de Versalles* ha sido el prolegómeno de una ola de integración que ha favorecido la adopción de decisiones relevantes y desde hace tiempo esperadas. Durante este año y medio la UE y sus Estados miembros han permanecido unidos en su apoyo inflexible a Ucrania, "una unidad prácticamente sin fisuras, que ha generado una situación que no es frecuente encontrar en la UE"[13]. Así, son muchos los autores que aventuran que la guerra de Ucrania ha unido a los países miembros como ningún otro hecho y que paradójicamente ha propiciado la relevancia de la UE en la escena internacional y su autonomía en el campo de la seguridad. En particular, autores como X. Coller y C. Pamies sostienen que "es previsible que

13 COLLER, Xavier y PAMIES, Carles, "Ucrania y la UE", *El País*, 24 de febrero de 2023, en *https://agendapublica.elpais.com/noticia/18447/ucrania-union-europea.*

esta guerra en las puertas de Europa contribuya a fortalecer la UE elevando la cohesión interna y el grado de integración”[14].

2.1. Respuesta de la Unión Europea a Ucrania

El mensaje de los jefes de Estado y de Gobierno de la UE al pueblo de Ucrania queda claramente expuesto en los primeros párrafos de la *Declaración de Versalles* (apartado 1) cuando señalan que son conscientes del “sufrimiento indecible” que les está causando la guerra. Es más, ensalzan a los ciudadanos del país agredido por defender “còn valentía” los valores de libertad y democracia. Sin lugar a duda, el gran impacto de este enfrentamiento bélico lo sufren los ucranianos/as puesto que desde hace más de un año y medio su país es bombardeado con lo que esto implica para su vida diaria y para su futuro. Además, vemos a través de las declaraciones e imágenes transmitidas en los medios de comunicación que la población ucraniana ha decidido resistir, mantenerse unida y luchar por la soberanía y la integridad territorial de su país. Principios sobre los que se asientan las sociedades democráticas.

Tras estas palabras de apoyo, los firmantes de la citada declaración expresan, en el apartado 2, su compromiso con la frase: “No os dejaremos solos”. La UE se compromete a no abandonar a los ucranianos/as y a “proporcionar apoyo político, financiero, material y humanitario de forma coordinada”. Y añaden: “Estamos resueltos a prestar apoyo a la reconstrucción de una Ucrania democrática, una vez que el embate ruso haya cesado”[15]. Desde entonces, la UE ha repetido de forma incan-

---

[14] *Ibid.*

[15] En septiembre de 2022, el Banco Mundial estimó que el costo de reconstruir Ucrania sería de unos 349.000 millones, una cifra

sable su apoyo al pueblo de Ucrania en todas y cada una de las reuniones que ha mantenido sobre esta cuestión. A tal efecto, cabría recordar que en el Consejo Europeo del 9 de febrero de 2023 se insistía que “la Unión Europea permanecerá al lado de Ucrania y le prestará un apoyo inquebrantable durante el tiempo que sea necesario”[16]. Ahora bien, ¿hasta ahora en qué se ha traducido ese apoyo? Lo primero que hay que destacar es que la UE ha aprobado medidas sin precedentes en auxilio de un país en guerra, Ucrania, y de su población. Entre las medidas se incluyen: ayuda humanitaria, apoyo político, asistencia económica y financiera; y apoyo militar.

2.1.1. Ayuda humanitaria y económica

La guerra ha causado desde el primer momento una descomunal crisis humanitaria puesto que más de ocho millones de personas han huido del país y buscado refugio en otros, según el Alto Comisionado de las Naciones Unidas para los Refugiados, un año después de la agresión; mientras que el resto de la población de las zonas más afectadas han precisado y precisan de urgente asistencia humanitaria[17].

---

mayor que el PIB de Ucrania antes de la invasión y tres veces mayor que todos los compromisos de asistencia militar, humanitaria y financiera a Ucrania desde que comenzó la guerra. En JENKIS, Brian Michael, “Consequences of the war in Ukraine: The Economic Fallout”, March 2023.

16 Consejo Europeo, Bruselas, 9 de febrero de 2023, EUCO 1/23, en *chrome-extension://efaidnbmnnnibpcajpcglclefindmkaj/https://data.consilium.europa.eu/doc/document/ST-1-2023-INIT/es/pdf*.

17 En febrero de 2023, más de un tercio de los ucranianos que huyeron de su país lo hicieron a Rusia, seguido de Polonia y Alemania; *en https://www.newtral.es/datos-guerra-ucrania-invasion-rusia/20230223/*. IOM (International Organization for Migra-

Ante esta crisis, una de las medidas a destacar de la UE ha sido la acogida de refugiados a través del *mecanismo de protección temporal*[18]. En efecto, desde el primer día de guerra, la UE ha abierto sus fronteras a los refugiados procedentes de Ucrania y les está ofreciendo protección temporal. Si bien en un primer momento se concedió por espacio de un año, actualmente se ha prorrogado hasta el 4 de marzo de 2024 y, dependiendo de cómo evolucione la guerra, puede ampliarse hasta marzo del año siguiente[19]. Además, la UE ha complementado su ayuda

---

tion), 2022, "Ukraine Internal Displacement Report: General Population Survey." GUENETTE, Justin-Damien, KENWORTHY, Philip, and WHEELER, Collette, "Implications of the War in Ukraine for the Global Economy", World Bank Group, April 2022. UNHCR, 2022.

18 El 4 de marzo de 2022, la UE activó la Directiva 2001/55/CE de protección temporal con motivo de los desplazamientos masivos ocurridos durante las guerras yugoslavas de la década de 1990. El mecanismo de protección temporal implica una serie de derechos entre los que destacan: permiso de residencia, permiso de trabajo (por cuenta propia y por cuenta ajena), acceso a prestaciones sociales (acogida, atención jurídica, etc.), acceso a la sanidad, acceso a la educación para niños/as menores de 18 años, validez del permiso de conducción ucraniano para circular en España. Decisión de Ejecución (UE) 2022/382 del Consejo de 4 de marzo de 2022. DOUE-L-2022-80366, en *https://www.consilium.europa.eu/es/infographics/temporary-protection-displaced-persons/#:~:text=La%20protecci%C3%B3n%20temporal%20es%20un,los%20pa%C3%ADses%20de%20la%20UE.*

19 Un año después del inicio de la guerra "España había superado casi las 170.000 protecciones temporales a refugiados procedentes de Ucrania". "Hasta el 21 de febrero, la Oficina de Asilo y Refugio (OAR) del Ministerio del Interior y la Policía Nacional han tramitado y concedido un total de 168.131 protecciones a los refugiados ucranianos". Los datos sitúan a España entre los países europeos que más protecciones temporales ha otorgado a ciudadanos y residentes en Ucrania. La concesión habilita para desplazarse por todo el terri-

humanitaria a través de partidas financieras. Así, en 2022, concedió hasta "7.200 millones de euros en ayuda macro financiera a través de préstamos y subvenciones", mientras que en diciembre de ese año el Consejo aprobó un paquete legislativo por valor de 18.000 euros para el 2023[20]. Los objetivos de estas partidas son impulsar la estabilidad de Ucrania en estos delicados momentos y garantizar las necesidades más acuciantes y urgentes (rehabilitación de infraestructuras críticas y financiar planes de supervivencia dirigidos a la población). En este sentido, el 20 de abril de 2023 fue aprobada una de las últimas partidas presupuestarias por un importe de 55 millones de euros, con el fin de diseñar un plan de ayuda para las personas más necesitadas para el próximo invierno.

2.1.2. Apoyo político

El apoyo político de la UE y de sus Estados miembros ha venido en dos direcciones: por una parte, apoyar y facilitar el ingreso de Ucrania en la UE y, por otra parte, a través de múltiples visitas al presidente ucraniano y a ciudades del país afectadas por la guerra, e invitaciones a Volodimir Zelenski a la capital de la UE y de otros Estados europeos. En algunas oca-

---

torio nacional y para regresar a Ucrania, en *https://www.lamoncloa.gob.es/serviciosdeprensa/notasprensa/interior/Paginas/2023/220223-protecciones-temporales-refugiados-ucrania.aspx*.

20 "Desde el inicio de la guerra de agresión de Rusia, la UE y sus Estados miembros han puesto a disposición de Ucrania alrededor de 72 000 millones de euros en apoyo a Ucrania y a su población: 37 800 millones de euros en ayuda económica, 17 000 millones de euros en ayuda a refugiados en la UE, 15 300 millones de euros en ayuda militar y 1 990 millones € en ayuda humanitaria". En *https://www.consilium.europa.eu/es/policies/eu-response-ukraine-invasion/eu-solidarity-ukraine/#economic*.

siones las visitas se realizaron por vía telemática y últimamente de forma presencial[21]. Estos dos aspectos ponen de relieve el relevante soporte político que la UE viene prestando a Ucrania con el fin de establecer una sólida y profunda relación entre las dos partes. En consecuencia, el apoyo político de la UE ha sido una realidad objetiva que se ha evidenciado, tanto en ayuda prestada por las instituciones para posibilitar y agilizar el ingreso de Ucrania en la UE, como por las visitas efectuadas desde el inicio de la invasión por sus dirigentes.

Desde el estallido de la guerra la UE ha manifestado su compromiso por facilitar el ingreso de Ucrania en la UE. Siempre cabe recordar que el 28 de febrero de 2022, cuatro días después de la invasión, el presidente Zelenski presentó la solicitud de adhesión a la organización europea. Al día siguiente, se aprobaba una resolución en el Parlamento Europeo por una significativa mayoría -637 votos a favor, 13 en contra y 36 abstenciones-, de tal forma que el pleno sentaba las bases para la integración de Ucrania en el mercado único europeo. El resto de las instituciones también actuó con gran celeridad por cuanto el Consejo pidió a la Comisión Europea que presentase su dictamen sobre la solicitud de conformidad con las disposiciones pertinentes de los tratados. Por su parte, la presidenta del órgano ejecutivo, Úrsula von der Leyen, ha repetido en varias ocasiones su deseo de integrar en estos momentos difíciles a Ucrania. Así, en un acto ante Zelenski, y que reunió a la

---

21 Un año después del comienzo de la guerra "un total de 59 líderes mundiales" se habían reunido con el presidente de Ucrania. En *https://www.newtral.es/datos-guerra-ucrania-invasion-rusia/20230223/.* Por su parte, Volodimir Zelenski visitó Washington en diciembre de 2022. En febrero de 2023 estuvo en Londres y en París. En la capital del Sena se reunió con el presidente Emmanuel Macron y con el canciller alemán Olaf Scholz. En *https://es.ara.cat/internacional/europa/bruselas-recibe-zelenski-despues-washington-londres-paris_1_4621828.htm.*

prensa mundial, en abril de 2022, afirmó: "Estamos a su lado cuando sueñan con Europa… Mi mensaje de hoy es que Ucrania pertenece a la familia europea"[22]. Finalmente, fue durante el Consejo del 23 de junio de ese año cuando los dirigentes de la UE concedieron a Ucrania el estatuto de país candidato a la adhesión. No obstante, todavía deben sortearse múltiples dificultades para que se produzca la plena incorporación de Ucrania a la integración europea[23].

Sobre el aspecto referido a las visitas de dirigentes europeos, cabe destacar los numerosos viajes realizados a Kiev y a otras ciudades masacradas por el Ejército ruso, como Bucha; por Charles Michel, Úrsula Von der Leyen y Josep Borrell. Una de las visitas más históricas fue la realizada el 3 de febrero de 2023, a Kiev, por 15 comisarios europeos. Nunca la UE había celebrado una cumbre política de estas características en un país en guerra[24]. En concreto, la presidenta de la Comisión ha visitado la capital de Ucrania en cinco ocasiones desde el estallido de la guerra para reunirse con Zelenski. Una de las últimas tuvo lugar en una fecha cargada de simbolismo, el 9 de mayo de 2023, día de Europa. También cabe destacar la visita

---

22 Ukraine gehört zur europäischen Familie (Ucrania pertenece a la familia europea), tagesschau.de.8.4.2022. Véase también en *https://www.mlpd.de/espanol/2022/ucrania.*

23 En esta línea se dice que "Aquejada de profundos problemas estructurales, por no hablar de la invasión rusa, el país podría tardar muchos años en estar preparado, con independencia de dónde se halle su corazón", siendo así que "la adhesión de Ucrania es un tema candente, con debates acalorados entre analistas y responsables políticos (…)", Euronews, ¿Qué ocurriría realmente si Ucrania ingresara en la UE? Disponible en: *https://es.euronews.com/2023/03/22/que-ocurriria-realmente-si-ucrania-ingresara-en-la-ue*.

24 En *https://es.euronews.com/2023/02/03/ue-ucrania-cinco-claves-de-la-historica-cumbre-de-zelenski-con-los-lideres-de-la-ue-en-kie*.

a Kiev del presidente Pedro Sánchez, el 1 de julio de 2023, con el comienzo de la presidencia española del Consejo de la UE. Por esto, si una imagen vale más que mil palabras, las imágenes de las visitas a Ucrania por parte de dirigentes europeos y de Zelenski a Bruselas reflejan de forma palmaria el compromiso político de la UE con el país agredido.

2.1.3. Ayuda militar

Desde el primer momento, la UE, al igual que prácticamente el resto de la comunidad internacional, entendió que estábamos, de no ponerse remedio, ante una guerra claramente asimétrica entre *David* y *Goliat* por la desproporción entre atacante y atacado en lo que se refiere a poder y recursos militares. Precisamente esta desproporción va a explicar que la UE tomé decisiones impensables hasta entonces e incluso rompa tabúes y se movilice como nunca para respaldar militarmente a Ucrania. De hecho, por primera vez en su ya larga historia los jefes de Estado y de Gobierno europeos deciden financiar la compra y entrega de armas y equipos con fines militares a un país en guerra, a través fundamentalmente del *Fondo Europeo de Apoyo a la Paz*, un mecanismo extracomunitario creado en 2021 y que cuenta con las contribuciones anuales de todos los Estados miembros, con la excepción de Dinamarca que optó por no participar en materia militar. Desde entonces, el Consejo de la UE ha acordado en varias ocasiones ayuda adicional en el marco del citado instrumento[25].

---

25 *El Fondo Europeo de Apoyo a la Paz* tiene como objetivo "reforzar la capacidad de la UE de prevenir conflictos, consolidar la paz y reforzar la seguridad internacional posibilitando para ello la financiación de operaciones en el marco de la PESC". Las aportaciones se determinan según el PIB de cada país. En

En un principio, nos situamos en abril de 2022, la UE destinó 450 millones de euros para proporcionar armas al ejército ucraniano y otros 50 millones más para otros suministros como combustible y equipos de protección. Polonia se ha encargado de la logística de la entrega de armas a Ucrania. Sin embargo, la continuidad y agresividad de la guerra explica cambios posteriores. Así, en diciembre del mismo año el Consejo acordó incrementar "el límite financiero del *Fondo Europeo de Apoyo a la Paz* en 2.287 millones de euros a precios corrientes y que en caso de necesidad se aumente otros 3.500 millones de euros hasta 2027", mientras que solamente tres meses después se aprobaba "una Decisión en la que se establece el límite financiero del Fondo en 7.979 millones de euros hasta 2027"[26]. Además, la UE también ha financiado el envío de armamento a Ucrania con cargo al presupuesto comunitario.

Ahora bien, la contribución militar no solo se ha traducido en partidas presupuestarias, sino incluso en misiones de formación. En este sentido cabe señalar que el 17 de octubre de 2022, el Consejo adoptó la Decisión por la que se creó la Misión de Asistencia Militar de la Unión Europea en Apoyo a Ucrania (EUMAM UA), por un periodo inicial de dos años. Esta misión es una respuesta directa a la solicitud de apoyo que Ucrania dirigió al Alto Representante, y su objetivo es "proporcionar formación individual, colectiva y especializada a las Fuerzas Armadas ucranianas, así como coordinar y sincroni-

——*https://www.consilium.europa.eu/es/policies/european-peace-facility/*
Este instrumento reemplaza y amplía los medios de los anteriores mecanismos financieros de este ámbito, como el mecanismo *Atena* y *el Fondo de Apoyo a la Paz para África*. El Fondo tiene un límite financiero de 5.692 millones de euros a precios corrientes durante seis años (periodo 2021-2027).

26 En *https://www.consilium.europa.eu/es/policies/european-peace-facility/.*

zar las actividades de los Estados miembros que imparten la formación"[27]. Junto a la ayuda militar de la UE también cabe destacar la proporcionada a título individual por diversos países. Por ejemplo, Alemania ofrecía el sistema de defensa aéreo IRIS-T, un escudo antimisiles cuyo fin prioritario es proteger a la población, infraestructuras críticas y militares, entre otros, contra ataques aéreos. Y España ha enviado 10 tanques *Leopard*, uno de los elementos de guerra más solicitados por Ucrania. A tal efecto, se debe recordar que el 23 de febrero de 2023, en la víspera del aniversario de la invasión, el presidente español visitaba Kiev. "Vamos a ayudarte, querido Volodimir, en todo lo que podamos"[28] llegó a decir Pedro Sánchez. También en la visita del 1 de julio prometió enviar otros cuatro tanques *Leopard* y vehículos blindados de transporte de tropas.

Con lo cual, parece evidente que la UE ha roto techos y límites que nunca se había atrevido a traspasar y se ha volcado en

---

[27] "El 30 de septiembre de 2022, los ministros ucranianos de Asuntos Exteriores y de Defensa solicitaron apoyo militar a la Unión Europea…". "España participa en esta misión y desde su inicio se han formado más de 1500 soldados ucranianos…, habiendo participado unos 600 militares españoles en la misma e implicando a una cantidad importante de recursos logísticos, instalaciones y medios…". Se estima que alrededor de 2000 soldados se instruyen anualmente. En https://emad.defensa.gob.es/operaciones/operaciones-nacionales/80-OTRAS-OPERACIONES/81-UAMAM-UCRANIA/noticias/listado/230605-ni-eumam-relevo.html.

[28] *El País*, 25 de febrero de 2023. Alrededor de veinte países enviaron ayuda militar a Ucrania durante los primeros meses de guerra. "El predominio estadounidense fue manifiesto, pero la situación se equilibra al compararla con la ayuda financiera prestada". Véase Gráfico 3: Ayuda militar a Ucrania (incluida la financiera). En GARCÍA PÉREZ, Rafael, "El conflicto de Ucrania: La relación euroatlántica y los intereses estratégicos de Europa", *REDI*, Vol. 75, núm. 1, 2023, p. 93.

proporcionar ayuda militar, traducida en partidas presupuestarias, entrega de armas y recursos militares, formación militar; lo que demuestra el compromiso de la UE con Ucrania en su propia defensa y en equilibrar la asimetría de fuerzas que existe entre los dos países que participan en la contienda militar. Una ayuda, todo hay que decirlo, por una parte inmensa -ofrecida por la UE, sus países miembros, EEUU, y Reino Unido, entre otros- que explica la capacidad de Ucrania para continuar la guerra y evitar los objetivos militares rusos de llevar a cabo una invasión y posterior anexión de territorio ucraniano en un tiempo relativamente corto; y, por otra parte, amparada por el Derecho internacional vigente porque, tal y como lo señala C. Gutiérrez Espada, "en unos casos, la ayuda podría cobijarse bajo el concepto de legítima defensa colectiva. En otros, y en general incluso, no serían sino la expresión del deber de todos los Estados del mundo en disposición de hacerlo de cooperar entre sí para poner fin a la violación grave y continuada de una norma imperativa"[29].

2.2. Respuesta de la Unión Europea a Rusia

La contestación de la UE no se ha limitado exclusivamente hacia el país atacado y desde el primer momento los líderes europeos se han colocado enfrente de Rusia para transmitirle su condena y rechazo a la agresión, acompañado todo ello de la adopción de otras medidas. En efecto, la invasión ha puesto en claro riesgo la seguridad europea y ha obligado a los dirigentes europeos, esto es a los presidentes del Consejo, de la Comisión y al Alto Representante, a elevar su protagonismo y a utilizar "un tono más asertivo -lenguaje de poder- frente a la

---

29 GUTIÉRREZ ESPADA, Cesáreo, *op. cit.*, p. 91.

Federación rusa"[30]. Recordemos que, en el discurso anual sobre el Estado de la Unión, el 14 de septiembre de 2022, Ursula von der Leyen decía: "Esto no es solo una guerra lanzada por Rusia contra Ucrania. Es la autocracia contra la democracia. Yo estoy aquí con la convicción de que, con el coraje y la solidaridad necesarios, Putin fracasará y Ucrania y Europa vencerán"[31].

Pero no solamente ha habido palabras de rechazo y condena. Más allá de las declaraciones realizadas por los dirigentes europeos hacia Rusia, desde el comienzo de la invasión, la UE ha aprobado un conjunto de sanciones dirigidas a Rusia por el crimen de agresión y la anexión ilegal de las regiones ucranianas de Donestk, Luhansk, Zaporiyia y Jersón. Así, en mayo de 2023 se contabilizaban un total de 9 paquetes de sanciones individuales y económicas aprobadas por la UE, tres de ellos comprometidos en la primera semana de la invasión. Mientras las sanciones individuales, que afectan a un elevado número de personas y entidades, persiguen restringir el movimiento y libre circulación de aquellas sobre las que recae; las sanciones económicas van dirigidas a erosionar la base económica de Rusia, prohibiendo las exportaciones de tecnologías y el acceso a mercados vitales; y reducir su capacidad para continuar la guerra. Además, los dirigentes de la UE han subrayado que Rusia, Bielorrusia y todos los responsables de crímenes de guerra y

---

30 ARTEAGA, Félix, "La Brújula Estratégica: para proporcionar más seguridad que defensa a la UE", Real Instituto Elcano, 7 de abril de 2022, en *https://www.realinstitutoelcano.org/comentarios/la-brujula-estrategica-para-proporcionar-mas-seguridad-que-defensa-a-la-ue/*

31 Palabras que nos recordaban a las lanzadas por Winston Churchill durante la Segunda Guerra Mundial: "Llegaremos hasta el final, lucharemos (…) nunca nos rendiremos!". Disponible en *https://es.euronews.com/2022/09/14/estado-de-la-union-putin-fracasara-y-ucrania-y-europa-venceran-asegura-von-der-leyen*.

otros delitos considerados una violación grave de los derechos humanos "rendirán cuentas" por las atrocidades que cometan, "especialmente por los ataques indiscriminados contra la población y objetivos civiles". Así lo indica la *Declaración de Versalles* en la que también se manifiesta el apoyo a la "decisión del fiscal de la Corte Penal Internacional de abrir una investigación"[32].

El primer paquete de sanciones (23 de febrero de 2022) contenía medidas individuales contra representantes de la Duma Estatal que apoyaron el reconocimiento de las provincias de Donetsk, y Luhansk, y supuso restricciones en el acceso de Rusia a los mercados y servicios financieros y de capitales de la UE. El segundo paquete, aprobado al día siguiente de la invasión (25 de febrero), se dirigió directamente contra Vladimir Putin y Serguéi Lavrov, entre otros, y autorizaba la suspensión de la disposición sobre la facilitación de visados para diplomáticos, funcionarios y empresarios rusos[33]. El tercer y cuarto paquetes de sanciones (28 de febrero y 2 de marzo 2022) implicaron el cierre del espacio aéreo de la UE a todas las aeronaves rusas, así como la prohibición de acceso al sistema Swift para siete bancos rusos y tres bielorrusos. Los siguientes paquetes de sanciones, entre ellos el quinto (8 de abril de 2022), se centraron en establecer la prohibición de las importaciones de carbón y otros combustibles fósiles sólidos desde Rusia[34]. Con lo cual,

---

32 El 2 de marzo de 2022, un número importante de Estados pusieron el conflicto ucraniano en manos de la Fiscalía de la CPI, invocando el Art. 14 del Estatuto. La Fiscalía ya ha abierto una investigación en la materia. Véase: BOLLO-AROCENA, María-Dolores, "Agresión rusa a Ucrania, Crímenes Internacionales y Corte Penal Internacional, *Anuario Español de Derecho Internacional*, vol. 39, 2023, pp. 101-146.

33 *Comunicado de prensa*, Unión Europea, 25 de febrero de 2022.

34 Rusia es el mayor suministrador de gas natural (25 por ciento), paladio (23 por ciento), níquel (22 por ciento) y fertilizantes (14 por ciento). También representa el 18 por ciento de las exportaciones

como se ha dicho, las importaciones europeas se han reducido y parece evidente que, independientemente del resultado de la guerra, muchas empresas occidentales se mostrarán reticentes a invertir en Rusia en un futuro próximo. Los riesgos son simplemente demasiado altos[35]. Mientras el décimo paquete, del 25 de febrero de 2023, recogía la prohibición de exportar tecnologías críticas y emergentes a Rusia, y la prohibición de importaciones de asfalto y caucho sintéticos.

En definitiva, se aprecia que, en todos los paquetes de sanciones se establecen restricciones a las exportaciones de productos y tecnologías a Rusia y prohibiciones de las importaciones de productos (como el oro), y combustibles fósiles[36]. Así, Lituania se convirtió en el primer país europeo en dejar de comprar gas ruso. Pero se debe destacar también cómo otros países, entre los que se encuentran Estados Unidos y Reino Unido, han aprobado listas sobre prohibiciones de exportación, restricciones de importación y otras sanciones comerciales a Moscú, así como el cierre de su espacio aéreo a los vuelos rusos. Esto revela, una vez más, cómo la puesta en marcha de sanciones en supuestos tan graves como la invasión de un país, puede ser un mecanismo útil para combatir comportamientos ilícitos en la escena internacional. En todo caso, aunque el grueso de las sanciones ha sido contra Rusia, la UE no se ha olvidado de países como Bielorrusia. De hecho, se han adop-

---

mundiales de carbón, el 14 por ciento de platino, el 11 por ciento de petróleo crudo y el 10 por ciento de aluminio refinado. Junto a lo señalado, también es uno de los mayores exportadores de trigo del mundo y representa el 18 por ciento de las exportaciones mundiales, en JENKIS, Brian Michael, "Consequences of the war in Ukraine: The Economic Fallout", March 2023.

35 *Ibíd.*

36 GUENETTE, Justin-Damien, KENWORTHY, Philip, and WHEELER, Collette, *op. cit.*

tado restricciones contra entidades y personas de este país por su participación en la agresión; y contra Irán, en relación con el uso de drones de fabricación iraní.

En el momento en el que se escribía este artículo, la UE discutía la undécima ronda de sanciones contra Rusia, un paquete que, según lo ha indicado la presidenta de la Comisión Europea, se centrará en la aplicación estricta de las sanciones y en la adopción de medidas para evitar que se eludan. En cualquier caso, aunque las sanciones "han tenido efectos nefastos para Rusia, no han conseguido ahogarla"[37] porque para que tuviesen efectos claramente negativos sería necesario una respuesta unánime de la comunidad internacional a favor de las sanciones y, como se sabe, el grupo de los BRICS -conformado por algunas de las mayores economías de la sociedad internacional y entre las que destaca China, la segunda potencia mundial y gran productora y exportadora de bienes; y Turquía- no han adoptado ningún tipo de sanciones. Aunque las exportaciones se han reducido, sobre todo hacia Europa, Rusia sigue siendo el mayor exportador mundial de trigo y productos forestales, y una fuente de recursos estratégicos como el níquel, el cobalto y el platino para las grandes potencias económicas del sistema internacional.

2.3. Respuesta de la Unión Europea hacia su propia seguridad: Tres impactos provocados por la invasión

La agresión rusa de Ucrania ha generado un terremoto en el sistema internacional y ha provocado que la UE, además de responder con medidas dirigidas al agresor y al agredido, se haya mirado a sí misma y a sus capacidades de defensa para

---

37 BERMEJO GARCÍA, Romualdo, *op. cit.*, p. 68.

afrontar las amenazas que se ciernen en su entorno y más allá. La invasión ha provocado, en el fondo, el reforzamiento de la UE en la escena internacional como actor global y de seguridad. Así, lo expresaron los jefes de Estado y de Gobierno en el apartado 7 de la *Declaración de Versalles* cuando señalaron que, "ante el aumento de la inestabilidad, la competencia estratégica y las amenazas a la seguridadse ha decidido asumir una mayor responsabilidad respecto de su seguridad (...)". Con estas palabras los dirigentes de los países miembros de la UE dejaron claro que la agresión rusa de Ucrania tiene un gran impacto en las diferentes dimensiones de la seguridad europea y que, por ello, se precisa una respuesta múltiple, tal y como afirman. Esa respuesta múltiple va a consistir en: reforzar sus capacidades de defensa; reducir su dependencia energética; y desarrollar una base económica más sólida. Con lo cual, los firmantes de Versalles entienden que las dimensiones de la seguridad europea más afectadas y comprometidas por la guerra de Ucrania son: la seguridad militar, la energética y la económica[38]. Y así lo proclaman: "lo debemos hacer para construir nuestra soberanía europea, reducir nuestras dependencias y diseñar un nuevo modelo de crecimiento e inversión para 2030".

Además de despertar fantasmas y miedos más propios de épocas pasadas, la guerra de Ucrania ha lanzado a Occidente, y en particular a la UE, "un mensaje muy, muy claro: *si vis pacem*

---

[38] Véase MORÁN BLANCO, Sagrario "Seguridad Energética y Medio Ambiente: Dos caras de una misma moneda. Especial referencia a la UE. Navarra, *Thomson Reuters Aranzadi*, 2015, p. 25. La Escuela de Copenhagüe (Copenhague Peace Research Institute), en la que estudio Barry Buzan distingue cinco sectores de la seguridad: política, económica, social, militar y medioambiental, BUZÁN, Barry, "New Patterns of Global Security in the Twenty-First Century", *International Affairs*, vol. 67, núm. 3, p. 433.

para bellum"[39]. Unas palabras que nos recuerdan a las pronunciadas por el general Marshall, en un discurso en la Universidad de Harvad: "señores no tengo la necesidad de decirles que la situación mundial es grave"[40]. Con lo cual, la UE se toma en serio, tras el inicio de la guerra, poner en marcha un verdadero sistema integral de seguridad centrado fundamentalmente en tres dimensiones: militar, energética y económica. Expliquemos cada una de ellas:

1) Reforzar el Sector de la Seguridad y la Defensa

Aunque la UE ya había expresado en los últimos años la idea de reforzar su seguridad y defensa, es ahora cuando se convence más que nunca sobre la necesidad de revertir su dependencia en este sector. Se trataría de superar la afirmación realizada en 1991 por el ministro de Asuntos Exteriores belga Mark Eyskens, cuando señaló que la UE era un "gigante económico, un enano político y un gusano militar". En tal sentido, conviene recordar que desde hacía tiempo los líderes de los Estados miembros habían manifestado su deseo de convertir a la UE en un actor más relevante en materia de seguridad y defensa, y con capacidades sólidas para hacer frente a todo el espectro de amenazas que acechan su seguridad. Así, en el Consejo Europeo de diciembre de 2021 se decidió reforzar la seguridad al mismo tiempo que el Alto Representante insistía en que la UE debía tener un papel más activo en las crisis internacionales, y que para ello era necesario dotarla de mayor poder militar.

De hecho, durante la década anterior y comienzos de la siguiente se adoptaron las primeras medidas en esta dirección.

---

39 GUTIÉRREZ ESPADA, Cesáreo, *op. cit.*, p. 97.

40 En *Dialnet-DiscursoDeMrGeorgeMarshall-2495018.pdf.*

En 2016 se aprobó *la Estrategia Global sobre Política Exterior y de Seguridad de la UE,* donde se reconoce "la necesidad de un refuerzo de las capacidades de la UE para poder mantener el estatus de seguridad (...)" se plantean "cinco líneas de acción que potencien la seguridad y defensa, la lucha contra el terrorismo, la ciberseguridad, la seguridad energética y la comunicación estratégica"[41]; mientras que el 8 de julio de 2017 el Consejo acordó la creación de una Capacidad Militar de Planificación y Ejecución dentro del marco de la UE. Para llevar a efecto estas iniciativas, en 2021 los Estados miembros aumentaron un 6 por ciento sus gastos de defensa[42].

No obstante, la invasión rusa de Ucrania va a multiplicar de manera palpable las preocupaciones de seguridad clásica (dimensión militar) de Europa. Y, como hemos dicho, en la *Declaración de Versalles* se va a insistir en esta cuestión. En concreto, en el apartado 8 los dirigentes reiteraron su compromiso de "responsabilizarse en mayor medida de su propia seguridad, seguir una línea de acción estratégica en el ámbito de la defensa y aumentar su capacidad para actuar de manera autónoma".

---

41 Se puede ver el documento en *chrome-extension://efaidnbmnnnibpcajpcglclefindmkaj/https://eeas.europa.eu/archives/docs/top_stories/pdf/eugs_es_.pdf.*

42 *Informe de la Agencia Europea de Defensa,* 2021. Uno de los principales retos de la Agencia Europea de Defensa es incrementar las capacidades de la defensa en la gestión de las crisis. Fue creada por el Consejo de la UE en 2004, a través de la Acción Común 2004/551/PESC. Además, la UE ha puesto en marcha más de 30 misiones de la política común de seguridad y defensa (PCSD) desde 2003. "Actualmente hay 11 misiones civiles y 7 misiones u operaciones militares en curso en Europa, África y Oriente Medio". En 2018, el Consejo y los Estados miembros se comprometieron a reforzar las misiones civiles de la PCSD. Disponible en: *https://www.consilium.europa.eu/es/policies/defence-security/*.

Una aseveración que apuntala que la UE se conciba de ahora en adelante como un actor global con autonomía singular en el campo de la seguridad y defensa. En línea con lo expresado, se ha destacado que es fundamental:

- Mantener una estrecha coordinación en materia de seguridad y defensa con socios y aliados, en particular "la cooperación UE-OTAN, en el pleno respeto de los principios de inclusividad, reciprocidad y autonomía decisoria" establecida en los tratados. En este sentido, las dos organizaciones mencionadas iniciaron su cooperación a principios de siglo y como resultado de esa cooperación se han desarrollado instrumentos para ofrecer mayor seguridad a los ciudadanos en Europa y fuera de Europa. Así, en julio de 2018, la UE y la OTAN firmaron una declaración en la que ofrecían una visión común de actuación conjunta y simultánea en asuntos de seguridad. No ha sido la única, puesto que ya en 2016 y posteriormente en 2022 firmaron otras. En la última declaración, del 10 de enero de 2023, se comprometían a ahondar en la cooperación común[43], lo que evidencia que, desde el primer día de la invasión rusa de Ucrania, ambas organizaciones y sus Estados miembros han incrementado sus esfuerzos y su cooperación, demostrando su unidad tanto en la condena a la agresión rusa de Ucrania como en el apoyo a Kiev para que pueda defenderse mejor y proteger a su población. En esencia, se aprecia cómo las dos organizaciones, muy diferentes en sus orígenes y objetivos pero con valores similares, han decidido recorrer un similar camino de cooperación en materia de

---

43 Documento de la Declaración en *https://www.consilium.europa.eu/es/press/press-releases/2023/01/10/eu-nato-joint-declaration-10-january-2023/.*

seguridad y defensa sin dejar de ser lo que son cada una de ellas, es decir, manteniendo su autonomía estratégica. No cabe duda de que una UE dotada de un pilar de seguridad y defensa favorecerá a la seguridad trasatlántica y mundial de forma complementaria a la OTAN[44].

- La necesidad de "invertir más y mejor y de manera decidida en capacidades de defensa y tecnologías innovadoras". En Versalles se expresa con rotundidad que, para mejorar la protección de los ciudadanos y la fortaleza de la UE frente a los desafíos de rápida e imprevisible aparición, se debe impulsar la inversión y dotar a la organización de un pilar defensivo militar. Esto va a suponer, y así lo expresan los líderes europeos en el punto 9 de la *Declaración*: "aumentar sustancialmente el gasto en defensa"; invertir en "elementos de apoyo estratégico como la ciberseguridad y la conectividad espacial", así como en tecnologías críticas y emergentes y en innovación para la seguridad y defensa, entre otras iniciativas. Con ello, la guerra de Ucrania confirma aún más la necesidad de un cambio radical en la seguridad y la defensa de la UE. Los dirigentes europeos entienden que el entorno de seguridad se ha vuelto más hostil y que, por ello, deben prepararse para cualquier eventualidad. La receta es clara: aumentar su capacidad y voluntad de actuar y reforzar su resiliencia e invertir más y mejor en sus capacidades de defensa. De ahí que, acto seguido a la *Declaración de Versalles*, el Consejo de la Unión Europea aprobase formalmente, en su sesión del 21 de marzo de 2022, el documento conocido como *Brújula Estratégica*

[44] Véase: DÍAZ GALÁN, Elena, "Cooperación Estructurada Permanente (PESCO): Algunas consecuencias para España y la OTAN", *Cuadernos de Política Exterior Argentina (Nueva Época)*, 136, 2022, pp. 65-84.

(Strategic Compass). Y así se expresó: "Adoptamos la presente Brújula en un momento en que presenciamos el regreso de la guerra a Europa"[45].

Los orígenes de este documento se sitúan en junio de 2020, cuando los ministros de defensa acordaron elaborar un concepto estratégico denominado brújula estratégica para la seguridad y la defensa (Consejo de la UE, 2020) "que orientara el desarrollo de los componentes de seguridad y defensa" durante el próximo decenio y ofreciera soluciones a las carencias en términos de seguridad de la UE[46]. Para ello se encargó a Josep Borrell el diseño de un plan ambicioso y ejecutable que convirtiera a la UE en un actor global en materia de seguridad y defensa. Ahora bien, la invasión rusa aceleró esta iniciativa por cuanto el plan fue aprobado de forma unánime por el Consejo Europeo, un mes escaso después del comienzo de la agresión.

La Brújula Estratégica (en adelante BE) se va a caracterizar por contribuir de forma directa a la aplicación de las medidas acordadas en la *Declaración de Versalles* en el punto referido al refuerzo de las capacidades de defensa. De hecho, el extenso documento de 47 páginas ofrece una visión común del entorno estratégico de la UE, y de las amenazas y los desafíos presentes en la sociedad internacional, de cara a convertir a la organización en un actor global en materia de seguridad y reforzar su posición geopolítica[47]. Precisamente por ello, el texto se articula en torno a cuatro grandes ejes de acción: Actuar,

---

45 En *https://www.consilium.europa.eu/es/press/press-releases/2022/03/21/a-strategic-compass-for-a-stronger-eu-security-and-defence-in-the-next-decade/*.

46 ARTEAGA, Félix, *op. cit.*

47 Ver "A Strategic Compass for security and defence. Foreword by HR/VP Josep Borrell, 64 pages. HAKANSSON, Calle, "Where does the Compass point? The European Commissions role in the development of EU security and defence policy". Sage Journals, Euro-

garantizar la seguridad, invertir y trabajar de manera asociativa, en los cuales se presentan una serie de iniciativas concretas y ejecutables con un calendario, con el fin de mejorar la capacidad de defensa de la UE, y contribuir así a la paz y la seguridad internacionales.

En el pilar referido a *Actuar*, la UE señala que es preciso responder con rapidez y firmeza a las amenazas que se exhiban en los cinco grandes dominios estratégicos (tierra, mar, aire, ciberespacio y espacio ultraterrestre) y, para ello, la Brújula establece acciones concretas. Entre ellas: primero, crear una "capacidad de despliegue rápido" de hasta 5.000 militares para diferentes tipos de crisis, que incluya componentes terrestres, aéreos, marítimos... y que esté disponible en 2025. Segundo, desarrollar "una capacidad para desplegar una misión civil de la PCSD (política común de seguridad y defensa) con 200 expertos" plenamente equipados en un periodo de 30 días. Con lo cual, la BE pretende impulsar de forma tangible algunas áreas concretas como la capacidad de intervención rápida en situaciones urgentes, tanto en el plano civil como en el militar. Junto a estas dos iniciativas, también propone llevar a cabo periódicamente ejercicios reales en tierra y en el mar (nunca antes realizados a nivel de la UE); aumentar la movilidad militar, y reforzar las misiones y operaciones civiles y militares de la PCSD, garantizando una mayor solidaridad financiera[48].

Por su parte, el segundo y tercer eje vertebrador de la BE, referidos a *garantizar la seguridad e invertir*, coinciden con lo

---

pean View, vol. 21, Issue 1, March 29, 2022. Disponible en: https://journals.sagepub.com/doi/full/10.1177/17816858221086425.

48 PONTIJAS CALDERÓN, José Luis, "Una Brújula estratégica para la seguridad y la defensa de la UE ¿un documento más?", *Documento de Análisis IEEE* 42/2022, en https://www.ieee.es/Galerias/fichero/docs_analisis/2022/DIEEEA42_2022_JOSPON_UE.pdf

señalado en la *Declaración de Versalles*, puesto que ambos documentos insisten en la necesidad de invertir más y mejor en capacidades de defensa y tecnologías punta, tanto a nivel de la UE como nacional, para fortalecer la base industrial de la defensa europea. Es más, en la BE se concede gran relevancia a las nuevas tecnologías, "especialmente aquellas que se consideran disruptivas (inteligencia artificial, ordenadores cuánticos...) y precisamente por ello se acuerda crear el Centro de Innovación de Defensa (HEDI) dentro de la Agencia de Defensa Europea"; mientras que en el ámbito de la ciberseguridad se pretende implantar un Centro de Competencia de Ciberseguridad Europeo[49]. Con lo cual, el documento presenta una serie de iniciativas que habrá que ver en que se traducen, y tanto en la BE como en Versalles se expone de forma clara y rotunda la necesidad de aumentar de forma sustancial los gastos en defensa y de invertir en el sector.

En este sentido, cabe destacar que prácticamente todos los países de la UE han incrementado sus gastos en defensa en los últimos tiempos de cara a reducir las carencias en materia de capacidades militares y civiles, y a reforzar la base tecnológica e industrial de la defensa europea. Así, en enero de 2023, el presidente francés, Enmanuel Macron, reconocía en unas declaraciones la existencia de múltiples escenarios de tensión, entre los que citaba el Mediterráneo oriental y el mar de China oriental, y la necesidad de aumentar los presupuestos en defensa "en más de un tercio para el periodo 2024-2030"[50]. En efecto, el país galo planea asignar 400.000 millones de gastos en defensa en el periodo mencionado, frente a los 295.000 mi-

49 *Ibid.*, p. 15.

50 Noticia, 20 de enero 2023, en *https://www.dw.com/es/francia-aumentar%C3%A1-su-gasto-militar-un-tercio-en-el-per%C3%ADodo-2024-2030/a-64467822*.

llones del periodo anterior[51]. Tampoco el canciller Olaf Scholz ha permanecido indiferente a la situación y anunciaba, meses después de la invasión rusa, un fondo especial por valor de 100.000 millones de euros para financiar la reconstrucción del ejército alemán en los próximos años. Por su parte, España e Italia han expresado su interés por adquirir los aviones de combate *Eurofighter Typhoon*, producidos por Airbus. En resumen, es un hecho objetivo que la invasión rusa ha impulsado a la mayoría de los países europeos y a la propia UE a incrementar sus gastos militares o en defensa como pocas veces antes[52].

Por último, el cuarto eje vertebrador de la BE se centra en el objetivo de *trabajar de manera asociativa* para alcanzar fines comunes y hacer frente a las amenazas y los retos, lo que implica reforzar la cooperación con socios estratégicos como la OTAN, las Naciones Unidas, la OSCE, la UA o la ASEAN, e incluso "impulsar la cooperación con los socios bilaterales, es decir, con países afines y socios estratégicos, como los Estados Unidos, Canadá, Noruega, el Reino Unido y Japón", entre otros; además de "desarrollar asociaciones adaptadas en los Balcanes Occidentales, la vecindad oriental y meridional, África, Asia y América Latina"[53].

Por lo tanto, la BE es una iniciativa ambiciosa dirigida por los Estados miembros de la UE cuyo objetivo es, por una parte, establecer una visión común de las amenazas y desafíos a los que se enfrenta Europa en los próximos años y, por otra parte,

---

51 *Noticia Cinco Días*, 23 de marzo de 2023.

52 La consultora McKinsey anticipa que el gasto de la UE puede llegar a elevarse hasta un 65% entre 2021 y 2026, ascendiendo a los 488.000 euros.

53 Véase documento Brújula Estratégica, en *chrome-extension://efaidnbmnnnibpcajpcglclefindmkaj/https://data.consilium.europa.eu/doc/document/ST-7371-2022-INIT/es/pdf.*

reforzar la política de seguridad y defensa de la UE de aquí a 2030 incrementando los gastos en defensa y la inversión en la industria militar, y poniendo en marcha estructuras operativas tangibles. No obstante, como señala J.L. Pontijas "son iniciativas, las cuales prácticamente todas ellas ya estaban en marcha y que forman un amplio conjunto de deseos e intenciones, más que realidades estructuradas en un programa concreto"[54].

Con todo, se advierte la voluntad política de la UE de reforzar sobremanera el sector relativo a la seguridad y defensa, como condición imprescindible para aumentar su significado en la escena internacional como actor global y, de este modo, fortificar la autonomía estratégica en la región y en el resto del planeta[55]. El papel de la UE en materia de seguridad y defensa se constituye entonces en una pieza clave para afianzar su

---

54 PONTIJAS CALDERÓN, J.L., *op. cit.*, p. 20. La guerra de Ucrania ha sido un revulsivo no solo para la defensa europea sino también para la trasatlántica. La OTAN, una organización de carácter defensivo-militar nacida en plena Guerra Fría y en una situación existencial delicada antes del estallido de la guerra, tal y como llegaron a reconocer dirigentes de algunos países miembros, se ha revitalizado. Así, Finlandia ingresó en la OTAN en 2023, convirtiéndose en trigésimo primer miembro, mientras que Suecia se prepara para culminar el mismo proceso. También V. Zelenski solicitó el ingreso en la OTAN, el 30 de septiembre de 2022. Por lo tanto, la situación en Ucrania ha resucitado tanto a la OTAN como a la defensa europea. Véase sobre esta cuestión el interesante trabajo de GARCÍA PÉREZ, Rafael, "El conflicto de Ucrania: La relación euroatlántica y los intereses estratégicos de Europa", *REDI*, vol. 75, 1, 2023.

55 Véase el interesante trabajo publicado por SANAHUJA, J. A., "La Unión Europea y la guerra de Ucrania. Dilemas de la autonomía estratégica y la transición verde en un orden mundial en cambio", en MESA, M. (Coord.), *Policrisis y rupturas del orden global.* Anuario 2022-2023, Ceipaz, Fundación Cultura de Paz, Madrid, 2023, pp. 23-58.

protagonismo en la escena internacional y, en particular, en situaciones de profundas crisis.

2) Reducción de la Dependencia Energética

Tras la agresión rusa, la UE ve en peligro su seguridad energética y desde el primer momento pone el foco de atención en este punto para tratar de dar respuesta a lo que considera una de sus mayores vulnerabilidades. Como es notorio, la UE es uno de los grandes consumidores de energía del mundo. Energía que procede fundamentalmente de la quema de combustibles fósiles como el petróleo, el gas o el carbón; sin embargo, la gran mayoría de los países europeos no disponen de estos recursos energéticos, siendo Rusia, tradicionalmente, uno de sus principales proveedores. En efecto, las exportaciones de petróleo y gas han sido la principal interacción económica de Rusia con Occidente.

El estallido de la guerra ha trastocado los equilibrios de la UE para hacer frente a su dependencia energética. No en vano de las políticas sectoriales la energética es una de las más afectadas, puesto que la invasión ha tenido desde el primer momento un efecto perturbador en los mercados mundiales por el elevado incremento de los precios de las materias primas fundamentales para los países, como los combustibles. De hecho, desde la segunda mitad del 2021 se ha asistido a fuertes subidas de los precios de la energía en la UE (superior al 150 por ciento entre julio de 2021 y julio de 2022) y en todo el mundo. En concreto, en abril de 2022, dos meses después del comienzo de la guerra, el precio del carbón se disparó en un 60 por ciento y el gas natural europeo en más del 30 por ciento. Por su parte, el precio del petróleo Brendt alcanzó un máximo de 130 dólares por barril, a principios de marzo, cuando el Reino Unido y EE. UU. prohibieron las importaciones de petróleo ruso. Con lo cual, la alta dependencia de las importaciones de energía de la zona euro y el aumento de los precios de los combustibles suministrados conduce a una pérdida de ingresos reales. La nota positiva fue que, como consecuencia del incremento récord de los precios, durante el 2022 el consumo de gas natural disminuyó casi un 20 por ciento en los países miembros, ayudando así a la UE a hacer frente a la reducción de las importaciones de gas de Rusia derivada de las sanciones impuestas desde Bruselas[56].

En esta situación, la UE ha aprobado diferentes medidas dirigidas a mitigar los efectos de los elevados precios de la energía en los hogares y las empresas; y a establecer un mecanismo de corrección del mercado para los precios del gas, entre otras. No obstante, al problema de la disminución de los suministros de energía procedentes de nuestro proveedor habitual se ha añadido otro no menos relevante: el cambio climático, otra emergencia de carácter global que reclama la atención e intervención de la UE. En realidad, frenar el calentamiento global y mitigar, en lo posible, las consecuencias del cambio climático, obliga a Europa a poner en marcha las medidas necesarias para acabar con el consumo de combustibles fósiles, principales responsables de las emisiones de gases de efecto invernadero[57].

Reconocida la situación de la dependencia energética de la UE, no es menos cierto que la crisis actual, tras la invasión rusa de Ucrania, ha generado un desasosiego en Bruselas que explica que los dirigentes de la UE se comprometan, tal y como se plantea en la *Declaración de Versalles*, a "eliminar gradualmente, lo antes posible, su dependencia de las importaciones de gas,

---

56 JENKIS, Brian Michael, *op. cit.*,

57 En la COP 26 (Conferencia de las Naciones Unidas sobre el Cambio Climático), celebrada en Glasgow en 2021, China e India se comprometían con un objetivo de cero emisiones más allá del año 2050.

petróleo y carbón rusos". Y para ello proponen siete medidas, entre las que destacan:

- Primero, acelerar la reducción de la dependencia general de los combustibles fósiles, en clara referencia a Rusia, para reforzar su autonomía en materia de energía. De hecho, los diferentes paquetes de sanciones aprobados por la UE han tenido como principal objetivo reducir las importaciones de energía procedentes de Rusia[58]. En definitiva, la UE insiste en la necesidad de garantizar el suministro de energía limitando al mismo tiempo su demanda, y reforzar la solidaridad energética.
- Segundo, diversificar el abastecimiento y las rutas, especialmente mediante el uso de gas natural licuado (en adelante GNL). Como se ha dicho, la UE ha manifestado desde el primer momento de la invasión su decisión de desvincularse lo más rápidamente posible del gas y los hidrocarburos rusos, lo que la ha obligado a buscar fuentes alternativas de suministro energético. De hecho, se han aprobado nuevos contratos de compra de energía a países como EE. UU. y Canadá, que han incrementado sus ventas de GNL, junto a Noruega y otros países.

---

[58] También cabe resaltar que Rusia ha suspendido el suministro de gas a varios Estados miembros de la UE. Véase "The impact of the war in Ukraine on euro area energy markets", *Economic Bulletin*, Issue 4, ECB, 2022. BORIN, Alessandro, CONTEDUCA, Francesco Paolo, Di STEFANO, Enrica, GUNNELLA, Vanessa, MANCINI, Michele and PANON, Ludovic, "Quantitative assessment of the economic impact of the trade disruptions following the Russian invasion of Ukraine", *Occasional Paper Series*, Banca d'Italia, núm. 700, 2022. "Oil Market Report—March 2022" International Energy Agency, Paris.

- Por último, resaltan otras propuestas que plantea la *Declaración de Versalles* y son las referidas a "profundizar en el desarrollo de un mercado del hidrógeno para Europa[59], agilizar el desarrollo de las energías renovables, mejorar la eficiencia energética y las interconexiones de las redes europeas de gas y electricidad". En esencia, acelerar la transición ecológica de cara a reducir la dependencia energética y avanzar hacia un medio ambiente más limpio y saludable. Así, cabe subrayar que los países de la UE han puesto ya en marcha diferentes medidas en esta dirección, siendo destacable que en 2020 se aprobaba el *Pacto Verde Europeo*[60], un conjunto de iniciativas políticas encaminadas a reducir las emisiones de gases de efecto invernadero y lograr la neutralidad climática en el 2050. Precisamente con este fin, en marzo de 2023, el Consejo presentó la propuesta "Objetivo 55" dirigida a reducir las emisiones netas de gases de efecto invernadero en al menos un 55 por ciento de aquí a 2030. Por supuesto, estos objetivos requieren una revisión del sistema energético de la UE y la sustitución de los combustibles fósiles por formas de energía más limpias. En este sentido, el

---

59 El hidrógeno es el elemento químico más abundante del planeta. Es ligero, almacenable y no genera emisiones directas de contaminantes. Se prevé que el mercado del hidrógeno verde crezca un 50 por ciento durante este decenio. Actualmente se encuentra en un 2 por ciento y se prevé entre un 8 y un 24 por ciento de todo el consumo primario de energía. Podría ser el combustible sostenible capaz de sustituir a los combustibles fósiles. En España ya está operativa, en Puertollano (Ciudad Real), la primera planta de Hidrógeno verde de la empresa Iberdrola.

60 *El Pacto Verde Europeo* fue aprobado en 2020 y se define como un conjunto de iniciativas políticas cuyo propósito es convertir a la UE en climáticamente neutra en 2050.

Plan REPower EU, presentado por la Comisión Europea en mayo de 2022, es una de las últimas apuestas conjuntas de los Estados miembros para disminuir el consumo de energía, desarrollar energías limpias y diversificar los suministros de hidrocarburos.

En consecuencia, se aprecia que la UE ha desarrollado toda una panoplia de iniciativas y acciones dirigidas a combatir su vulnerabilidad energética y hacer frente al desafío de la neutralidad climática. A juzgar por lo ocurrido este último invierno, la UE lo está consiguiendo con el esfuerzo de los ciudadanos y la habilidad para poner en marcha medidas (almacenamiento de energía, sobre todo gas) que permiten ir sorteando los obstáculos inmediatos de necesidad energética; y generar nuevas energías limpias para un futuro próximo. De ser así, se potenciaría el papel de la UE como actor global, con capacidad y autonomía para actuar en las relaciones internacionales y con posibilidad de fortalecer su papel en el sector de la seguridad y defensa.

3) Desarrollo de una base económica sólida en la UE

La guerra de Ucrania ha debilitado de manera evidente la economía en la sociedad internacional. En 2022, los pronósticos estimaban que el crecimiento económico mundial sería de un 5 por ciento, sin embargo, la agresión rusa de Ucrania supuso un terremoto económico para los mercados mundiales que modificó todas las previsiones realizadas hasta entonces. La guerra desencadenó un impacto evidente en la economía global, especialmente en los mercados de energía y alimentos, reduciendo la oferta y elevando los precios a niveles sin precedentes, lo que provocó una desaceleración del crecimiento económico, situándolo en un 3.1 por ciento en 2022, y en un 2.2 por ciento en 2023. A nivel europeo se puede decir que, si bien hasta el momento la eurozona ha desafiado las expectativas y ha mostrado una cierta resistencia económica a los impactos de la guerra, los pronósticos son pesimistas.

No obstante, la pregunta es ¿por qué la economía europea se ha visto afectada por la guerra de Ucrania? La respuesta la encontramos cuando descubrimos que Ucrania representa el 7 por ciento de la producción de trigo del mundo -sus campos más extensos se concentran en el sur y este del país, donde el conflicto es más intenso-, y que la temporada de siembra de primavera de trigo, pero también de otros cultivos clave como el maíz[61] , la cebada y el girasol, se han visto seriamente reducidos. Además, Ucrania es el mayor exportador de aceites de semillas (dos quintas partes de la producción mundial), utilizadas principalmente para cocinar, y produce hasta el 50 por ciento del gas neón mundial, que es un elemento crítico utilizado en la fabricación de chips[62]. Con todo, se puede apreciar entonces que Ucrania, junto con Rusia, han desempeñado un papel importante en las importaciones de alimentos y fertilizantes de la zona euro antes del comienzo de la guerra.

Sin embargo, la destrucción por parte de Rusia de campos de cultivo de trigo, maíz y otras materias primas, así como de las infraestructuras de transporte, han reducido la capacidad de Ucrania de exportar su producción agroalimentaria, agravando la crisis alimentaria mundial. Las interrupciones en las cadenas de suministro, sumadas al incremento del precio de materias primas básicas, explican que los precios de los alimentos y de otros bienes y servicios básicos se hayan encarecido hasta límites insospechados. Desde el comienzo de la guerra,

---

61 Ucrania es el cuarto mayor exportador de maíz del mundo (13 por ciento de las exportaciones mundiales).

62 GUENETTE, Justin-Damien, KENWORTHY, Philip, and WHEELER, Collette, "Implications of the War in Ukraine for the Global Economy", World Bank Group, April 2022.

los precios del trigo y de otros productos se han disparado[63]. Si bien en 2022 la inflación de la energía fue de lejos la principal impulsora de la inflación en general, actualmente lo es la alimentaria. Más en concreto, los precios de los alimentos aumentaron más de un 14 por ciento en enero de 2023 en comparación con el año anterior, con el consiguiente impacto negativo en todas las áreas de nuestra economía y en la vida cotidiana de las personas, especialmente de aquellas con bajos ingresos[64]. A esto se suma que las presiones inflacionarias provocadas por el aumento de los precios de las materias primas han favorecido el endurecimiento de la política monetaria, el riesgo de *estanflación* (inflación alta y economía estancada), y el consiguiente aumento de la pobreza y la desigualdad[65].

Por lo tanto, un año y medio después del inicio de la agresión se aprecia de forma clara que la economía de la UE se ha visto afectada negativamente, perjudicando a unos países más que a otros. De hecho, se puede afirmar que, en comparación con otras regiones, la eurozona ha sido especialmente vulnerable a las consecuencias económicas de la invasión rusa de Ucrania y a las perturbaciones de los mercados mundiales.

---

63 JENKIS, Brian Michael, "Consequences of the war in Ukraine: The Economic Fallout", March 2023.

64 La inflación general aumentó del 0.3 por ciento en 2020 al 2.6 por ciento en 2021 y luego al 8.4 por ciento en 2022. JONGRIM, Ha; KOSE, M. Ayhan; and OHNSORGE, Franziska, "One-Stop Source: A Global Database of Inflation." Policy Research Working Paper 9737, World Bank, Washington, DC, 2021. JONGRIM, Ha; KOSE, M. Ayhan; and OHNSORGE, Franziska, "From Low to High Inflation: Implications for Emerging Market and Developing Economies." CEPR Policy Insight núm. 115, CEPR, London, 2022.

65 GUENETTE, Justin-Damien, KENWORTHY, Philip, and WHEELER, Collette, *op. cit.*

Esto se debe principalmente a que el euro depende en gran medida de las importaciones de energía y Rusia, como se ha dicho, era un proveedor energético clave para la eurozona antes de la guerra[66]. Conscientes de esta situación, la UE ha rebajado de forma considerable su previsión de crecimiento económico del 4 por ciento al 2.7 por ciento en 2023 y del 2.8 al 2.3 por ciento para el 2024. En consecuencia, la agresión rusa no ha dejado de ahondar los problemas económicos que ya existían en la UE por la pandemia y reflejar la "vulnerabilidad" de la dependencia económica del mayor mercado único del mundo y de la mayor fuente de ayuda al desarrollo.

Esta situación explica que los jefes de Estado y de Gobierno señalaran en la *Declaración de Versalles* que, de cara al futuro, era importante avanzar hacia una base económica "más resiliente y competitiva", y que para ello era necesario abordar la dependencia estratégica europea centrándose en los sectores que son fundamentales. ¿Cuáles serían esos sectores? El mencionado documento habla de materias primas fundamentales, para lo que se plantea promover la economía circular y la utilización eficiente de recursos; y, también, de los semiconductores. Sobre estos últimos, la declaración destaca la importancia por "diversificar las cadenas del abastecimiento, mantener el liderazgo tecnológico y seguir desarrollando la capacidad de producción de la UE con el objetivo de asegurar una cuota de mercado mundial del 20 por ciento de aquí a 2030 por medio de la Ley Europea de Chips". Por lo que se refiere al campo de la Sanidad, propone convertir a Europa en líder en los medicamentos biológicos; mientras que en el ámbito digital se com-

---

66 ARCE, Oscar; KOESTER, Gerrit and NICKEL, Cristiane, "One year since Russia's invasion of Ukraine -the effects on euro are inflation". *https://www.ecb.europa.eu/press/blog/date/2023/html/ecb.blog20230224~3b75362af3.en.html*

promete a "invertir en tecnologías digitales, entre las que se encuentra la inteligencia artificial, la informática en la nube y el despliegue de las redes 5G dentro y fuera de Europa".

Por su parte, en alimentación se comprometen a mejorar la seguridad alimentaria de la UE mediante la reducción de la dependencia de productos agrícolas e insumos fundamentalmente importados. En esta dirección se debe saber que Ucrania y Rusia producen "casi un tercio del trigo y la cebada del mundo, y son grandes exportadores de metales"[67]. Por último, los dirigentes europeos también se comprometen en Versalles a crear un entorno que facilite y atraiga la inversión privada. Por ejemplo, se plantean crear un marco regulador para las pymes. Más allá de esta propuesta, los países de la UE están actuando de manera coordinada para hacer frente al aumento de los precios y a la escasez de suministros.

En definitiva, el refuerzo de la economía en la UE se concibe no solo como uno de los objetivos iniciales y siempre permanentes de este esquema de integración, sino también como una base necesaria para convertir a la UE en un actor global, con capacidad real de influir en las decisiones internacionales y que sea respetada por el resto de los principales actores que intervienen en la comunidad internacional. Una estructura económica estable y sólida en la UE es la mejor forma de atender los desafíos estratégicos por parte de un actor esencial y decisivo en el actual panorama internacional.

---

67 LLOYD, Naomi y DESJARDINS, Guillaume, "El negativo impacto de la guerra de Ucrania en la economía de la UE", *Euronews*, 8 de Junio de 2022, en *https://es.euronews.com/next/2022/06/08/el-negativo-impacto-de-la-guerra-de-ucrania-en-la-economia-de-la-union-europea#:~:text=Ucrania%20y%20Rusia%20producen%20casi,otros%20bienes%20y%20servicios%20b%C3%A1sicos*.

3. A MODO DE CONCLUSIONES

La agresión militar de Rusia en Ucrania ha tenido consecuencias en la geopolítica internacional y de manera particular en la seguridad europea. Por primera vez en su larga historia, la UE se ha implicado en una guerra como nunca lo había hecho hasta entonces. En ningún momento las guerras yugoslavas, libradas en el corazón de Europa en la década de 1990, llevaron a la UE a hacer una reflexión en profundidad sobre su seguridad como lo ha hecho la actual guerra. Así, desde el mensaje de V. Putin, el 24 de febrero de 2022, anunciando el comienzo de “una operación militar especial” en Ucrania, la UE ha respondido con una gran variedad de iniciativas y políticas básicamente en tres direcciones: hacia Ucrania, hacia Rusia y hacia sí misma, y ha pretendido cumplir varios objetivos: ayudar a la población ucraniana y al país a defenderse de la brutal agresión militar; debilitar y aislar a Rusia en el contexto internacional; y reforzar sus capacidades de defensa; reducir su dependencia energética; y desarrollar una base económica más fuerte. Todas estas respuestas quedaron bien explicitadas en la *Declaración de Versalles*, el documento que desvela las intenciones de la UE sobre la guerra y que expresa la unidad y determinación que desde entonces han mostrado los 27 Estados y las instituciones de la UE.

Al margen de posibles desavenencias que hayan podido surgir entre los Estados miembros durante este largo año y medio de guerra, no cabe duda de que la UE se ha consolidado como actor global en materia de seguridad al dar pequeños pero decisivos pasos que refuerzan sus capacidades de defensa y seguridad en los planos militar, económico y energético, y que robustecen su acción en la escena internacional. El compromiso de la UE por adquirir una autonomía estratégica es más sólido que nunca, porque asistimos a un cambio de mentalidad sobre la posición de la UE en materia de seguridad y defensa que no habíamos visto antes, y eso nos permite afirmar que en un futuro próximo esta apuesta se hará realidad a través de estructuras de seguridad y defensa tangibles y operativas. No hay vuelta atrás en el camino que la UE se ha marcado y ha emprendido en las mencionadas materias porque, cuando acabe la guerra, Rusia seguirá en el contexto internacional y Bruselas no deberá olvidar lo que ocurrió esa gélida mañana de febrero del 2022.

La guerra de Ucrania y la autonomía europea en defensa. Retos y oportunidades

ANA MARÍA GONZÁLEZ MARÍN[1]

1. INTRODUCCIÓN

A pesar de que no ha habido amenazas de fuerza contra Rusia por parte de Ucrania ni de los Estados miembros de la OTAN ni de la UE, los europeos nos enfrentamos a la primera amenaza directa desde la Segunda Guerra Mundial.

No hay nada que sostenga o apoye una justificación legal para el ataque militar de Rusia contra Ucrania y aunque Rusia esté utilizando un lenguaje jurídico para defender estas acciones, estas no pueden superar la verificación del derecho internacional.

Ante semejante agresión es necesario que Europa despierte y se comprometa a dotarse de las capacidades militares y el entramado institucional necesarios para, no solo ser un aliado fiable, apreciado y consolidado frente a las amenazas y riesgos que nos aguardan, si no para ser un elemento esencial de la perdurabilidad y fortaleza del sistema internacional.

Toda sociedad necesita reglas, incluida la internacional y la agresión de Rusia a Ucrania ha desestabilizado a la sociedad in-

---

1 Profesora de derecho internacional público en la Universidad Europea de Madrid

ternacional y puesto a prueba las normas y reglas del derecho internacional. Rusia está quebrantando los principios básicos que rigen las relaciones internacionales contemporáneas y está poniendo a prueba a los sistemas preexistentes, que están demostrando no tener la capacidad necesaria para contener y/o corregir estas conductas.

Con el conflicto de Ucrania avanzando y sin perspectiva de finalización a corto plazo, Europa se ve en la necesidad de ir más allá de las políticas de mero equilibrio entre fuerzas pues, si bien los beneficios de su proximidad a Europa Oriental resultan evidentes, vivir obviando a Rusia y su conflictividad, no es una opción. Así, aunque nuestra prioridad siga siendo proporcionar a Ucrania el apoyo militar que necesita para defender su soberanía, también debemos empezar a extraer lecciones a largo plazo para la defensa de la región y comenzar a construir un modelo defensivo sólido y sostenible.

2. RETOS PARA UNA DEFENSA EUROPEA

Recurrir al estudio y análisis del actual sistema internacional contemporáneo para proponer nuevas formas de interacción en el marco de las relaciones internacionales nos permite reducir las incertidumbres inherentes a sus acciones y comprobar la vigencia de los sistemas actuales de las relaciones internacionales. Todo ello, porque desde sus inicios, el estudio de esta disciplina se ha caracterizado por el desafío constante a la doctrina de lograr el reconocimiento y legitimidad de una teoría sobre las demás para poder explicar los distintos fenómenos que hoy en día condicionan las relaciones internacionales y que podamos generar patrones con cierto grado de predictibilidad:

> "Todos los conflictos, nuevos y viejos, son políticos en tanto que obedecen a una determinada formulación política de los

> objetivos de un grupo, que se presentan en forma de incompatibilidad respecto a los de otro, y a una decisión política sobre su forma de resolución[2]"

Uno de los grandes retos con los que nos encontramos a la hora de profundizar en la seguridad y la defensa europea es, probablemente ir más allá de la pregunta tan recurrente sobre si en el marco de la Unión y de los Estados miembros necesitamos o no una defensa conjunta independiente de la OTAN que no nos exponga a las directrices de esta organización sobre un modelo tradicional de cooperación.

Coincidimos en que esta cuestión, hoy en día, no puede ser obviada ni ignorada, pero no debe tampoco condicionar el desarrollo de una defensa europea concebida más allá del estricto desarrollo de capacidades defensivas o de la activación de los recursos que nos dispensa la Alianza Atlántica.

Dado el estado actual de la geopolítica tras la guerra de Ucrania, y la proyección del conflicto en direcciones y ámbitos tan diferentes, se debe considerar si los retos que ha generado deben verse, a su vez, como una oportunidad para proponer un modelo actualizado de interacción en materia de seguridad y defensa en el marco fundamentalmente de la Unión Europea y de la OTAN capaz tanto de anticiparse como de resolver situaciones adversas.

Este modelo, en primer lugar, aunque no independiente, sí debe ser autónomo para poder responder de manera coherente y eficaz a las necesidades estrictamente europeas. En segundo lugar, nos referimos a un modelo actualizado y no nuevo, porque compartimos con la profesora Caterina García que:

---

2 HELWIG, Niklas y SINKKONEN, Ville, "Strategic Autonomy and the EU as a Global Actor: The Evolution, Debate and Theory of a Contested Term", *European Foreign Affairs Review*, núm. 27, 2022, pp. 1 – 20.

> "la novedad es un rasgo muy apreciado por los medios de comunicación, los políticos y los académicos... (pero) en la mayoría de las ocasiones la idea de "novedad" hace referencia, más que a la aparición de fenómenos o actores o la gestación de dinámicas que antes no existían, a una intensificación de tendencias de larga duración que, en un momento dado, adoptan una visibilidad y provocan un impacto hasta entonces desconocidos[3]".

Así, ante la idea de que estamos en una crisis y que esta es coyuntural por propia definición no resulta lógico cambiar los sistemas para responder a algo circunstancial. El cambio no es estrictamente necesario, tal vez incluso ni acertado, ya que podemos definir un modelo actualizado de interacción en materia de seguridad y defensa, autónomo de la OTAN, pero integrado en el sistema multinivel preexistente.

Por ello, para garantizar el poder responder a las consecuencias de los desafíos, debemos apoyarnos en el sistema de defensa existente, pero la lógica y la observación nos llevan a proponer cambiar su operatividad, apostando por una estrategia integral en un sistema multinivel.

2.1. Características del sistema propuesto

El sistema que proponemos se basaría en integrar las capacidades de las que disponemos en un único sistema, unificando objetivos y prioridades para poder responder de manera precisa y eficaz a los cambios en torno a la premisa de la gobernanza en seguridad.

---

3 GARCÍA, Caterina, "Las "nuevas guerras" del siglo XXI. Tendencias de la conflictividad armada contemporánea", Institut de Ciències Polítiques i Socials, Universidad Autónoma de Barcelona. *Working Papers*, núm. 323, 2013,.

Crear un conjunto de responsabilidades y prácticas ejercidas por una dirección ejecutiva conjunta con el objetivo de proporcionar una dirección estratégica, que garantice que se alcanzan los objetivos, confirma que los riesgos se gestionan adecuadamente y verifica que los recursos de los que se dispone se utilizan de forma responsable.

Una de las principales razones para proponer un enfoque multinivel es "superar la dificultad de encajar los conflictos armados contemporáneos en las tipologías al uso (...) y su encasillamiento en las categorías tradicionales[4]" las cuales nos obligan a recurrir a sistemas rígidos y estáticos, incapaces de adaptarse "ordenar y sistematizar la realidad[5]". Así, al utilizar un enfoque multinivel, podemos articular e interpretar, tanto la realidad que nos rodea como los eventuales mecanismos de respuesta.

Otro beneficio de esta metodología sería que eventualmente podríamos evitar los problemas recurrentes que se plantean al extraer conclusiones a nivel macro del análisis de datos individuales. Esto también puede darse al revés, por lo que trabajar simultáneamente a ambos niveles nos protege contra estas falsedades habituales en las ciencias sociales que suelen recurrir a un solo nivel de análisis y que convierten al estado como único referente de las relaciones internacionales tradicionales[6].Incluso antes de estar regulada jurídicamente y convertirse en una política autónoma, la idea de seguridad y defensa en la Unión Europea ha suscitado muchos debates e inquietudes, así como cierta sensación de desilusión, que, junto con la falta de iniciativa o, mejor dicho, la falta de deseo de llevar a cabo

---

4 *Ibidem*, p. 5.

5 *Ibidem.*

6 CHIROT, Daniel y HALL, Thomas D., "World-system theory". *Annual Review of sociology*, vol. 8, núm. 1, 1982, pp. 81-106.

estas iniciativas, han impedido la consolidación de una defensa europea común y autónoma.

La Política Exterior y de Seguridad Común (PESC) ha necesitado desde sus orígenes una justificación permanente y también ha sido objeto de numerosos "rescates" por su naturaleza intergubernamental. Señalaban numerosos autores que, tras el Tratado de Ámsterdam, si se indaga en la estructura y el funcionamiento de la PESC, resulta que "ni puede llamársela política, ni es exterior, ni se ocupa de la seguridad, ni es común".

La ausencia de un marco teórico que oriente su análisis aumenta las considerables dudas y confusiones que existen sobre el significado real de este fenómeno. Ello exige una metodología que permita relacionar y propiciar su interconexión (no interdependencia) ya que partimos de que la seguridad y defensa en Europa se desarrollan en un espacio institucional integrado por diferentes niveles pero que estos están entrelazados y de forma progresiva pueden adquirir grados de interrelación superior.

2.2. Beneficios de un sistema multinivel

Puesto que la guerra de Ucrania es un conflicto global, debemos abordarlo de la misma manera, desde la globalidad y no solo desde la perspectiva de la UE. En un marco general, deben asumirse los cambios geopolíticos particulares que ha provocado y aceptar que tan solo desde la "cooperación estructurada" podremos hacer frente a las amenazas del futuro.

La dimensión de los riesgos y las amenazas de hoy en día nos exhortan a la correcta adaptación de los recursos, medios, sistemas y organizaciones de los que disponemos para hacerles frente.

Sin duda, aplicar un enfoque multinivel implica una complejidad añadida, pero "el mundo real" es complejo, por consiguiente, las perspectivas multinivel se acercan más a las circunstancias reales en las que deben encajar las aplicaciones correctivas a las desviaciones de los sistemas internacionales[7].

En este sentido, proponemos que este sistema sea multinivel porque estamos al tanto de la realidad que opera en el marco europeo cuando se trata de seguridad y defensa, la dificultad en las relaciones entre las diferentes organizaciones internacionales que operan en la región europea, así como entre los estados miembros de estas organizaciones.

Junto a la necesidad de proveer seguridad en el territorio europeo debemos ser conscientes de la realidad de las relaciones internacionales y los instrumentos que tenemos. Por ello, renunciar a lo que ya está creado no sería consecuente ni operativo, pero sí está demostrado que tal y como operamos actualmente no somos capaces de responder a los desafíos actuales.

Con el paso del tiempo, las áreas referidas a las relaciones económicas exteriores de la Unión, como la política comercial, la capacidad de celebración de acuerdos con terceros Estados u Organizaciones internacionales o la adopción de sanciones…) han sido progresivamente reubicadas en el ámbito competencial de la organización, sin embargo, la PESC ha formado y sigue formando parte del esquema intergubernamental de los Estados miembros.

El desarrollo de las relaciones entre la UE y la OTAN, respetando al mismo tiempo la naturaleza independiente de ambas organizaciones, ha sido un reto constante. La arquitectura de la defensa europea es una arquitectura utilitarista, sin miedo a abandonar proyectos a medio hacer para empezar otros

---

7 GONZÁLEZ, Ana María, "La COVID 19 y el Espacio Schengen. Hacia un nuevo modelo de interdependencia europeo", *Relaciones Internacionales*, núm. 52, 2023, pp.173-189.

nuevos. Esto hace que no alcancemos a tener un modelo de defensa europeo hecho a la medida de nuestras necesidades y que tengamos que recurrir por tanto a lo que nos ofrece la Alianza Atlántica.

Sin embargo, frente a los retos actuales y aprovechando el desarrollo de la acción exterior de la UE, la OTAN necesita cooperar con la UE más allá de las operativa que ofrece la PESCO. El conflicto de Ucrania ha demostrado que con éxito en el mando y control se puede ganar una guerra a pesar de estar en una posición desventajosa respecto a capacidades.

En este sentido, la UE cuenta con una posición privilegiada en los Balcanes Occidentales con Croacia como estado miembro desde 2013. Montenegro, Serbia, la República de Macedonia del Norte y Albania son candidatos oficiales y Bosnia y Herzegovina y Kosovo candidatos potenciales. Complementariamente, el *Proceso de Estabilización y Asociación*, iniciado en 1999 por la UE mantiene equilibrada la influencia rusa en la zona[8].

Desde la UE, podemos participar en el "eventual" proceso de paz en Ucrania, negociar y dialogar con los países vecinos del Cáucaso, imponer sanciones, enviar capacidades, promover políticas de europeización a través de la política de vecindad y por supuesto a través de la política de ampliación, beneficiarnos de relaciones históricas entre estados.

Por su enfoque múltiple y por su carácter integral, se convierte en el sistema que mejor responde a la realidad geopolítica actual en el que cada eslabón aporta una parte esencial y es

---

8 VUČKOVIĆ, Vladimir, "La política de ampliación de la Unión Europea hacia los Balcanes Occidentales: ¿movimiento sin objetivo o adhesión con una perspectiva de membresía creíble?", *Ayer (Asociación de Historia Contemporánea)*, núm. 129, 2023, pp. 77-103.

capaz de reaccionar o incluso anticiparse a las situaciones de crisis en un sistema organizado e interconectado[9].

Este enfoque integrado que incluye la acción de la OTAN y de la UE como socios igualitarios, se basaría en un sistema multinivel en torno a 2 ejes. En primer lugar, un nivel de organización y estrategia y en segundo lugar un nivel de operativa.

Para el correcto funcionamiento de este sistema es fundamental mantener la circularidad entre los distintos niveles y su interacción, así como salvaguardar la unidad de acción, tanto en el marco organizacional y estratégico como operativo. Del mismo modo, el establecimiento de una cultura estratégica común y flexibilizar el sistema institucional de la Unión también es fundamental. Así, la PESC es una de las pocas áreas políticas que quedan de la Unión Europea que todavía requiere unanimidad. La naturaleza del procedimiento de cooperación y toma de decisiones resultante de Maastricht en este ámbito más que de acción tiende a ser una decisión política, algo muy característico en el marco de la Unión que está más cómoda emitiendo declaraciones políticas ante situaciones que escapan a su control que reaccionando activamente.

En este sentido, en el año 2018, el entonces presidente del Parlamento Europeo, Jean-Claude Juncker, ya propuso la utilización de la "cláusula pasarela" del artículo 31.3 del Tratado de la Unión Europea (TUE) en ciertas cuestiones de la PESC, pues a través de esta y mediante una decisión unánime, se podrían tomar decisiones por mayoría cualificada ciertas áreas.

En concreto, se trataría del (1) régimen de sanciones; (2) posicionamiento de la Unión sobre el respeto de los derechos humanos; y (3) activación de misiones civiles en situaciones de

---

9 GONZÁLEZ, Ana María, *op. cit.* p. 179.

crisis. Esto permitiría romper la barrera de la unanimidad ya que, según algunos autores, se considera erróneamente que al ser la unanimidad la metodología elegida para tomar decisiones esta tiene a interpretarse como consenso, pero en realidad "la unanimidad es una técnica de toma de decisiones, aconsejable cuando se quiere la máxima inclusividad aún a riesgo de sacrificar ambición". Por tanto, la unanimidad sólo será ventajosa cuando se den objetivos y visiones comunes y compartidas, y no sea el interés particular el que predomine.

La cooperación política y la seguridad en el seno de la Unión, en sus inicios, tenían un carácter voluntario y se ubicaban fuera del marco legal y estratégico de la comunidad europea. Hoy en día, las amenazas a la seguridad en Europa han cambiado significativamente. En la década de 1990, la principal preocupación era la inestabilidad en los Balcanes y la posibilidad de conflictos militares en la región. Hoy en día, las amenazas incluyen el terrorismo, la ciberseguridad, la inmigración irregular y la influencia externa.

Un sistema multinivel nos permitiría integrar las diferentes variables existentes en el marco de la seguridad y la defensa europea de manera integral dotándonos, al menos, del marco operativo necesario para fortalecer la cooperación y la coordinación en la defensa común europea.

La PESC y posteriormente la PESD se han desarrollado en un entorno creado exprofeso para ellas, propiciando incluso un lenguaje propio que intenta por un lado dar respuesta a su capacidad para afrontar los retos actuales y por otro, al problema de su legitimidad. La inconsistencia para hacer uso de la fuerza por parte de la UE en el marco de la PESD afecta no solo a esta política y su desarrollo, sino a la UE en su totalidad, ya que la falta de capacidad de la UE para proyectar seguridad junto al discurso ambiguo respecto a la dimensión militar de la PESD y los intentos fallidos por hacer uso de ella, han debilitado la imagen de la UE como proveedor de seguridad regional y colectiva y ponen en evidencia la limitaciones europeas a favor de la OTAN a la hora de desplegar capacidades[10].

Es cierto que, desde la publicación de su Estrategia Global en 2016 se han dado una serie de pasos en la PCSD. La creación del Fondo Europeo de Defensa, la Cooperación Estructurada Permanente y el Análisis Anual Coordinado de Defensa. En este sentido, que la Estrategia se definiera como global no es casualidad, ya que pretendía ser implementada en un amplio espectro de áreas que afectan tanto a los EE.MM como a sus vecinos y socios: ampliación, desarrollo comercio, migración, energía, clima y cultura, entre otros y se apoya tanto en medios militares como en instrumentos civiles. Así, esta estrategia parece ser un modelo de integración en política exterior, no solo entre Estados miembros sino con otras organizaciones internacionales.

No obstante, cualquier ámbito de defensivo se caracteriza por el eventual uso de la fuerza, y la falta de consenso para definir y delimitar su posible uso por parte de la UE en el marco de la PESD afecta no solo a esta política y su desarrollo, si no que supone uno de los desafíos contemporáneos a la Seguridad. La falta de capacidad de la UE para proyectar seguridad, el discurso ambiguo respecto a la dimensión militar de la PESD y los intentos fallidos por hacer uso de ella, han debilitado la imagen de la UE como proveedor de seguridad regional y colectiva, situando a la OTAN como única alternativa[11].

---

10 HILL, Christopher, "The Capability-Expectations Gap, or Conceptualizing Europe´s International Role", *Journal of Common Market Studies*, Vol. 31, núm. 3, 1993, pp. 305-328.

11 *Ibidem*, p. 124.

3. CONCLUSIÓN

Previsiblemente, en julio de este año, veintitrés Estados de la UE serán miembros de la OTAN y la frontera con Rusia y las zonas inestables de Cáucaso o la cambiante Bielorrusia se situarán directamente en la frontera europea convirtiendo a la UE y por ende, a los EEMM en la línea de contención. La UE debe ser capaz de complementar las estrategias disuasorias de otras organizaciones, como por ejemplo las llevadas a cabo por la OTAN y suplir la falta de cooperación entre los países europeos en el marco internacional cuando no les obliga una estructura institucional determinada como Bruselas.

Es evidente que la Unión Europea no va a convertirse en una organización de naturaleza militar aunque avanzara significativamente en esta materia, ni que la OTAN vaya a dejar de ser la organización de defensa predilecta por los Estados miembros de la Unión Europea, sin embargo, al margen de esto, la UE debe potenciar su relación con la OTAN tanto por motivos políticos, como militares ya que no es posible responder de manera individual a la cantidad de amenazas y crisis que es necesario revolver. La colaboración entre la UE y la OTAN es una de las piedras angulares sobre las que edificar la PCSD, pero se debe en todo caso reforzar la idea de que el desarrollo de las capacidades de los EE.MM en el marco de la PCSD contribuirá a reforzar las capacidades potencialmente disponibles para la OTAN. Esto, en un marco operativo en que se coordinen objetivos y se repartan responsabilidades es el escenario al que debemos avanzar.

La agresión rusa a Ucrania: un escenario de crisis intersistémicas e intrasistémicas. Proceso, actores y ámbitos

JOSÉ ÁNGEL LÓPEZ JIMÉNEZ[1]

1. INTRODUCCIÓN

El sistema internacional, como los subsistemas regionales, recoge las tensiones propias de las relaciones de poder y de las disputas jerárquicas que se producen en su interior. Por ello, la agresión de Rusia a Ucrania iniciada el 24 de febrero de 2022, continuación de la violación contra la soberanía y la integridad territorial de Kiev iniciada en el año 2014, no ha creado —aunque si acentuado notablemente— las certezas alrededor de las fisuras sistémicas insostenibles[2]. La anexión ilegal de Crimea y el apoyo a los movimientos secesionistas en los distritos orientales de Donetsk y Lugansk constituyeron el último episodio —por el momento— de todo un proceso de reconfiguración del antiguo espacio soviético que, para el Kremlin, constituye su esfera de interés esencial en el ámbito de su

1 Profesor Colaborador Asistente, Universidad Pontificia Comillas/ ICADE (jalopez@comillas.edu).

2 PONS RAFOLS, Xavier, "La guerra de Ucrania, las Naciones Unidas y el Derecho Internacional: algunas certezas sistémicas insostenibles", *Revista Electrónica de Estudios Internacionales*, núm. 43, 2022; DOI: 10.17103/reei.43.08

política exterior. Pero, ante todo, evidencia una doble crisis de carácter intersistémico (sistema regional *versus* internacional) e intrasistémico (en el seno de ambos sistemas) provocadas por las insuficiencias derivadas de la incapacidad de Moscú para liderar el sistema regional —que considera como propio— y las consecuencias que traslada al conjunto del sistema internacional. En este contexto hay varios niveles de análisis que exigen una interdisciplinariedad académica (historia, relaciones internacionales y derecho internacional), imprescindible para entender los respectivos procesos. Sistema internacional, sistemas regionales y sistemas funcionales —todos con sus tensiones internas e intersistémicas— se encuentran en diferentes procesos de reconfiguración en torno a sus actores protagonistas, sus relaciones jerárquicas y su posición respecto a las reglas de juego (marco normativo).

El sistema funcional de seguridad, en sus dimensiones internacional y regional, ha quedado seriamente impactado por la intervención rusa —que no es nueva— en el vecindario común con la Unión Europea (UE). Además, ha mostrado su carácter pluridimensional[3]: ha impactado en la seguridad militar, energética, nuclear, económica, comercial, alimentaria, institucional y jurídico-internacional. Ucrania es el epítome de los espasmos neo-imperiales de Rusia después de numerosos conflictos secesionistas de muy diversa clasificación: político-ideológicos (Transnistria, en Moldavia), de soberanía territorial (Nagorno-Karabaj, entre Armenia y Azerbaiyán), étnicos (Osetia del sur y Abjasia en Georgia), guerras civiles (Tayikistán) o conflictos internos (Chechenia en Rusia).

---

[3] HOUGH, Peter, *Understanding global security*, Londres, Routledge, 2014.

El carácter genuinamente imperial que, tanto Rusia como la extinta Unión Soviética, han mostrado durante siglos de existencia deriva de una percepción en términos de seguridad que ha impregnado históricamente al Kremlin y que destaca Geoffrey Hosking: la mejor forma de defenderse es expandirse, por lo que Rusia ha sido antes imperio que nación. Es uno de los argumentos que explican todo un proceso neo-imperialista —basado parcialmente en un nacionalismo ruso con una base ideológica muy fragmentada— que Rusia ha desplegado en el espacio postsoviético, especialmente desde la llegada de Putin al poder.

Ucrania ha sido durante estos treinta años la pieza clave en la estrategia de control del Kremlin de toda un área geopolítica fundamental en el despliegue de su política exterior. A las razones históricas, culturales, políticas y geoestratégicas, la consideración de esta república como un "buffer" de seguridad frente al expansionismo de la OTAN hacia sus fronteras se une a cuestiones como la no pertenencia de "la joya de la corona" a las organizaciones internacionales de carácter regional lideradas por Rusia, como la Unión Económica Euroasiática (UEE) o la Organización del Tratado de Seguridad Colectiva (OTSC). En definitiva, la "pérdida" de Ucrania significa para Moscú una crisis profunda de todo el sistema regional que pretende liderar.

En este contexto, la aportación del presente capítulo pretende abordar —muy sucintamente, apuntando varios elementos que requieren una mayor profundidad y desarrollo— el protagonismo de los principales actores responsables del conjunto de crisis que se están produciendo simultáneamente en el sistema internacional, en algunos subsistemas regionales y en el seno de sistemas funcionales tan relevantes como los que abordan la seguridad regional e internacional. Asimismo, se analizan los procesos que se han desarrollado en el espacio postsoviético y en el conjunto del sistema internacional que han propiciado este marco crítico — que no ha sido originado por la agresión rusa a Ucrania pero que si ha llevado a una situación límite—. Por último, se apuntan de forma prospectiva algunos elementos y dinámicas en curso que pueden favorecer la fragmentación sistémica de la sociedad internacional y los riesgos y desafíos asociados a este potencial escenario.

2. TENSIONES SISTÉMICAS Y EL CONFLICTO DE UCRANIA

La institucionalización y centralización del sistema internacional en torno a Naciones Unidas ha mostrado notables carencias en la gestión de la seguridad colectiva, propiciando la consolidación de diversas agendas en materia de política exterior de un conjunto de potencias regionales revisionistas del marco normativo y, en su mayoría, caracterizadas por importantes déficits democráticos en sus sistemas políticos. La contestación al hegemón norteamericano se ha articulado alrededor de aquellas instituciones que son percibidas por estos estados como instrumentos al servicio de la consolidación de la unipolaridad de Estados Unidos[4]. De hecho, uno de los impactos colaterales del fenómeno globalizador ha sido la fortaleza adquirida por la reivindicación de las identidades locales y regionales, lo que se ha traducido en el incremento de los mecanismos de solución de controversias de carácter territorial *versus* los de tipo universal[5], incluyendo las operaciones de mantenimiento de paz[6].

---

4 ACHARYA, Amitav, *The End of the American World Order*, Cambrigde, Polity Press, 2014.

5 DE CONING, Cedric y PETER, Mateja (eds.), *United Nations Peace Operations in a Changing Global Order*, Londres, Palgrave Macmillan, 2019.

6 LIBMAN, Alexander y DAVIDZON, Igor, "Military intervention as a spectacle? Authoritarian regionalism and protests in Kazakhstan", *International Affairs*, vol. 99, núm. 3, 2023, pp. 1293–1312, https://doi.org/10.1093/ia/iiad093

La tensión competitiva con China (económica, tecnológica) y el posicionamiento del Sur global —que no es monolítico ni estable en sus apoyos— en el conflicto de Ucrania anuncia el auge de una geometría variable en los partenariados y en las estrategias de cooperación. El institucionalismo regional en diversos sistemas funcionales avanza en paralelo al repliegue del multilateralismo de la gobernanza global, incluso en ámbitos tan globales como la Organización Mundial del Comercio (OMC) y sus evidentes fisuras. Las críticas y demandas del Sur se centran en ámbitos tan dispares como el cumplimiento de los ODS, el cambio climático, la agenda reformista de la ONU y las demandas en las próximas Cumbres (Social y Sobre el Futuro); así como en la resolución de los numerosos déficits del sistema (solidaridad, representación, democrático, entre otros), al igual que en el reparto de vacunas frente a la COVID-19 o el funcionamiento "arbitrario" de la Corte Penal Internacional (CPI). La participación en el proceso de creación de normas y su interpretación interesada también constituyen un elemento de fricción. Hay incipientes elementos rupturistas que afectan a la estructura, a las reglas y a las interacciones que se producen entre los principales actores[7], y la cultura de la cooperación ha sido arrinconada provocando la fragmentación de la globalización[8].

La globalización de la economía mundial y su proceso de institucionalización, con la inserción de China y Rusia en organizaciones como la Organización Mundial del Comercio (OMC), no articularon proyectos similares en torno a sistemas

---

7 BARBÉ, Esther, "El sistema internacional: Imagen y análisis de las relaciones internacionales", en BENEYTO, José María, y JIMÉNEZ PIERNAS, Carlos (Dirs.), *Concepto y Fuentes del Derecho Internacional*, Valencia, Tirant lo Blanch, 2022, pp. 106-157.

8 SAKWA, Richard, "Crisis of the International System and International Politics", *Russia in Global Affairs*, vol. 21, núm.1, 2023, pp. 70-91.

funcionales — como el de seguridad internacional— manteniendo buena parte de la gestión de conflictos y de la seguridad colectiva en el Consejo de Seguridad. Sin embargo, este órgano esencial ha sido incapaz de enfrentarse a los cambios experimentados en la naturaleza de los problemas securitarios, tanto en el sistema global como en el nuevo orden unipolar[9]. La paulatina evolución durante el presente siglo XXI hacia una incipiente multipolaridad ha dibujado posicionamientos muy diferentes en dos de las potencias protagonistas de esta emergencia de los regionalismos. China se ha comprometido con las instituciones multilaterales de gobernanza global, participando activamente en todos los foros de cooperación mundial y regional relevantes, a diferencia de lo que Estados Unidos ha realizado durante el mandato de Donald Trump. No obstante, en los últimos años ha comenzado a ofrecer una diplomacia mucho más asertiva en su área de influencia regional con la "batalla de coaliciones"[10] que lidera, y en la que posee intereses estratégicos evidentes (mar de China y Taiwán)[11], así como en la competencia comercial y tecnológica que sostiene con Estados Unidos[12]. Rusia, tras un periodo inicial de compromiso con la integración en el multilateralismo del sistema internacional y, de forma más selectiva en el subsistema regional europeo, transformó su política exterior durante las dos

---

9 IKENBERRY, G. John, "The Restructuring of the International System after the Cold War", en LEFFLER, Melvyn y WESTAD, Odd Arne (eds.), *The Cambridge History of the Cold War,* vol. III, Cambridge, Cambridge University Press, 2010, pp. 535-556.

10 EKMAN, Alice, "China and the battle of coalitions", *Chaillot Paper,* núm. 174, 2022.

11 DE YUAN, Feng, *China and Multilateralism: From Estrangement to Competition,* Nueva York, Routledge, 2021.

12 HOPEWELL, Kristen, *Clash of Powers. US-China Rivalry in Global Trade Gobernance,* Cambridge, Cambridge University Press, 2020.

últimas décadas en un ejercicio de firmeza, con el objetivo de recuperar un papel protagonista en la escena internacional[13] y reforzar la identidad nacional rusa tras la experiencia soviética[14]. La consecuencia directa de esta pulsión neo-imperial del Kremlin[15] fue la extensión de conflictos congelados o latentes en el espacio postsoviético, con la participación directa o indirecta de Rusia[16].

Los cambios que inevitablemente se producen en la realidad internacional se han traducido en la evolución de los diversos sistemas internacionales históricos de tal forma que, las transformaciones en la estructura y las relaciones de poder —fundamentalmente entre los estados— están desplazando al orden internacional hacia Asia, con el papel pujante de China. Sin embargo, el final de la Guerra Fría presagiaba un periodo de estabilidad que, con la desaparición de la inestabilidad internacional propiciada por la bipolaridad, dotaría al sistema de una estructura más cohesionada en torno a un mayor consenso normativo en el que las reglas y los principios se impondrían a los intereses de las grandes potencias. Este escenario se vio frustrado con celeridad. La cadena de intervenciones realizadas al margen de la legalidad internacional, o a través de interpretaciones interesadas del ordenamiento jurídico internacional,

---

13 MANKOFF, Jeffrey, *Russian Foreign Policy: the Return of Great Power Politics*, Lanham, Rowman & Littlefield Publishers, 2009.

14 TSYGANKOV, Andrei P., *Russia's Foreign Policy: Change and Continuity in National Identity*, Lanham, Rowman & Littlefield, 2019.

15 Una interesante revisión de trabajos al respecto de este tema es la que se realiza en SASSE, Gwendolyn, "Russian Neo-imperialism: Official Discourse and Domestic Legitimation", *Europe-Asia Studies*, 2022, disponible en https://www.tandfonline.com/doi/epdf/10.1080/09668136.2022.2106698?needAccess=true&role=button

16 TOAL, Gerard, *Near Abroad: Putin, the West and the Contest over Ukraine and the Caucasus*, Oxford, Oxford University Press, 2017.

terminaron con la idea de que el orden liberal apuntalado en la unipolaridad norteamericana iba a conducir a la estabilidad del sistema. La intervención de la Organización del Tratado del Atlántico Norte (OTAN) contra Serbia en el año 1999; la invasión de Estados Unidos de Iraq en el año 2003; la independencia de Kosovo en 2008 y la posterior Opinión Consultiva de la Corte Internacional de Justicia (CIJ) en el año 2010, vulneraron la credibilidad del sistema multilateral onusiano y, en particular, de su principal órgano ejecutivo (Consejo de Seguridad) y judicial (CIJ)[17]. Acciones posteriores como la intervención en Libia en el año 2011—al amparo de la Resolución 1973 del Consejo de Seguridad y a la doctrina de la Responsabilidad de Proteger— o la gestión de la crisis en Siria desde 2011 hasta la actualidad acentúan la percepción de crisis en la organización.

La situación de bloqueo del Consejo de Seguridad ha sido una constante permanente durante todo el proceso intervencionista del Kremlin en el antiguo espacio soviético. De hecho, desde 1990 el derecho de veto solo ha sido aplicado por Estados Unidos, China y Rusia, situación que describe a la perfección la distribución del poder y las tensiones entre los principales actores/potencias del sistema. El conjunto de conflictos congelados, prolongados o activos desde el punto de vista bélico —propiciados o alimentados desde Moscú— han sido parcialmente justificados por una interpretación normativa que avalase sus objetivos en la política exterior hacia su esfera de influencia. Sin embargo, ilícitos previos no pueden justificar ilícitos posteriores, por lo que los intentos de apoyar desde algunas aportaciones académicas recientes la posición del Sur global,

---

[17] MINGST, Karen, y KARNS, Margaret P., *The United Nations in the post-cold war era*, Londres, Routledge, 2019.

contraria a la aplicación de las sanciones contra Rusia por la agresión actual contra Ucrania, puede resultar cuestionable[18].

3. RUSIA Y EL ESPACIO POSTSOVIÉTICO: SUBSISTEMA REGIONAL, ACTORES E INSTRUMENTOS-SISTEMAS FUNCIONALES

El proyecto imperial ruso en su triple dimensión (proyecto político, derivado de una percepción de seguridad, y como proyección exterior del régimen) desplegado durante siglos ha constituido un desafío sistémico para la seguridad regional europea convirtiéndose —después de la Segunda Guerra Mundial— en un polo de inseguridad global. Sin embargo, la contribución histórica de Rusia para frenar las guerras de expansión de Napoleón o de Hitler también coadyuvó a restablecer la seguridad continental en diferentes periodos históricos[19].

Las tensiones entre los dos subsistemas regionales europeos (UE-Rusia y espacio postsoviético), con sistemas funcionales en el marco de la seguridad continental y con formatos antagónicos y exclusivos, acabaron por conformar una arquitectura incompleta, inacabada[20] y, especialmente, una fuente de conflictos que tienen en el actual en curso en Ucrania una deriva compleja para el

---

18 NARINE, Shaun, "The Problem of a "rules- based international order": the significance of the non Western world`s restrained response to the Russia-Ukraine war", *Canadian Foreign Policy Journal*, 4 de abril de 2023; https://doi.org/10.1080/11926422.2023.2193420

19 KOSLOWSKI, Rey y KRATOCHWIL, Friedrich V., "Understanding Change in International Politics: The Soviet Empire´s Demise and the International System", *International Organization*, vol. 48, núm. 2, 1994, pp. 215-247.

20 RUIZ GONZÁLEZ, Francisco J., *La Arquitectura de Seguridad Europea: Un Sistema Imperfecto e Inacabado*, Madrid, Ministerio de Defensa, 2016.

sistema internacional. Al igual que en el ámbito de los derechos humanos, las fisuras entre Rusia y el Consejo de Europa han acabado en ruptura vía expulsión de Moscú de la organización. La instrumentalización de la OSCE y sus formatos negociadores para la resolución de los conflictos en el espacio postsoviético ha acabado con la marginación de Rusia en esta organización regional.

Los discursos de Putin en materia de política exterior, así como los documentos programáticos que en este ámbito ha ido aprobando bajo sus sucesivas presidencias, han proyectado de forma recurrente sus ambiciones internacionales, al igual que el papel que Rusia quiere desarrollar en la comunidad internacional, en el subsistema regional y en la relación con su vecindario próximo. Durante sus dos primeros mandatos —en la primera década del presente siglo XXI— trasladó un pragmatismo funcional[21], que fue sustituido durante el periodo 2012-2018 por un relato de carácter más civilizacional[22] y conservador[23]. Sin embargo, las cuestiones relativas a la seguridad internacional, regional y a la soberanía[24] —que ocupaban un lugar preferente en los discursos y en los documentos estratégicos en este mandato— se han intensificado notablemente a partir de 2020, acentuando las referencias a la identidad rusa y al eurasianismo (ci-

---

21 LIGHT, Margot, "Russian Foreign Policy Themes in Official Documents and Speeches: Tracing Continuity and Change", en CADIER, D., y LIGHT, M. (eds), *Russia's Foreign Policy: Ideas, Domestic Politics and External Relations*, Basingstoke, Palgrave Macmillan, 2015.

22 LINDE, Fabian, "The Civilizational Turn in Russian Political Discourse: From Pan-Europeanism to Civilizational Distinctivenes"', *The Russian Review*, vol. 75, núm. 4, 2016, pp. 604-625.

23 TSYGANKOV, Andrei P., *Russia's Foreign Policy: Change and Continuity in National Identity*, Plymouth, Rowman & Littlefield, 2016.

24 FREAR, Matthew y MAZEPUS, Honorata, "Security, Civilisation and Modernisation: Continuity and Change in the Russian Foreign Policy Discourse", *Europe-Asia Studies*, vol. 73, núm.7, 2021, pp. 1215-1235.

vilización euroasiática)[25], pero aumentando los perfiles asertivos en torno al liderazgo en el mundo eslavo. Este último elemento alcanzó el paroxismo en el relato histórico esgrimido por Putin para preparar y justificar su agresión a Ucrania[26].

El institucionalismo utilitarista se ha convertido en una herramienta esencial del Kremlin para desarrollar sus objetivos esenciales en la política exterior hacia su área de influencia más próxima. Así, por ejemplo, la conversión del inicial Tratado de Seguridad Colectiva (TSC) en Organización del Tratado de Seguridad Colectiva (OTSC) significó un salto cualitativo y una declaración de intenciones de Moscú respecto a sus objetivos securitarios en el espacio postsoviético. Elementos como el grado de institucionalización de las organizaciones internacionales; que la organización sea de tipo exclusivo o inclusivo, o que su diseño esté orientado para afrontar riesgos y amenazas adaptándose a los cambios de entorno; la potencial pervivencia de las organizaciones, así como el origen de las tensiones que pretenden abordar —entre miembros (inclusivas) o frente a terceros estados (exclusivas)— son rasgos que nos permiten concluir que la OTSC ha evolucionado fundamentalmente preservando los intereses de Rusia[27]. Las tensiones intrasistémicas tienen varias causas: el temor de Putin a las revoluciones de colores (Georgia, Ucrania, Kirguistán), la pérdida de Ucrania en sus proyectos de integración, la seguridad regional, el terrorismo islámico o

---

25 LARUELLE, Marlene, *Russian Nationalism. Imaginaries, Doctrines and Political Battlefields*, Londres, Routledge, 2019.

26 PUTIN, Vladimir, "On the Historical Unity of Russians and Ukrainians", 2 de julio de 2021; disponible en http://en.kremlin.ru/events/president/news/66181

27 KEOHANE, Robert O., *Power and Governance in a Partially Globalized World*, Londres, Routledge, 2001, p. 89.

los conflictos territoriales —en el trifinio Kirguistán, Tayikistán, China; o la cesión de Tayikistán a China en 2011—.

Los actores son múltiples e inestables. Entre los estados hay varios modelos de relación con el Kremlin. Estados marioneta (Bielorrusia), que practican el bandwagoning (Armenia, Tayikistán), oscilantes (Kazajistán, Uzbekistán), que son multivectoriales (Kirguistán, Turkmenistán y Azerbaiyán) o abiertamente contrarios a Moscú (Ucrania, Georgia y Moldavia). La agenda securitaria ocupa un nivel preferente en los regímenes políticos de los cinco estados de Asia Central, cuyos rasgos autocráticos prevalecen de forma mayoritaria, incluido el deslizamiento de Kirguistán desde la democracia y los intentos de "revolución de colores" hacia elementos más autoritarios[28].

Hay cooperaciones reforzadas en una región geopolítica altamente institucionalizada que pivota hacia Asia, con China en el marco de la Organización para la Cooperación de Shanghái (OCS), o con los BRICS y su proyecto de ampliación BRICS +. Además de las organizaciones regionales hay otros actores relevantes (movimientos secesionistas, compañías de seguridad privada (Grupo Wagner), o la Iglesia ortodoxa rusa[29]. Así como una herramienta utilizada profusamente: la interpretación creativa del ordenamiento jurídico internacional en ámbitos tan amplios como el derecho de autodeterminación, la responsabilidad de proteger, la legítima defensa preventiva, el reconocimiento de estados, las zonas grises, los conflictos

---

28 ANCESCHI, Luca, "Regime-Buiding trough Controlled Opening. New Authoritarianism in post-Karimov Uzbekistan", en FRAPPI, C., e INDEO, F. (eds.), *Monitoring Central Asia and the Caspian Area*, Venecia, Edizioni Ca´Foscari, 2019, pp. 107-120.

29 KELAIDIS, Katherine, *Holy Russia? Holy War? Why the Russian Church is backing Putin against Ukraine*, Londres, SPCK Publishing, 2023.

proxy, y la reivindicación de unos valores propios contrarios al orden liberal[30].

En el año 2015 el Tribunal Constitucional ruso declaró "no ejecutables" las sentencias del Tribunal Europeo de Derechos Humanos que no se ajustasen a la Constitución de Rusia, lo que socavaba la protección internacional en este marco y propiciaba el efecto contagio en otros estados revisionistas. Además, las reformas constitucionales del año 2020 —en plena pandemia de la COVID-19— acabaron por apuntalar un régimen a perpetuidad de Putin, con la prioridad jerárquica del derecho interno ruso sobre el internacional (art. 125.6)[31]. De esta manera se ha confirmado un dualismo sistémico en el ámbito normativo en el que en la cúspide jerárquica se encuentra el ordenamiento interno de Rusia[32].

4. CONCLUSIONES

Las tensiones del sistema internacional mantienen la estructura clásica del protagonismo de los actores clásicos estatales, aunque también afectan a las organizaciones internacionales de carácter regional que lideran las potencias del sistema. A diferencia de lo que sucede, por ejemplo, en el subsistema regional cuyo liderazgo ruso está cuestionado y en el que aparecen otros actores no estatales. Hay tensiones entre subsistemas

---

30 MÄLKSOO, Lauri, *Russian approaches to international law.*, Oxford: Oxford University Press, 2015.

31 Constitución de la Federación Rusa con las enmiendas introducidas en el año 2020; disponible en http://www.constitution.ru/en/10003000-01.htm

32 TEAGUE, Elisabeth," Russia's constitutional reforms of 2020", *Russian Politics*, vol. 5, núm. 3, 2020, pp. 301-328.

regionales (OTAN, UE, Rusia-espacio postsoviético), entre sistemas funcionales de distintos ámbitos (económicos, comerciales, seguridad), intrasistémicos (internacional y regional ruso-post-soviético) e intersistémicos (entre el sistema ruso-post-soviético y el sistema internacional).

El nivel de fragmentación del sistema internacional en las próximas décadas definirá si nos encontraremos ante un escenario de bloques regionales en conflicto por conseguir cuotas adicionales de poder, mostrando una polarización sistémica, o si —por el contrario— la sociedad internacional se transformará en un conjunto de sistemas regionales en colisión con un nivel mínimo de integración. En cualquier caso, el escenario internacional presenta una acusada tendencia hacia un sistema global en el que el "Occidente unido" parece que ha perdido al Sur global tras la agresión de Rusia a Ucrania y las posiciones adoptadas por un conjunto de potencias regionales. Tampoco favorece la relajación del sistema la lectura del Concepto Estratégico de la OTAN, la Brújula Estratégica de la UE o el recién aprobado Concepto de Política Exterior de Rusia y sus mensajes rupturistas y frentistas.

El crecimiento de las alianzas coyunturales entre potencias autocráticas —más o menos volátiles— ha consolidado un marco normativo revisionista cuya fractura más evidente se concreta en los derechos humanos. La irrupción de China como mediadora entre Arabia Saudita e Irán es el ejemplo más reciente de este tipo de relaciones entre sistemas políticos revisionistas. Tampoco es descartable el peligro de derrumbe postcolonial de Rusia en su sistema regional —así como el seno de la Federación Rusa—en estrecha dependencia con la forma en la que finalice la agresión a Ucrania. No parece factible un escenario en el que multipolaridad y multilateralismo vayan a constituir procesos intrínsecamente paralelos.

La proliferación de zonas grises en la competición entre Estados Unidos y China

ROCÍO VALES CALDERÓN[1]

1. INTRODUCCIÓN

En los últimos años han proliferado las referencias a un libro que fuera publicado a finales del siglo XX y que se titula *Unrestricted Warfare.* Esta obra sostenía que los conflictos modernos no se definirían por medios militares, sino que evolucionarían hacia el uso de todos los medios a disposición de los Estados con el fin de obligar al adversario a aceptar los intereses del Estado en cuestión, así como vaticinaba que la distinción entre soldados y civiles desaparecería, en tanto que la sociedad misma se convertiría en uno de los múltiples campos de batalla donde los conflictos podrían desarrollarse[2].

---

1 Investigadora predoctoral FPU 2020 en el Área de Ciencia Política y de la Administración de la Universidad Pablo de Olavide, Sevilla (rvalcal@upo.es).

2 LIANG, Qiao y XIANGSUI, Wang, "Unrestricted Warfare, Beijing", *PLA Literature and Arts Publishing House,* 1999; BENSAHEL, Nora, "Darker Shades of Gray: Why Gray Zone Conflicts Will Become More Frequent and Complex", Foreign Policy Research Institute, 13 de febrero de 2017; *https://www.fpri.org/article/2017/02/darker-shades-gray-gray-zone-conflicts-will-become-frequent-complex/*

De otro lado, en consonancia con lo que el Boletín de Vigilancia Legal de la Organización del Tratado del Atlántico Norte (en adelante, OTAN) afirma en su introducción, nos situamos en un momento de *competición estratégica entre grandes potencias* que ha sido calificado de "pacífico" y en el que el empleo combinado de diferentes instrumentos de poder por parte de los Estados *adversarios* de la OTAN les permite generar un impacto significativo al tiempo que evitan el recurso a la fuerza[3].

Consecuentemente, la justificación de la presente comunicación radicaría en la necesidad de realizar una aproximación al concepto de *zona gris* y a las razones que podrían explicar su creciente recurso por parte de los Estados en el escenario internacional actual de competición estratégica entre grandes potencias. De este modo, la presente comunicación abordaría, en primer lugar, una aproximación teórica al concepto de zona gris, habida cuenta de las confusiones que se producen con frecuencia respecto a su posible identificación, para posteriormente proceder a describir el escenario internacional que se está perfilando y, antes de exponer las conclusiones pertinentes, esbozar las razones que, fruto de una investigación preliminar, se han identificado como factores que impulsan al recurso a la zona gris.

2. UNA APROXIMACIÓN TEÓRICA AL CONCEPTO DE *ZONA GRIS*

Con frecuencia se produce cierta confusión sobre el término *zona gris,* a menudo utilizado indistintamente con respecto al de *amenazas híbridas.* Sobre el particular, la zona gris es comúnmente definida como aquel espacio que, en el espectro de conflicto,

---

3 ACO OFFICE OF LEGAL AFFAIRS (OLA), "Legal Operations", *Legal Vigilance Bulletin,* núm. 42, 2023, p. 2.

se situaría entre la paz y la guerra. En términos técnicos, este espacio conceptual intermedio contendría un tipo de paz que no estaría basada en la *bone fides,* sino que sería una paz más bien polemológica[4]. En contrapartida, el concepto de amenaza híbrida haría más bien referencia a la actuación o líneas de actuación que se emplean en el espacio conceptual de la zona gris, pudiéndose utilizar también en los propios conflictos armados, lo que nos conduciría a hablar de una *guerra híbrida.*

En consonancia con lo anteriormente expuesto, la zona gris tendría sentido en sí misma y constituiría un nuevo entorno operativo, de manera que no constituiría únicamente un espacio o momento de transición desde la paz hacia la guerra[5]. Teniendo entidad propia, el recurso a la zona gris responde de manera general al objetivo de incrementar la cuota de poder relativo del Estado que recurre a la misma, a menudo reduciendo la del oponente[6].

En otro orden de cosas, de acuerdo con M. J. Mazarr, la zona gris se caracterizaría por tener un carácter moderadamente revisionista; su gradualismo y carácter coercitivo y, finalmente, por el recurso a medios no convencionales que se mantienen por debajo del umbral de conflicto[7]. De otro lado, J.

---

4 BAQUÉS, Josep, *De las guerras híbridas a la zona gris. La metamorfosis de los conflictos en el siglo XXI,* Madrid, UNED, 2021, p.119.

5 *Íbidem,* pp. 119-120; p. 121.

6 JORDÁN, Javier, "La escalada en las estrategias híbridas y en el conflicto en la zona gris", Global Strategy, 3 de marzo de 2020, disponible en: *https://global-strategy.org/la-escalada-en-las-estrategias-hibridas-y-en-los-conflictos-en-la-zona-gris/;* JORDÁN, Javier, "International Competition Below the Threshold of War: Toward a Theory of Gray Zone Conflict", *Journal of Strategic Security,* vol. 14, núm. 1, 2021, pp. 1-24.

7 MAZARR, Michael J., *Mastering the Gray Zone: Understanding A Changing Era of Conflict,* Carlisle, U.S. Army War College Press, 2015, p. 4.

Jordán identificaría las siguientes características: ambigüedad; empleo de estrategias multidimensionales; carácter gradual y centralidad de unos intereses sustanciales para el actor agredido[8]. Otrosí, J. Baqués coincidiría con ambos autores al señalar como características la ambigüedad, el gradualismo estratégico y el permanecer por debajo del umbral de conflicto, mas añadiría que los objetivos perseguidos son similares a los que se obtienen en una guerra (*warlike aims* o *wartime-like objetives)* y destacaría la flexibilidad de la zona gris, que puede ser tanto una alternativa a la guerra como un complemento o preparación para la misma[9].

Dentro de las actuaciones en zona gris, tendrían cabida una gran variedad de estrategias que, precisamente por su carácter integral y multidimensional, suelen tratarse de líneas de acción complementarias cuyo empleo simultáneo puede multiplicar los efectos sobre el adversario[10]. Podrían identificarse los siguientes grupos de actuaciones, a saber: respaldo a la oposición política del Gobierno adversario; operaciones de influencia sobre la opinión pública internacional y sobre la opinión pública del adversario; coerción económica; ciberataques contra entidades públicas y privadas; acciones agresivas de inteligencia; disuasión militar coercitiva; políticas de hechos consumados; *sliced salami tactics* y, finalmente, guerras por delegación[11].

En este sentido, el concepto de zona gris se convertiría, por tanto, en un concepto paraguas en el que tendrían cabida gran variedad de actuaciones que diferirían tanto en la gravedad de

---

8 JORDÁN, Javier, "El conflicto internacional en la zona gris: una propuesta teórica desde la perspectiva del realismo ofensivo", *Revista Española de Ciencia Política,* núm. 48, 2018, pp. 129-151, pp. 131-13.

9 BAQUÉS, Josep, *op. cit.,* nota 3, pp. 122-138.

10 JORDÁN, J., *op. cit.,* nota 5, p. 9.

11 JORDÁN, J., *op. cit.,* nota 7, pp. 137-141.

la agresión como de los daños ocasionados y, por tanto, responderían a diferentes niveles de escalada dentro de la zona gris, a saber: configuración del entorno; interferencia; desestabilización y empleo directo, puntual y limitado de la fuerza[12].

2. UN ESCENARIO INTERNACIONAL CRECIENTEMENTE PERFILADO: LA COMPETICIÓN ESTRATÉGICA ENTRE GRANDES POTENCIAS

Reconociendo su capacidad explicativa en el ámbito de las relaciones internacionales, el realismo estructural sostiene que el sistema internacional se caracteriza por una situación de anarquía, la cual definiría las relaciones entre los Estados[13]. Los Estados tendrían como prioridad garantizar su propia supervivencia y, de acuerdo con el realismo estructural ofensivo, dado que no pueden conocer con total certidumbre las intenciones del resto de actores, esta incertidumbre les conduce inevitablemente a la adquisición de más poder a fin de garantizar su supervivencia[14]. Sobre el particular, de acuerdo con J. J. Mearsheimer, las potencias que alcanzan la hegemonía regional son aquellas que más seguras se pueden sentir, si bien afirma que incluso las potencias que han alcanzado dicha hegemonía procuran evitar la aparición de potenciales compe-

---

12 MAZARR, Michael J., CHERAVITCH, Joe, HORNUNG, Jeffrey W. y PEZARD, Stephanie, *What Deters and Why. Applying a Framework to Assess Deterrence of Gray Zone Aggression*, Santa Mónica, RAND Corporation, 2021, p. 2; JORDÁN, Javier, *op. cit.*, nota 5.

13 MEARSHEIMER, John J., *The tragedy of great power politics*, Nueva York, Norton, 2001, pp. 30-31.

14 *Íbidem*, p. 19; p. 36; p. 39.

tidores, de modo que la competición entre potencias sería un rasgo característico e inevitable del escenario internacional[15].

En consonancia con lo anteriormente expuesto, el escenario internacional actual se caracterizaría precisamente por el fenómeno que fuera descrito como competición entre potencias por parte de la Administración Trump en la Estrategia de Seguridad Nacional (en adelante, ESN) de diciembre de 2017[16] y posteriormente rebautizado como *competición estratégica entre grandes potencias* por la Administración Biden en 2021[17].

Sobre el particular, la Guía Estratégica de Seguridad Nacional Interina publicada en marzo de 2021 reconocía abiertamente que la distribución de poder estaba cambiando en el sistema internacional, lo que creaba nuevas amenazas. De acuerdo con dicho documento, la República Popular China (en adelante, China) se había vuelto rápidamente más asertiva, siendo el único competidor potencialmente capaz de suponer un desafío sostenido al sistema internacional estable y abierto[18]. Por otro lado, la Federación Rusa (en adelante, Rusia) continuaría determinada a incrementar su influencia global y jugar un papel disruptivo en el escenario mundial[19].

---

15 *Íbidem,* p. 41; MEARSHEIMER, John J., "The gathering storm: China's challenge to US power in Asia", *The Chinese Journal of International Politics,* núm. 3, 2010, pp.381-396, p. 387; MEARSHEIMER, John J., "Why the Ukraine crisis is the West's fault", *Foreign Affairs,* vol. 93, núm. 5, 2014, pp. 1-12, pp. 5-6.

16 THE WHITE HOUSE, *National Security Strategy,* Washington, 18 de diciembre 2017; *https://trumpwhitehouse.archives.gov/wp-content/uploads/2017/12/NSS-Final-12-18-2017-0905.pdf*

17 THE WHITE HOUSE, *Interim National Security Strategic Guidance,* Washington, 3 de marzo 2021, pp. 19-21; *https://www.whitehouse.gov/wp-content/uploads/2021/03/NSC-1v2.pdf*

18 *Íbidem,* pp. 7-8.

19 *Íbidem,* p. 8.

Con posterioridad, la ESN promulgada en octubre de 2022 proclamaría que nos encontramos en los primeros años de una década decisiva para Estados Unidos y el mundo[20]. El mencionado documento identificaría dos desafíos que califica de *estratégicos*, a saber: de un lado, la referida competición estratégica entre grandes potencias y, de otro lado, la existencia de una serie de desafíos trasnacionales que han de ser enfrentados de manera conjunta, a pesar de la competición que se está desarrollando[21]. Sobre el particular, resultaría necesario destacar que la ESN reconoce públicamente que las potencias con un gobierno autoritario que cuentan con una política exterior revisionista constituyen el desafío estratégico más importante para la visión estadounidense del mundo, no así las potencias, ya sean democráticas o autocráticas, que comulgan con el orden liberal internacional y, por tanto, lo respetan.

En este sentido, con respecto a los desafíos que plantean China y Rusia, se establece una jerarquía. Al tiempo que Rusia plantea una amenaza inmediata al orden liberal internacional, China constituye la única potencia que tiene no sólo la intención de remodelar el orden internacional, sino que cuenta asimismo de manera creciente con el poder económico, diplomático, militar y tecnológico para hacerlo[22]. De este modo, Estados Unidos habría reconocido públicamente que China representa su competidor principal en el escenario internacional, lo que J. J. Mearsheimer hubiera denominado *peer competitor*.

---

20 THE WHITE HOUSE, *National Security Strategy*, Washington, 12 de octubre 2022, p. 2; *https://www.whitehouse.gov/wp-content/uploads/2022/10/Biden-Harris-Administrations-National-Security-Strate-gy-10.2022.pdf*

21 *Íbidem*, p. 6

22 *Íbidem*, p. 8.

Sin embargo, a pesar de que China represente el desafío estratégico más relevante y Rusia suponga un desafío inmediato, también habría otras potencias autocráticas que, si bien son más pequeñas, actúan asimismo de una manera agresiva y desestabilizadora, en consonancia con el reconocido desafío que plantean al orden liberal internacional aquellas potencias autocráticas con una política exterior revisionista. Dentro de este grupo se situarían Irán o Corea del Norte.

Por consiguiente, el escenario internacional actual se caracterizaría por la creciente competición que está teniendo lugar principalmente entre Estados Unidos y China, además de la presencia de una serie de potencias que presuntamente suponen una amenaza para la supervivencia del orden liberal internacional liderado por Estados Unidos y, consecuentemente, para Occidente. La competición, por tanto, se estaría configurando como un enfrentamiento entre aquellos Estados que respetan el orden liberal internacional creado en 1945 y aquellos que suponen una amenaza para el mismo. De este modo, si bien dentro de este grupo existen diferentes jerarquías con respecto a la amenaza que plantean, tal y como se viera con respecto a China y Rusia, la competición está adquiriendo un tinte ideológico característico de la política exterior estadounidense de las administraciones de la Posguerra Fría.

3. EL RECURSO A LA ZONA GRIS: UNA APROXIMACIÓN A LAS RAZONES QUE LO MOTIVAN EN LA ACTUALIDAD

Tradicionalmente se han señalado las razones que motivan a los actores a recurrir a la zona gris, siendo mencionados con frecuencia los altos costes que se desprenden del uso de la fuerza, tanto económicos como reputacionales; la disuasión, sea militar o nuclear, o incluso las teorías de la interdependencia económica que se desarrollaran con la globalización. Sin embargo, no se han explorado aún en profundidad qué capacidad explicativa tendrían ciertos rasgos del escenario de competición actual a la hora de explicar el recurso a la zona gris por parte de los Estados.

En primer lugar, tal y como *Unrestricted Warfare* vaticinara, la creciente complejización, y consecuente permeabilidad, de las sociedades han convertido cualquier ámbito de estas en un campo de batalla[23]. Este fenómeno habría venido acompañado por el desarrollo y evolución de los instrumentos a disposición de los Estados y la(s) revolución(es) tecnológica(s) de la(s) que estamos siendo testigos. En este sentido, el instrumento militar de los Estados se habría desarrollado, pero así también otra serie de instrumentos no militares y cuyo uso *viciado* encajaría en la noción de zona gris[24]. Por ejemplo, la diplomacia y las sanciones económicas podrían ser empleadas como líneas de acción estratégica en la zona gris, por no hablar de las infraestructuras cibernéticas de los Estados, que permitirían otros usos muy alejados de los cotidianos.

En segundo lugar, relacionado estrechamente con el primer motivo, los patrones de la competición que está teniendo lugar son complejos y diversos, en tanto que se está desarrollando una competición simultánea en diferentes ámbitos al mismo tiempo, esto es, los ámbitos militar, económico, cultural, ideológico, etc.[25]. De este modo, se está configurando un escenario de competición multidimensional donde ningún ámbito constituye el único escenario de competición y donde existe una interconexión entre los mismos, entendiendo por tal que el

---

23 LIANG, Qiao y XIANGSUI, Wang, *op. cit.*, nota 1.

24 BAQUÉS, Josep, *op. cit.*, nota 3, pp. 178-179.

25 MAZARR, Michael J., CHERAVITCH, Joe, HORNUNG, Jeffrey W. y PEZARD, Stephanie, *op. cit.*, nota 11, p. 33.

devenir en uno de los ámbitos influye en la competición que se está llevando a cabo en el otro[26].

Otrosí, debido precisamente a las anteriores razones, además de a los ya estudiados menores costes implicados, la disuasión e incluso la interdependencia existente, es probable que la competición sea más intensa y persistente en áreas no militares[27]. En este sentido, tendrían cabida tanto estrategias de coerción económica como ciberataques, campañas de desinformación, operaciones de influencia e incluso actividades cercanas al uso de la fuerza, repercutiendo en diferentes ámbitos de las sociedades agredidas y con un diferente nivel de daños ocasionados.

De otro lado, la presente competición que está teniendo lugar entre los actores difiere de la que tuvo lugar durante la Guerra Fría. Sobre el particular, la Guerra Fría, librada enteramente en la zona gris, constituyó una lucha existencial en la que la estrategia de contención estadounidense se construyó sobre la predicción de que la Unión Soviética colapsaría. Sin embargo, tales predicciones no tendrían cabida en la actualidad, en tanto que China no sería equiparable bajo ningún concepto a la Unión Soviética y, por tanto, es probable que la competición se dilate en el tiempo[28].

---

26 *Íbidem.*

27 *Íbidem,* p. 35.

28 CAMPBELL, Kurt M. y SULLIVAN, Jake, "Competition Without Catastrophe. How America Can Both Challenge and Coexist With China", *Foreign Affairs,* vol. 98, núm. 5, 2019; *https://www.foreignaffairs.com/articles/china/competition-with-china-without-catastrophe?utm_medium=promo_email&utm_source=pre_release&utm_campaign=pre_release_040323_prospects&utm_content=20230403&utm_term=promo-email-prospects*

Finalmente, teniendo en cuenta una consideración estructural del sistema, si afirmásemos que el escenario internacional actual es multipolar, la multipolaridad ha sido tradicionalmente una fuente de mayor inestabilidad para las relaciones interestatales. A este respecto, un escenario multipolar generaría ventanas de oportunidad para la zona gris, en tanto que no solamente es más complicado mantener el control sobre el recurso a la zona gris, sino que, habida cuenta de los diferentes niveles de escalada existentes, el control de las primeras etapas es menos rígido, debido a las características particulares de las mismas[29].

4. CONCLUSIONES

La presente comunicación tenía como justificación la necesidad de realizar un esbozo preliminar de las razones que pueden extraerse del escenario internacional particular de la actualidad a fin de tratar de explicar por qué los Estados recurren y recurrirán de manera creciente en el futuro a las líneas de actuación estratégicas en zona gris para perseguir determinados objetivos. En este sentido, se han apuntado una serie de rasgos que pueden tener capacidad explicativa y que, en conjunción con los tradicionalmente apuntados, pueden contribuir a tener una visión holística del escenario de enfrentamiento actual.

Sin embargo, debiera apuntarse que una de las principales paradojas que se plantean cuando se aborda el recurso actual a la zona gris es precisamente que representa tanto la victoria del orden liberal internacional construido por Estados Unidos en 1945 como su propio fracaso. Si bien los Estados, de manera

---

29 BAQUÉS, Josep, *op. cit.*, nota 3, p. 183.

general, no recurren al uso de la fuerza para alcanzar sus propios objetivos, se benefician con *mala fides* de las características del orden internacional. Por otro lado, otra de las paradojas que se plantean es precisamente el carácter poco novedoso de la zona gris, en tanto que, en palabras de H. Brands, constituye "la ola del futuro y una explosión del pasado"[30].

Por otro lado, debiera apuntarse que el creciente recurso a la zona gris que puede preverse no implica la obsolescencia de las capacidades militares. De hecho, tal y como la invasión rusa de Ucrania ha puesto de manifiesto y desde una perspectiva particularmente occidental, mientras que los Estados *revisionistas* mantengan sus capacidades militares, la amenaza relativa al uso de la fuerza continuará estando presente, de ahí las crecientes referencias a la necesidad de un enfoque *integrado* de la disuasión y la perspectiva más holística que se está adoptando de los conflictos. Otrosí, la disuasión nuclear continúa manteniendo la capacidad de antaño. Si bien una gran cantidad de actividades se desarrollarán en la zona gris, la disuasión nuclear puede emplearse de manera integrada para dar forma a este nuevo entorno competitivo y tratar de proteger los intereses fundamentales de las potencias nucleares. De hecho, el propio conflicto en Ucrania lo ha puesto de manifiesto, en tanto que la capacidad nuclear de Rusia ha neutralizado la superioridad militar de la OTAN, pero no ha impedido que se libre por parte de la Unión Europea y Estados Unidos una guerra por delegación.

---

30 BRANDS, Hal, "Paradoxes of the Gray Zone", Foreign Policy Research Institute, 5 de febrero de 2016, diponible en: *https://www.fpri.org/article/2016/02/paradoxes-gray-zone/*

Finalmente, debiera traerse a colación que de esta investigación preliminar se desprenden futuras líneas de investigación que podrán ser abordadas. Resultaría interesante estudiar qué clase de Estados recurren a la zona gris en el escenario de competición para poder demostrar si, como tradicionalmente se ha sostenido, se trata de un recurso propio de potencias *revisionistas,* así como resultaría conveniente profundizar en el estudio de los diferentes niveles de escalada para poder valorar las capacidades de disuasión necesarias en cada caso, especialmente habida cuenta de la importancia que tienen en la actualidad.

Una aproximación a la región del Indo-Pacífico desde el realismo neoclásico en el contexto de la guerra de Ucrania

ALEJANDRO GARRIDO JESUOROBO[1]

1. LA REGIÓN DEL INDO-PACÍFICO A PARTIR DEL REALISMO NEOCLÁSICO DE RANDALL L. SCHWELLER

La heurística del realismo neoclásico permite introducir variables explicativas interrelacionadas que superan las limitaciones de las explicaciones sistémicas unicausales. Los factores sistémicos y/o estructurales, como el principio organizador de la anarquía de Kenneth Waltz[2], convergen con factores ideacionales y domésticos, como sucede al presentar los diferentes imperativos estratégicos de la política nacional de un país u otros.

En el caso de la región del "Indo-Pacífico"[3], sostenemos que esta es una región caracterizada por una estructura multi-

---

1 Graduado en Ciencias Políticas y Gestión Pública y estudiante del Máster de Estudios Internacionales en la Universidad del País Vasco (garridojesuorobo@gmail.com). Todas las páginas webs mencionadas en este estudio han sido consultadas el 1 de junio de 2023.

2 WALTZ, Kenneth N., *Teoría de la Política Internacional.* Buenos Aires, Grupo Editor Latinoamericano S.R.L., 1988.

3 El empleo del término "Indo-Pacífico" en vez de "Asia-Pacífico" responde a tres criterios. Primero, a un criterio eminentemente geográfico, pues se trata de extender el prisma y de sugerir una unión entre el Sur de Asia con el Este de Asia por motivos económicos. Segundo, no solo se aducen motivos económicos, sino también po-

polar que adopta formas oligopolísticas que concentran diferentes bloques de alianzas[4]. De esta forma, incorporando el factor geopolítico a nivel internacional que determina, hasta cierto punto, la formación de los sistemas regionales de seguridad, podemos distinguir dos bloques. Por un lado, un bloque "conservador" y/o mantenedor del *statu quo*, formado por la "Alianza del Indo-Pacífico"[5] y organizado en torno al "Diálo-

---

líticos. Así pues, la utilización del término Indo-Pacífico es llevada a cabo, fundamentalmente, por los países miembros del Diálogo Cuadrilateral de Seguridad sobre los que se habla a continuación, pues tratan de dotar de un componente particular a las dinámicas que comprende el espacio delimitado. En tercer lugar, se ha sugerido que el Indo-Pacífico, a diferencia del Asia-Pacífico caracterizado por factores esencialmente económicos, se destaca por un aumento en las dinámicas de militarización. WILSON, Jeffrey D., "Rescaling to the Indo-Pacific: From economic to security-driven regionalism in Asia". *East Asia*, vol. 35, núm. 2, 2018, pp. 177-196.

4 SCHWELLER, Randall L., "China's aspirations and the clash of nationalisms in East Asia: A neoclassical realist examination". *International Journal of Korean Unification Studies*, vol. 23, núm. 2, 2014, pp. 1-40, p. 30.

5 La "Alianza del Indo-Pacífico" se consolida en torno a los promotores iniciales del concepto que evoca el espacio del Indo-Pacífico y que posteriormente ha dado lugar a la formulación de la "Free and Open Indo-Pacific Strategy" (FOIP), alrededor de la cual se han estructurado una pluralidad de iniciativas. Hasta cierto punto, el "Diálogo Cuadrilateral de Seguridad" (QUAD) adopta esta estrategia o promueve las bases de la misma. Entre otras iniciativas a destacar bajo el manto de la FOIP se puede dar cuenta del "Africa-Asia Growth Corridor" (2017), la "Security and Growth for All in the Region" (SAGAR) promovido por la India en el 2019 o el "Comprehensive and Progressive Agreement for Trans-Pacific Partnership" (CPTT) promovido en la actualidad por Japón, tras la salida de los EE. UU. bajo la administración de Donald Trump de su antecedente, el "Trans-Pacific Partnership" (TPP) en el 2017. SCOTT, David, "Intersections Between Free and Open Indo-Pacific and Other Re-

go Cuadrilateral de Seguridad" (QUAD), en la que situamos a los Estados Unidos (EE. UU.), la India, Japón y Australia; y, por otro lado, un bloque "revisionista", en el que, según las coordenadas introducidas, se encuentra China.

Sin embargo, la "teoría del equilibrio de intereses" de Randall Schweller complejiza esta clasificación. Más allá de los límites estructurales asociados a los esfuerzos equilibradores en la región, a los que se les puede añadir la premisa del "alliance handicap"[6], intuitivamente podemos concluir que el comportamiento de las unidades es asimétrico frente al expansionismo chino. No solamente se aducen, pues, factores materiales en la determinación de las capacidades y del comportamiento de los actores en las alianzas, como la resiliencia económica traducida en el tamaño del Producto Interior Bruto (PIB) o el tamaño de la estructura militar. Destacan, también, las dinámicas internas de la política doméstica del país. En este sentido, resulta ilustrativa la máxima de "no-alineamiento" o de "autonomía estratégica" de la India, que ha definido la política de alianzas del país desde mediados del siglo pasado[7]. O, para el caso estadounidense, las sucesivas estrategias que han determinado el cambio de las prioridades estratégicas del país en el

---

gional Templates" en *Brass Tack: Unpacking the Indo-Pacific Template*, New Delhi, online edition, pp. 19-26.

6 Brevemente, la premisa del "alliance handicap" explica la circunstancia de imposibilidad de constituir un esfuerzo colectivo de contención frente a un Estado tercero en la región. Esto se debe, en el caso de la región de estudio, al pasado colonial de los países, a las reticencias de los actores a verse involucrados en fórmulas de institucionalidad con niveles de juridificación alta, al nacionalismo o a las ideologías de los países, etc. SCHWELLER, Randall L., *op. cit.*, pp. 30-31.

7 BAJPAI, Kanti, "Narendra Modi's Pakistan and China policy: assertive bilateral diplomacy, active coalition diplomacy". *International Affairs*, vol. 93, núm. 1, 2017, p. 70.

exterior[8], centrando la prioridad en el "Asia-Pacífico" y más recientemente en el "Indo-Pacífico".

1.1. La "teoría del equilibrio de intereses" de Schweller: el león, el lobo, el chacal y el cordero

Con todo, la conclusión es que los EE. UU. continúan siendo una potencia de primer orden y habiendo "reequilibrado" estratégicamente hacia la región del Indo-Pacífico han convertido el objetivo de contener el expansionismo chino en su prioridad de la política exterior[9]. Son, en palabras de Schweller,

---

8 A grandes rasgos, las estrategias que han determinado la política estadounidense hacia la región parten del "Pivot to Asia" y posterior "Rebalance" de la administración de Barack Obama (2009-2017) y de la reciente "Free and Open Indo-Pacific Strategy" de la administración de Donald J. Trump (2017-2021). Sin embargo, no debe pasarse por alto que la política de alianzas tradicional de los EE. UU. con los países de la región comienza a constituirse tras la Segunda Guerra Mundial, mediante el denominado "sistema de San Francisco" de 1951. CANTALAPIEDRA GARCÍA, David, "La política exterior de EE. UU. hacia China y la dinámica de seguridad en Asia: impacto regional y global". *Cursos de derecho internacional y relaciones internacionales de Vitoria-Gasteiz*, vol. 1, 2015, pp. 253-300.

9 El reequilibrio estratégico estadounidense hacia el Asia-Pacífico en razón del crecimiento de China se produce, como se introducía con anterioridad, a partir del "Pivot to Asia" del año 2011. La nueva estrategia nacía a partir de otros dos documentos emitidos por el Departamento de Defensa unos años atrás, en los años 2004 y 2006. Junto a los documentos señalados, también cobra importancia como fundamento del "Pivot" la Estrategia de Seguridad Nacional de 2010, que incorporaba las premisas del "Informe Armitage-Nye II", donde se logró un consenso bipartisano en relación al posicionamiento estratégico hacia la región que dura hasta hoy en día. Sobre esto, léase de nuevo en CANTALAPIEDRA, D. G. (2015). *op. cit.* Más recientemente, destacan la "National Security Strategy" de 2017

un "león", dispuesto a asumir grandes costes por completar sus objetivos y por mantener el *statu quo* de equilibrio de poder actual. Desafortunadamente para Japón, la dependencia estratégica militar tan pronunciada hacia los EE. UU. le convierten en un actor razonablemente vulnerable ante China en la región. Es, entonces, un "cordero", aún si bien la dirección

---

y la "National Defense Strategy" de 2018. En el primero de los documentos se reconoce explícitamente a China y a Rusia como países que desafían el poder estadounidense en el mundo, así como que el desarrollo de sus respectivas capacidades militares ha contribuido a situarles como rivales estratégicos, en especial a China. También se denuncia el expansionismo chino y la naturaleza revisionista de ambas potencias rivales, puesto a que tratan de socavar el orden liberal establecido desde el final de la Segunda Guerra Mundial. El resumen ejecutivo del segundo de los documentos también señala los elementos mencionados, así como que muestra preocupación por la militarización que está llevando a cabo China en el Sudeste Asiático. Véase en National Security Strategy Archive (2017). National Security Strategy of the United States, disponible en: *http://nssarchive.us/wp-content/uploads/2020/04/2017.pdf*; y para el resumen de la Estrategia de Defensa Nacional en U.S. Department of Defense (2018). Summary of the 2018 National Defense Strategy of the United States of America. Sharpening the American Military´s Competitive Edge, disponible en: *https://dod.defense.gov/Portals/1/Documents/pubs/2018-National-Defense-Strategy-Summary.pdf*. Por último, la administración de Joe Biden (2021-) no se aleja de la tendencia señalada, pues en la Estrategia de Seguridad Nacional de 2022 se reafirma la intención estadounidense de competir con China, reconociendo a Pekín como el único actor capaz de perseguir sus aspiraciones revisionistas del orden internacional. Veáse en White House Government (2022). National Security Strategy, disponible en: *https://www.whitehouse.gov/wp-content/uploads/2022/11/8-November-Combined-PDF-for-Upload.pdf*.

emprendida a lo largo de los últimos años parece disponer una voluntad de cambio de esta tendencia[10].

Los casos de la India y de Australia son menos intuitivos, pues se añaden circunstancias que complejizan su política de alianzas previsible. Siguiendo a R. Schweller, tanto la India como Australia son "Estados chacales", esto es, actores oportunistas dispuestos a aliarse con las grandes potencias, sean estas revisionistas o no, con tal de satisfacer sus intereses de ganancia de poder relativo siempre y cuando no asuman grandes costos por ello[11]. Australia ha mostrado tradicionalmente un fuerte compromiso con los EE. UU. en la preservación del *statu quo* regional, y ha mostrado una preocupación creciente ante las incursiones del Ejército de Liberación Popular (ELP) chino en el Pacífico Occidental[12]. Sin embargo, la interdependen-

---

10 La nueva "National Security Strategy" adoptada en diciembre de 2022 recoge un compromiso explícito por aumentar el gasto en defensa, con miras a volverse independientes del escudo estadounidense o por lo menos con vocación de fortalecer su autonomía estratégica en la región. Véase el documento en la página web del Ministerio de Asuntos Exteriores de Japón, en Ministry of Foreign Affairs of Japan (2022). National Security Strategy, disponible en: *https://www.mofa.go.jp/fp/nsp/page1we_000081.html.*

11 BADRI, Adarsh, "Quad and the Indo-Pacific: Examining the Balance of Interest Theory in Quad Coalition". *Strategic Analysis,* 2022, pp. 601-613; MOURE PEÑÍN, Leire, *El programa de investigación realista ante los nuevos retos internacionales del siglo XXI: entre el progreso teórico y la degeneración* (Doctoral dissertation, Universidad del País Vasco-Euskal Herriko Unibertsitatea), Zarautz, Itxaropena S.A., 2009, pp. 286-288.

12 A este respecto, destaca el muy relevante "Australian Government's Defence White Paper 2009 (Defending Australia in the Asia-Pacific Century: Force 2030)", donde se relata la importancia de la presencia estadounidense como equilibrador regional ante la posible amenaza de un ascenso chino de naturaleza no pacífica. El documento

cia económica con China es demasiado alta como para romper totalmente en favor de un esfuerzo colectivo contundente en contra de Pekín[13].

En el caso de la India, a los factores estructurales y a los factores geopolíticos, es decir, el introducido "alliance handicap", la inconsistencia de la FOIP, la falta de homogeneidad entre las políticas exteriores de los miembros y la asimetría de las capacidades materiales respectivas, y a la compleja relación con China, entre otros, se le unen los factores domésticos señalados con anterioridad. En última instancia, todos ellos determinan la limitada contribución del país al QUAD y a las posibilidades reales de los ejercicios de equilibrio frente a China, en este caso, el "lobo". De todas formas, ello no ha impedido

---

se encuentra igualmente disponible en: Australian Government, Defence (2009). Defending Australia in the Asia-Pacific Century: Force 2030, disponible en: *https://www.defence.gov.au/about/strategic-planning/defence-white-paper*.

13 A pesar de ello, merece la pena recordar que desde el mes de septiembre de 2021 Australia participa de una alianza estratégica en la región junto con el Reino Unido y los EEUU, en el "Acuerdo de Seguridad entre Australia, Reino Unido y Estados Unidos" o "AUKUS", por sus siglas en inglés. En esta misma línea, también destaca la alianza "ANZUS", esta vez entre Australia, Nueva Zelanda y los EEUU, de 1951. Aun salvando algunos matices, ambas alianzas convergen con algunos de los principios generales de la FOIP, además de que tanto los EEUU como Australia forman igualmente parte del QUAD. En suma, teniendo en cuenta el ámbito estratégico de interés de las alianzas puede sugerirse una convergencia con el QUAD en relación al espacio evocado del Indo-Pacífico. Por último, se ha señalado que la formación del AUKUS ha contribuido al clima de conflicto latente en la región, además de que China no ha visto su formación con buenos ojos. Sobre esto puede verse en CHENG, Manquing, "AUKUS: The changing dynamic and its regional implications". *European Journal of Development Studies*, vol 2, núm. 1, 2022, pp. 1-7.

que la India haya aumentado la cooperación estratégica con los miembros de la Alianza, en especial con los EEUU[14], pero sí que ha determinado que su comportamiento pueda ser categorizado de "underbalancing"[15]. En otras palabras, los esfuerzos del equilibrio indio son insuficientes.

En último lugar, el principio organizador de la anarquía de Waltz se manifiesta en la amenaza que supone para la seguridad de los países de la región el expansionismo de China. El "lobo", un actor con capacidad de asumir grandes costos y con una aspiración revisionista frente a la distribución de poder establecida, ha puesto de manifiesto sus reivindicaciones unilaterales especialmente en el sudeste asiático, pero también ha incrementado su alcance en el Pacífico Occidental, mientras que aspira a hacer lo propio en el índico. Estas reivindicaciones que se comprenden en las delimitadas "Nine Dash Line" y "Ten Dash Line"[16] han suscitado entre algunos de los países

---

14 Así pues, bajo esta lógica fue que Modi decidió invitar a Japón como un miembro permanente de los ejercicios navales de Malabar en el año 2015. Otro ejemplo supone la colaboración en los ejercicios navales bilaterales con Japón y con Australia, a través de la "India-Japan Maritime Exercise" (JIMEX) y la "Australian Maritime Exercise with India" (AUSINDEX), respectivamente. Con los EEUU, por su parte, destacan la firma de los "Logistics Exchange Memorandum of Agreement" de 2016, y en 2018 de los nuevos "Logistics Support Agreement" O LSA, "Communications Compatibility and Security Agreement" o COMCASA, y el nuevo "Communication and Information Security Memorandum of Agreement" o CISMOA. BAJPAI, K., *op. cit.*, p. 86; RAJAGOPALAN, Rajesh, "Evasive balancing: India's unviable Indo-Pacific strategy". *International Affairs*, vol. 96, núm. 1, 2022, pp. 75-93.

15 SCHWELLER, Randall L., "Unanswered threats: A neoclassical realist theory of underbalancing". *International Security*, Vol. 29, 2004, pp. 159-201.

16 En esencia, consisten en un trazado de Pekín que aglutina los territorios que considera que le pertenecen, donde también se incluye a Tai-

afectados, en especial, entre los miembros de la Alianza, la necesidad de generar una coalición que pueda hacer frente al revisionismo de Pekín en la región.

1.2. La "Alianza del Indo-Pacífico" y China ante la Guerra de Ucrania

Cambiando sensiblemente de tema, manteniéndonos en la premisa acerca de la relevancia de los acontecimientos desarrollados a nivel internacional en la estructuración de los sistemas regionales de seguridad, sostenemos que la guerra de Ucrania podría tener importantes consecuencias para el orden del Indo-Pacífico. De la misma manera, la ofensiva rusa en Ucrania podría alterar la dinámica de la política de

---

wán. En esta línea, China también ha elaborado un trazado que delimita diferentes zonas de influencia, a saber: "La Primera Cadena de Islas" y "La Segunda Cadena de Islas", centradas más específicamente en el Pacífico y un "Collar de Perlas" que extiende el alcance hasta el océano índico. Aún si bien China se ha comprometido con, entre otros, los países de la Asociación de Naciones del Asia Sudoriental (ASEAN) en un arreglo pacífico de las disputas, materializado en la "Declaración Sobre la Conducta de las Partes" (DOC), que dentro de un marco más general se rige por la Convención de las Naciones Unidas sobre el Derecho del Mar (UNCLOS) de 1982, lo cierto es que el escenario es más bien desalentador. Debido a ello, parece haberse encontrado una alternativa preliminar en el denominado "Código de Conducta" (COC) para regir las relaciones en el mar del sur de China. FERNÁNDEZ-MONTESINOS, Federico Aznar, "Geopolítica naval de la rivalidad chino-norteamericana". En *Panorama geopolítico de los conflictos 2021. Instituto Español de Estudios Estratégicos,* Madrid, edición en línea, Imprenta Ministerio de Defensa, 2022, pp. 17-44; ZOU, Keyuan, "Los límites de la legislación actual en el mar del sur de China". *Anuario internacional CIDOB,* vol 1, 2022, pp. 66-68.

alianzas en la región, o por lo menos añadirle un elemento de complejidad agregado.

En virtud de lo explicado hasta el momento, hemos concluido que el comportamiento de los países de estudio de acuerdo a la política de alianzas en el Indo-Pacífico es el siguiente: los EEUU, que adoptan la tipología de un león; China, la de un lobo; India y Australia, la de un chacal, con matices diferenciados; y Japón, la de un cordero. Naturalmente, la consideración en exclusiva de estos actores al estudiar la rivalidad hegemónica en el Indo-Pacífico deja de lado a terceros países que de acuerdo a un criterio geográfico podrían comprenderse en el espacio presentado, como sucede con Rusia. Además, la evocación del espacio del Indo-Pacífico es problemática y presenta algunas limitaciones, como se ha tratado de explicar anteriormente[17]. En fin, si extrapolamos el marco teórico del realismo neoclásico y tomamos en consideración los países señalados y ponemos ambos en relación con la ofensiva rusa en Ucrania, podremos dar cuenta de algunas variaciones en el comportamiento de los países.

---

17 Es importante matizar, pues, que en el presente se hace referencia a la concepción minimalista del espacio que abarca la evocación del Indo-Pacífico. En suma, no se presta tanta atención a la precisión de la dimensión geográfica del espacio, como a la dimensión geopolítica que comporta la evocación del mismo. Por último, en relación a los países que se comprenden en el marco de referencia, por más intuitivo que sea, sostenemos que la rivalidad hegemónica entre los EEUU y China en el Indo-Pacífico está mediatizada por los principales promotores de la FOIP y, en esencia, por los miembros del QUAD, que supone un esfuerzo embrionario en la tarea de contención del expansionismo chino en la región. WILSON, Jeffrey D., *op. cit.*, p. 180.

En primer lugar, se encuentran los EE. UU. Como hemos argumentado hasta ahora, la prioridad estratégica de la política exterior de Washington consiste en tratar de contener el expansionismo de China. En este sentido, en razón de lograr sus objetivos, han reorientado la extensión estratégica del país desde las regiones de Europa y, más recientemente, Oriente Medio[18], hacia la región del Indo-Pacífico. En consecuencia, aún si bien Washington no ha cesado en su oposición frente al régimen de Vladimir Putin[19], el desarrollo de los acontecimientos durante este último año permite dar cuenta de una tendencia. Esto es, el compromiso con la causa ucraniana y las normas internacionales no se traduce en un interés estadounidense de comprometer unidades militares o de formar parte directa del conflicto. Los diferentes imperativos de la política doméstica y exterior del país, así como las dinámicas de transformación del sistema internacional en general, algunas de ellas señaladas en

---

18 En esta línea parece converger, también, el teórico John J. Mearsheimer, aún si bien estudia la realidad internacional a partir del marco del realismo ofensivo. De hecho, Mearsheimer llega a sugerir que este movimiento de reequilibrio estratégico es facilitado gracias a una estrategia de "offshore-balancing" en la que las potencias endógenas de la región se encargan de mantener el equilibrio de poder, mientras que los EEUU pueden reducir de esta forma los niveles de involucración en la misma. Véase, por ejemplo, en MEARSHEIMER, John J., "Imperial by design". *The National Interest*, vol. 111, 2011, pp. 16-34.

19 Además de los aspectos señalados en las previamente introducidas "National Security Strategy" de 2017 y la "National Defense Strategy" de 2018, en el último "NATO´s Strategic Concept" de 2022 se identifica a China, pero también a Rusia, como actores que desafían los intereses, la seguridad y los valores de los aliados. En NATO (2022). NATO 2022 Strategic Concept, disponible en: *https://www.nato.int/strategic-concept/index.html.*

este texto, además de la reciente experiencia en Afganistán no apuntan a una futura mayor involucración estadounidense en las hostilidades, por lo menos por el momento.

Hasta cierto punto, parece que el compromiso con Ucrania es mucho más pronunciado entre los países miembro de la Unión Europea (UE), también por motivos naturales. Sin embargo, también es cierto que EE. UU. comparte el interés en el aislamiento de Rusia en el sistema internacional mediante la suspensión de su participación en organismos internacionales, o mediante el bloqueo económico y comercial, sea a través de sanciones económicas o a través de su expulsión del sistema de pagos internacionales SWIFT. En lo que al suministro de armamento respecta, si bien es cierto que Washington lleva suministrando armas a Ucrania desde 2014 tras la anexión rusa de Crimea[20], ha guardado ciertas reservas respecto a enviar, entre otros, aviones F-16, a lo que también se han opuesto otros países occidentales. En todos los casos, el argumento aducido ha pasado por explicar que supondría una escalada bélica del conflicto que, en otras palabras, quiere decir que supondría un mayor involucramiento del país en la guerra.

En segundo lugar, tanto Japón como Australia han convergido con el bloque occidental en el establecimiento de diferentes paquetes de sanciones denunciando la ofensiva ilegal de Rusia en Ucrania. Las sanciones que se han encargado de poner en marcha, en general, están dirigidas hacia instituciones financieras, organizaciones militares e individuos rusos y oligarcas[21]. En añadidura, el alcance estratégico que poseen

---

20 CLANCY, Pearce, "Neutral arms transfers and the Russian invasion of Ukraine". *International & Comparative Law Quarterly*, vol. 72, núm. 2, 2023, p. 537.

21 CHEUNG, Eric, FOSSUM, Sam, et. al. "La lista de sanciones mundiales a Rusia por la guerra de Ucrania", en CNNE, 2022,

ambos países no es comparable al de los EE. UU., por lo que el rol a desempeñar por estas potencias es sensiblemente menor. Así es que, siguiendo a Schweller, si hemos concluido que los EE. UU. mantienen su rol de león aún si bien con los matices señalados, traducidos en una menor disposición a formar parte del conflicto de manera directa, tanto Australia como Japón son dos países que hacen "bandwagoning" con la coalición de países occidentales en oposición a Rusia.

En último lugar, se encuentran los casos de China y de la India. Ambos países se desmarcan llamativamente del posicionamiento adoptado en consenso por el bloque occidental. En el caso de la India, los imperativos estratégicos que determinan su comportamiento en la política de alianzas del Indo-Pacífico no encuentran mayor variación para el conjunto del sistema internacional. Además, la India, al igual que China, comparte espacio en diferentes organismos de diplomacia multilateral con Rusia, como sucede en el seno de la Organización de Cooperación de Shanghái (OCS), en el seno de los BRICS (Brasil, Rusia, India, China y Rusia) o en el seno del Banco Asiático de Inversión e Infraestructura (BAII) promovido por Pekín[22]. Por último, la India mantiene una cooperación estratégica con Rusia que se manifiesta también en la importación de petróleo y armamento desde Moscú hacia Nueva Delhi[23]. En resu-

---

disponible en: *https://cnnespanol.cnn.com/2022/02/25/lista-sanciones-mundiales-rusia-guerra-ucrania-trax/*.

22 LIU, Hongsong y JAMALI, Ahmed Bux, "India's Indo-Pacific Strategy: A Pragmatic Balancing between the United States and China", *Pacific Focus*, vol. *36*, núm. 1, 2021, pp. 5-39, pp. 22-25.

23 Tradicionalmente y según datos del año 2022, la India importaba en primer lugar armas desde Rusia. Es cierto, sin embargo, que los EEUU han mostrado un incremento exponencial de las exportaciones de armas a India para el período que va desde el

men, el comportamiento de la India, de nuevo, caracterizado por la neutralidad[24], parece adoptar la tipología de un chacal, pues se encarga de priorizar sus propios intereses tratando de mantener buenas relaciones de cooperación con todas las partes involucradas.

El caso de China es sensiblemente diverso. En primer lugar, la cooperación estratégica entre ambos países es asimétrica, siendo Pekín la parte con más poder de la relación. Esto último se manifiesta en los respectivos tamaños del PIB o en la balanza comercial, aún si bien ello no demerita la importancia del mercado de gas y petróleo de Moscú para Pekín. Con todo, se ha señalado que la cooperación bilateral entre ambos países en diferentes niveles, desde el ámbito económico, financiero, de la seguridad regional hasta la cooperación militar ha ido en aumento positivo desde la caída de la Unión Soviética[25], llegando al momento actual. Como sucede con el caso de la India, en ningún momento se ha tratado de constituir una alianza formal entre ambos países. Más bien, se ha tratado de profundizar en todas las áreas de cooperación estratégica posible.

Por otro lado, tal y como sucedió tras el conflicto entre Rusia y Georgia en 2008 o tras la crisis del "Euromaidán" de 2014, China ha mantenido una posición de neutralidad que se ha

---

año 2013. En SIPRI, en Stockholm International Peace Research Institute (2022). Arms Production Capabilities in the Indo-Pacific Region: Measuring Self-reliance, disponible en: *https://sipri.org/publications/2022/other-publications/arms-production-capabilities-indo-pacific-region-measuring-self-reliance.*

24 TELLIS, Ashley J., ""What Is in Our Interest": India and the Ukraine War". *Carnegie Endowment for International Peace,* 2022, p. 7

25 KOROLEV, Alexander y PORTYAKOV, Vladimir, "Reluctant allies: System-unit dynamics and China-Russia relations". *International Relations,* vol. *33,* 2019, núm. 1, pp. 40-66.

traducido en no condenar de ninguna manera las acciones del Kremlin ante la comunidad internacional, a diferencia de lo que han hecho tanto la UE como los demás países occidentales mencionados[26]. También, tras la reciente invasión rusa de Ucrania, China ha mantenido una posición de neutralidad semejante a la expresada por India[27]. En este sentido, quizás también pueda sugerirse que una de las máximas que dictan la política nacional de China pasa por el reconocimiento del principio de "no interferencia" en los asuntos domésticos de terceros países. Este principio de aplicación recíproca, esto es, aplicable también a la hora de determinar cómo se conduce la política exterior china, llevado al extremo, podría acabar justificando una futura anexión china de la isla de Taiwán. En cualquier caso, China ha tratado de promover un acuerdo de paz entre Ucrania y Rusia, insistiendo sobre la necesidad de un espacio de estabilidad en Eurasia que pueda facilitar el cum-

---

26 *Ibidem.*, p. 33.

27 Por ejemplo, en la Organización de las Naciones Unidas (ONU), la Asamblea General adoptó una resolución condenando la invasión rusa de Ucrania, denunciando la anexión rusa de las regiones ucranianas de Donetsk y Lugansk y exigiendo el fin a la guerra. En la votación de la resolución, se contó con 141 votos a favor, entre los que estaban los países de la UE y los miembros del QUAD salvo la India, que se abstuvo junto con China. Naturalmente, Rusia votó en contra y con su capacidad de veto en el Consejo de Seguridad la resolución no tuvo mayor recorrido. Véase en General Assembly of the United Nations (2022). Press Briefing by Spokesperson on Resolution ES-11/1- 2 March 2022, disponible en: *https://www.un.org/pga/76/2022/03/02/press-briefing-by-spokesperson-2-march-2022/*.

plimiento de los planes de infraestructura que se comprenden bajo el marco de la "Belt and Road Initiative" (BRI)[28].

En resumen, como sucede con los EEUU, al trascender la región crítica de interés estratégico para el país, y al presentar una dinámica geopolítica con variables similares, pero con matices diferenciados, el comportamiento de China sufre una ligera transformación. Mantiene su rol del lobo, esto es, de un Estado revisionista pero no está dispuesto a asumir los mismos costos que en la región del Indo-Pacífico en razón de la consecución de sus objetivos ulteriores.

2. RUSIA EN LA DINÁMICA DE COMPETICIÓN HEGEMÓNICA EN EL INDO-PACÍFICO

Como se mencionaba con anterioridad, la delimitación empleada en el presente para referirse al Indo-Pacífico excluye de sus análisis a Rusia. ¿Qué sucedería, sin embargo, si la ofensiva rusa en Ucrania terminase resultando exitosa? En primer lugar, si Rusia acabase por completar sus objetivos en Ucrania, más allá de suponer una flagrante vulneración del Derecho

---

[28] De acuerdo con esta misma lógica puede ser interpretado el acuerdo para la normalización de las relaciones diplomáticas entre Irán y Arabia Saudí auspiciado por China. En última instancia, Pekín trataría de lograr una estabilidad regional proclive a sus objetivos en materia de inversión económica y desarrollo de las infraestructuras. Para el caso de la guerra de Ucrania, Kiev es un país extremadamente importante para Pekín, al igual que lo son el mercado de Irán y el acceso, entre otros, al estrecho de Bab-el Mandeb. Sobre la aproximación estratégica china descrita en el escenario de Oriente Medio puede leerse más en MALLA, M. W., "China's Approach to the Iran-Saudi Arabia Rivalry". *Middle East Policy*, vol. 29, 2022, núm. 1, pp. 25-40.

Internacional, pondría de manifiesto la efectividad del irredentismo en la resolución de los conflictos territoriales. En suma, debe recordarse el contexto en el que estamos inscritos. Sostenemos que el sistema internacional actual se encuentra en un proceso de transición hegemónica en el que los EE. UU. han visto mermado su poder desde el punto de vista material e ideacional. De hecho, en relación con el último de los elementos, China, pero también Rusia como actores revisionistas han contribuido al proceso de deslegitimación de los EE. UU. Es en este proceso de redistribución del poder en el sistema internacional en el que deben enmarcarse tanto la dinámica de competición geopolítica entre los EE. UU. y China, como el interés último de la ofensiva rusa en Ucrania. En otras palabras, el objetivo fundamental de Rusia es ampliar su esfera de influencia de cara a obtener un posicionamiento mejor en el nuevo sistema internacional naciente[29].

En cuanto a las dinámicas de competición en el Indo-Pacífico, una Rusia victoriosa en Ucrania podría favorecer un esfuerzo similar de Moscú, pero esta vez hacia sus vecinos de Asia Central. En este sentido, los conflictos entre Rusia y China se acentuarían considerablemente. Las fricciones entre ambas potencias revisionistas podrían suponer una tensión agregada a todas las relaciones de vecindad en el Indo-Pacífico, también entre Rusia y Japón, pues se encuentran en disputa por las Islas Kuriles. En otro escenario, siguiendo la lógica delimitada, a pesar de las fricciones entre Rusia y China, ambos países po-

---

29 GÖTZ, Elias, "Taking the Longer View: A Neoclassical Realist Account of Russia's Neighbourhood Policy". *Europe-Asia Studies*, vol. 74, núm. 9, 2022, pp. 1729-1763; SCHWELLER, Randall L., "Neorealism´s Power and Restraint: A Tribute to Waltz on his 100th birthday". *Journal of Global Strategic Studies*, vol. 2, núm. 2, 2022, pp. 6-36.

drían reforzar su cooperación estratégica en el Indo-Pacífico resultando, de una forma terminal, en la inutilización de los esfuerzos de equilibrio regionales promovidos por el QUAD y la Alianza del Indo-Pacífico. Más allá del elemento material de poder agregado que supondría una coalición revisionista entre Rusia y China en el Indo-Pacífico, tendríamos que tener en cuenta que a las limitaciones existentes en el equilibrio a China habría que añadirles las limitaciones derivadas de la señalada relación entre India y Rusia, o de la relación entre Japón y Rusia.

En síntesis, aún si bien es difícil aventurar qué podría suceder tras la inclusión directa de Rusia en la competición hegemónica en el Indo-Pacífico, lo claro es que resultaría en una alteración del paradigma de seguridad internacional y regional, incentivando, en última instancia, un reequilibrio de las prioridades estratégicas de las unidades del sistema. Sin embargo, por el momento, lo cierto es que Rusia se ha opuesto con firmeza al sistema de seguridad regional derivado de la evocación estratégica de la FOIP y de su formalización militar en el diálogo del QUAD[30]. Fundamentalmente, la oposición rusa

[30] En este sentido, debemos recordar que la FOIP se encuentra lejos de ser una estrategia homogénea, debido a que los diferentes miembros promotores, también los del QUAD, la han adaptado a sus políticas exteriores y a sus necesidades respectivas. Esto último también comporta un resquicio a la hora de proponer un compromiso mayor en las labores de equilibrio regional. En cualquier caso, Rusia ha mostrado un rechazo marcado hacia la aproximación estadounidense, también de acuerdo a la rivalidad entre ambos países en el escenario internacional. Sin embargo, Moscú ha mostrado simpatía hacia la aproximación japonesa, pues ésta ha tratado de conciliar esfuerzos en materia de cooperación económica con China en el Sudeste Asiático manteniendo presente la “Belt and Road Initiative” (BRI) lanzada

nace tanto por el rechazo de la aproximación estratégica estadounidense hacia la región, como por el rechazo a la dimensión confrontativa con China que se desprende de la misma, debido a la cooperación estratégica entre Moscú y Pekín[31].

De esta forma, son varios los factores que nos llevan a determinar que el comportamiento actual de Rusia en la región encaja con la de un "chacal": el rechazo a la dimensión militar y a la aproximación estadounidense de la FOIP, la confianza depositada en la cooperación estratégica con China, a partir de la cual podría sugerirse que Rusia hace "bandwagoning" con Pekín en la región, y la apuesta simultánea tanto por un modelo de arquitectura institucional de seguridad basado en los esfuerzos de la Asociación de Naciones de Asia Sudoriental (ASEAN)[32], como por un modelo de integración económica

---

por China. KIREEVA, Anna y KUPRIYANOV, Alexey, "Russia and Quad Plus", *Journal of Indo-Pacific Affairs*, vol. 3, núm 5, 2020, pp. 210-228; KOLDUNOVA, Ekaterina, "Russia's ambivalence about an Indo-Pacific strategy", *East-West Center*, núm. 476, 2019, p. 2

31 Tanto China como Rusia denuncian que la intencionalidad que se esconde tras la formación del QUAD responde a la necesidad de contener el crecimiento y/o expansionismo chino en la región. De hecho, ambos países han interpretado la estructura militar como una versión asiática de la Organización del Tratado del Atlántico Norte (OTAN). Siendo esto así, a Rusia le preocupa que el QUAD no solo se encargue de antagonizar a China en el futuro, sino también a Moscú. DENISOV, Igor, et al., "Russia, China, and the concept of Indo-Pacific", *Journal of Eurasian Studies*, vol. 12, núm. 1, 2021, pp. 72-85.

32 En primer lugar, debemos tener en cuenta que los miembros de ASEAN se han acercado a la evocación del Indo-Pacífico por la Alianza con escepticismo, hasta el punto de comenzar a trabajar en una aproximación propia y alternativa a aquella. En suma, Rusia vería con mejores ojos un modelo de seguridad regional

basado en el esfuerzo de cooperación multilateral que encarna la "Unión Económica Euroasiática" (EEU)[33].

basado en la centralidad del ASEAN, tanto para socavar el protagonismo exógeno estadounidense en la construcción de dicho modelo, como para reafirmar, por un lado, sus relaciones con los países del Sudeste Asiático, en especial, con Vietnam, como para generar un modelo en el que las dinámicas de conflictividad latentes sean menores que las mediadas por la competencia sino-estadounidense. A pesar de la voluntad rusa, lo cierto es, también, que los países del Sudeste Asiático muestran preocupación por el expansionismo chino en la región, lo cual dificulta, más si cabe, la política de alianzas a establecer en el escenario descrito. DENISOV, Igor, et al., *op. cit.*, p. 79.

33 KOLDUNOVA, Ekaterina, *op. cit.*, p. 1. En esencia, la EEU consiste en un esfuerzo promovido por Rusia en el año 2015 por el establecimiento de un área económicamente integrada en el que se incluye a varios países de Asia Central como a Kazajistán y Kirguistán, pero también a Bielorrusia o Armenia. Además, a pesar de las sanciones internacionales que ha sufrido Moscú por la anexión de Crimea y la guerra con Ucrania (2014-), se ha presentado un "EAEU plus" en el que se extiende la participación a Vietnam, Irán e Israel, entre otros y que se enmarca en lo que se ha venido a denominar como la "Greater Eurasian Partnership". En otras palabras, no solamente los actores de la Alianza del Indo-Pacífico han promovido instrumentos de cooperación económica multilateral para el espacio del Indo-Pacífico como los citados TPP o CPTT, sino que también China ha hecho lo propio con su "21st Century Maritime Silk Road" y la BRI, que comprenden y trascienden el espacio, y Rusia con los instrumentos señalados con anterioridad. DENISOV, Igor, et al., *op. cit.*, p. 81.

3. CONCLUSIONES

En conclusión, la variable del "interés" de los principales actores involucrados en la dinámica de competición hegemónica en el Indo-Pacífico complejiza las políticas de alianzas previsibles a adoptar. Siendo esto así, a los factores estructurales se les suman determinados imperativos domésticos e ideacionales. Como resultado, para el escenario estudiado, las capacidades de los esfuerzos embrionarios en materia de equilibrio de poder en el Indo-Pacífico se ven limitados, en naturaleza distinta, por algunos de sus participantes, como sucede con la India y Australia.

Rusia, por su parte, aún si bien actualmente centra gran parte de sus esfuerzos en enfrentar la expansión de la OTAN hacia Europa del Este, ordena sus prioridades estratégicas en el Indo-Pacífico de acuerdo a sus ambiciones económicas y militares, de acuerdo a su oposición a la extensión estratégica de los EE. UU en su vecindad, y de acuerdo a su cooperación estratégica con China.

Las dinámicas de conflictividad en el Indo-Pacífico y la guerra en Ucrania dan cuenta de una transformación del paradigma de seguridad internacional mediado, como sostenemos, por la rivalidad sino-estadounidense. Los próximos años y el desenlace de los acontecimientos determinarán, pues, una nueva configuración de la naturaleza del sistema y de la posición de las unidades en el mismo.

El impacto de la guerra de Ucrania sobre el orden nuclear internacional a nivel de ideas, instituciones y poder

ALESSANDRO DEMURTAS[1]

1. INTRODUCCIÓN

Según Marsheimer[2], "*China is a formidable adversary*" para la hegemonía de los Estados Unidos de América (EE. UU.) en la región de Asia-Pacífico. La competición bipolar entre las dos superpotencias económicas y tecnológicas se extiende al ámbito militar y nuclear a raíz de la guerra de Ucrania: la apertura del segundo frente de competición en Asia en la segunda parte de 2022, centrado en Taiwán, deja a la superpotencia estadounidense en posición de desventaja relativa frente a sus competidores regionales en Europa y Asia. El objetivo del artículo es determinar el impacto de la guerra sobre el orden nuclear internacional contemporáneo a nivel de ideas, instituciones y

---

1 Profesor de Relaciones Internacionales en el Departamento de Derecho Público y Ciencias Histórico-Jurídicas y profesor en la Escuela FUAB Formación–Prevención y Seguridad Integral de la Universidad Autónoma de Barcelona (alessandro.demurtas@uab.cat). Todas las páginas web mencionadas han sido consultadas el 22 de junio de 2023. Todas las traducciones al castellano son propias.

2 OKOSHI, Masahiro, "U.S. engagement with China a 'strategic blunder': Mearsheimer", *Asia Nikkei,* 21/02/2022, disponible en https://asia.nikkei.com/Editor-s-Picks/Interview/U.S.-engagement-with-China-a-strategic-blunder-Mearsheimer

poder, para confirmar si la competición bipolar entre China y los EE. UU. adquiere oficialmente una dimensión nuclear. La relevancia del trabajo reside, primero, en su actualidad porque analiza los datos más recientes publicados por las autoridades y por la literatura especializada desde el comienzo de la guerra. Segundo, el análisis multidimensional de las tres grandes fuerzas del orden nuclear internacional contemporáneo aporta originalidad al artículo en cuanto a su objeto de estudio, porque no se limita a considerar la competición nuclear bajo una única perspectiva. Para confirmar esta afirmación, se ofrece una breve revisión de la literatura.

Los estudios más recientes sobre la dimensión nuclear de la guerra de Ucrania se centran principalmente en los desafíos institucionales para el orden nuclear internacional sobre la no proliferación y el control de armamentos[3]; en el debate normativo sobre la convivencia entre el Tratado de No Proliferación Nuclear (TNP) y el Tratado sobre la Prohibición de las Armas Nucleares (TPAN) de 2021[4]; y en la necesidad de que las dos superpotencias económicas y tecnológicas eviten una escalada nuclear de un eventual conflicto en Taiwán[5], ba-

---

3 BOLLFRASS, Alexander K., HERZOG, Stephen, "The War in Ukraine and Global Nuclear Order", *Survival* 64(4), 2022, pp. 7-32, disponible en https://doi.org/10.1080/00396338.2022.2103255

4 RODRÍGUEZ RODRÍGUEZ, Jorge, "La regulación internacional de la posesión de armamento nuclear tras la entrada en vigor del Tratado de prohibición de armas nucleares. Nuevos y viejos debates en un escenario internacional convulso", *Revista Española de Derecho Internacional – REDI* 75(1), 2023, pp. 107-135, disponible en https://www.revista-redi.es/redi/article/view/67/69

5 GARWIN, Richard L. y VON HIPPEL, Frank N., "How to avoid nuclear war with China", *Bulletin of the Atomic Scientists*, vol. 79, núm. 2, 2023, pp. 57-64, disponible en https://doi.org/10.1080/00963402.2023.2178161

sándose en las lecciones aprendidas en Ucrania[6]. Según Joseph Nye, las relaciones entre China y los EE. UU. deberían ser de "rivalidad cooperativa", caracterizada por el uso del poder blando en un contexto de *smart competition* bipolar, donde ambos estados cooperan para los intereses comunes, como la no proliferación y la reducción del riesgo nuclear[7]. Otros estudios analizan el surgimiento de la dimensión nuclear en la guerra híbrida caracterizada por la rivalidad tripolar entre los EE. UU., China y Rusia[8], que se solapa con la competición militar para el espacio ultraterrestre/exterior[9]. En el nuevo contexto de interregno de la posguerra fría, la competición entre grandes potencias se estructura alrededor de ejes como la tecnología[10], las redes sociales, como *Twitter*, y los líderes carismáticos

---

6 ARNDT, Anna Clara, HOROVITZ, Liviu y WACHS, Lydia, "El trilema nuclear en Ucrania", *Política Exterior*, 21/11/2022, disponible en https://www.politicaexterior.com/el-trilema-nuclear-en-ucrania/

7 NYE, Joseph S., *Soft Power and Great-Power Competition Shifting Sands in the Balance of Power Between the United States and China,* Springer, 2023, disponible en https://link.springer.com/book/10.1007/978-981-99-0714-4

8 DODGE, Michaela y LOWTHER, Adam, The Nuclear Dimension of Hybrid Warfare", *Countering WMD Journal Fall-Winter*, 2022, pp. 60-74, disponible en https://nsri.nebraska.edu/-/media/projects/nsri/docs/academic-publications/2023/the-nuclear-dimension-of-hybrid-warfare.pdf

9 JORDÁN, Javier, "Competición entre grandes potencias y militarización del espacio exterior", *Araucaria* 25(53), 2023, pp. 169-194, disponible en https://doi.org/10.12795/araucaria.2023.i53.07

10 SENDAGORTA, Fidel, "Los dilemas del triángulo Europa-Asia-Estados Unidos", *Araucaria,* vol. 25, núm. 53, pp. 63-90, 2023, disponible en https://doi.org/10.12795/araucaria.2023.i53.03, analiza también los efectos de la guerra de Ucrania en el acercamiento de las agendas de seguridad de Europa y de Asia-Pacífico, con especial énfasis en el nuevo Concepto estratégico de la OTAN, en la política de Japón y en las posibilidades de actuación de la Unión Europea. Para profundizar

como Donald Trump y Kim Jong-un[11]. Otros autores y autoras analizan la proliferación vertical cualitativa, es decir, la competición por las tecnologías militares más avanzadas entre los estados nucleares, ofreciendo estimaciones sobre los arsenales de tres países no transparentes con la OIEA como China, Rusia y Corea del Norte[12].

Como se ha dicho antes, la relevancia del artículo reside en la adopción de un triple prisma analítico, explicado en el siguiente apartado, para explicar el impacto de la guerra de Ucrania sobre el equilibrio sistémico de poder nuclear, analizando las interacciones entre las fuerzas ideacionales, institucionales y las fuerzas relativas al uso del poder. La estructura del trabajo es la siguiente: el primer apartado expone el marco teórico-analítico usado para diseñar la investigación. La segunda parte analiza las narrativas de China, Rusia y los EE. UU., para luego considerar el contexto institucional y normativo del actual orden nuclear internacional. El cuarto apartado exami-

---

en este debate, véase GARCÍA PÉREZ, Rafael, "El conflicto de Ucrania: la relación euroatlántica y los intereses estratégicos de Europa", *Revista Española de Derecho Internacional – REDI*, vol. 75, núm. 1, 2023, pp. 75-105, disponible en https://www.revista-redi.es/redi/article/view/65/67 , que propone la adopción de una estrategia autónoma para conseguir los intereses propiamente europeos, como resolver las divergencias estratégicas entre los socios occidentales y evitar reproducir la dinámica divisoria entre bloques, típica de la guerra fría.

11 NARANG, Viping y SAGAN, Scott D. (eds.), *The Fragile Balance of Terror. Deterrence in the New Nuclear Age,* Ithaca and London, Cornell University Press, 2022, disponible en https://www.cornellpress.cornell.edu/book/9781501767029/the-fragile-balance-of-terror/#bookTabs=1

12 ELLISON, Brian, et al., "Without Precedent: Global Emerging Trends in Nuclear and Hypersonic Weapons", *Journal of Policy and Strategy,* vol. 3, núm. 1, 2023 pp. 21-52, , disponible en https://nipp.org/wp-content/uploads/2023/03/JHU-Analysis-3.1.pdf

na las dinámicas más importantes del uso del poder nuclear, mientras que las conclusiones contestan a la pregunta de investigación y a las relativas hipótesis.

2. MARCO TEÓRICO Y DISEÑO DE LA INVESTIGACIÓN

Para R. Cox[13], el orden internacional es un constructo social resultado de la interacción de tres fuerzas: ideas, instituciones y poder. Siguiendo a E. Barbé, estas "tres fuerzas interdependientes tienen la capacidad de moldear el comportamiento de los estados (y otros actores)". Las ideas pueden ser significados subjetivos de larga duración, comúnmente aceptados, o narrativas que proponen realidades contrastantes. El poder es entendido como "la posesión de recursos materiales y competición de poder"[14] e implica una relación social de rivalidad entre potencias: los cambios en la polaridad y en el "nivel de rivalidad entre las potencias facilitan el cambio estructural a través de su interacción con ideas e instituciones". Las instituciones, en línea con el liberalismo, tienen un doble significado: primero, son estructuras normativas, es decir el conjunto de normas y pautas que regulan las conductas de los actores. Segundo, en una acepción más formal, son el "*locus* de autoridad internacional (legitimadoras, por ejemplo, de la actuación de los estados)"[15].

---

13 COX, Robert, "Social Forces, States and World Orders: Beyond International Relations Theory", *Millennium,* vol. 10, núm. 2, 1981 pp. 126-155, disponible en https://doi.org/10.1177/03058298810100020501

14 BARBÉ, Esther, *Relaciones Internacionales,* Madrid, Tecnos, 4ª ed., 2020, pp. 276-278.

15 BARBÉ, Esther (ed.) *Las normas internacionales ante la crisis del orden liberal,* Madrid, Tecnos, 2021, pp. 21-22.

El marco teórico adoptado es el realismo estructural ofensivo de J. Marsheimer[16]: la competición entre potencias para el poder regional explica la conducta ofensiva de los estados. La potencia hegemónica impide el surgimiento de rivales en las regiones donde ya establece su hegemonía para mantener intactas sus esferas de influencia[17]. La estrategia de contención adoptada por los EE. UU. en Europa y Asia-Pacífico es propia de un "equilibrador de ultramar" [*offshore balancer*][18] para consolidar su ventaja relativa hacia sus competidores regionales.

El impacto de las percepciones subjetivas de los líderes sobre la acción de los estados es un elemento complementario al análisis realista estructural ofensivo[19]. Como afirma Walt, hay "razones psicológicas, culturales o burocráticas" que pueden provocar errores de cálculo o de interpretación de los líderes y que no pueden explicarse analizando únicamente las dinámicas estructurales de competición para el poder[20]. El enfoque

---

16 MARSHEIMER, John J., *The tragedy of great power politics*, New York: W.W. Norton & Company, 2001.

17 MARSHEIMER, John J., "Why the Ukraine crisis is the West's fault", *Foreign Affairs*, vol. 93, núm. 5, 2014, p. 5, disponible en https://www.foreignaffairs.com/articles/russia-fsu/2014-08-18/why-ukraine-crisis-west-s-fault

18 JORDÁN, Javier, "El conflicto internacional en la zona gris: una perspectiva teórica desde el realismo ofensivo", *Revista Española De Ciencia Política*, n. 48, 2018, p. 130, disponible en https://doi.org/10.21308/recp.48.05

19 JOHNSON, Dominic D.P. y THAYER, Bradley A., "The evolution of offensive realism Survival under anarchy from the Pleistocene to the present", *Politics and the Life Sciences*, vol. 35, núm. 1, 2016, pp. 1-26, disponible en https://doi.org/10.1017/pls.2016.6

20 WALT, Stephen M., "An International Relations Theory Guide to the War in Ukraine", *Foreign Policy*, 2022, disponible en https://foreignpolicy.com/2022/03/08/an-international-relations-theory-guide-to-ukraines-war/

realista neoclásico[21] es útil para analizar el componente ideacional del orden internacional, especialmente porque permite explicar "¿bajo qué circunstancias los factores domésticos impedirán a los estados de perseguir las estrategias predichas por la teoría del equilibrio de poder o la teoría del equilibrio de la amenaza?"[22].

Por lo referente al diseño de la investigación, la pregunta general es ¿qué impacto tiene la guerra de Ucrania sobre el orden internacional a nivel de ideas, instituciones y poder? La hipótesis (H) correspondiente afirma que la guerra tiene un triple impacto sobre el orden nuclear internacional a nivel de ideas, instituciones y poder. A cada dimensión analítica corresponde una de las tres sub-hipótesis (SH):

SH1: A nivel ideacional, la guerra sanciona la competición bipolar nuclear entre China, aliada de Rusia, y los EE. UU. Los dos países son portadores de visiones contradictorias del orden y de valores opuestos que incrementan la tensión, las amenazas, las acusaciones recíprocas y la desconfianza mutua.

SH2: A nivel institucional, la guerra sanciona la desaparición del orden nuclear institucional de la guerra fría. El nuevo sistema es anárquico y deja vía libre a la competición nuclear entre China y los EE. UU.

SH3: A nivel de poder, la nueva alianza instrumental entre Pekín y Moscú provoca un cambio en el equilibrio sistémico de poder nuclear, dejando a los EE. UU. en una posición de

---

21 ROSE, Gideon, "Neoclassical Realism and Theories of Foreign Policy", *World Politics,* vol. 51, núm. 1, 1998, disponible en https://doi.org/10.1017/S0043887100007814

22 TALIAFERRO, Jeffrey W., LOBELL, Steven E. y RIPSMAN, Norrin M., *Introduction: Neoclassical realism, the state, and foreign policy,* Cambridge University Press, 2012, p. 1.

desventaja relativa. Se consolida la lógica ofensiva de rearme militar y nuclear entre las grandes potencias.

3. LA COMPETICIÓN IDEACIONAL ENTRE CHINA, RUSIA Y LOS ESTADOS UNIDOS DE AMÉRICA

En sus declaraciones conjuntas, seguidas a la Cumbre del 20 de marzo de 2023[23], Xi Jinping y Vladimir Putin describen las tres fuerzas del nuevo orden internacional "más justo, democrático y multipolar" a construir para el progreso humano. Desde el punto de vista ideacional, China y Rusia tienen visiones "idénticas o muy cercanas" de los problemas internacionales actuales, especialmente en relación con la conducta de los países occidentales que daña a los "intereses legítimos" de los demás países[24]. Desde el punto de vista institucional, la propuesta de un orden internacional multipolar, justo y democrático, sienta sus bases en el sistema ONU, donde las dos grandes potencias disponen de poder de veto en el Consejo de Seguridad. Ambos líderes recuerdan la importancia de seguir trabajando para conseguir el "verdadero multilateralismo", en claro contraste con la política expansionista unilateral de los EE. UU. en Europa, a través de las ampliaciones de la OTAN, y en la región de Asia-Pacífico, a través de alianzas militares – que incluyen la disuasión nuclear extendida de los EE. UU.–bilate-

---

[23] INSIDE EU MONITORING, *Chinese-Russian Summit: Statements of Presidents Vladimir Putin and Xi Jinping*, 21/03/2023, disponible en https://portal.ieu-monitoring.com/editorial/chinese-russian-summit-statements-of-presidents-vladimir-putin-and-xi-jinping/403365?utm_source=ieu-portal

[24] PRESIDENT OF RUSSIA, *Press statements by President of Russia and President of China*, 21/03/2023, disponible en http://en.kremlin.ru/events/president/news/70750

rales (Taiwán, Japón, Corea del Sur) y multilaterales (AUKUS y los países *Five Eyes*[25]). Además, desde la perspectiva de la competición para el poder, Rusia y China reafirman su alianza para garantizar sus intereses estratégicos frente a la conducta de algunos países que buscan obtener una "ventaja militar, política y económica ilegítima"[26]. En línea con su liderazgo más asertivo[27], Xi Jinping critica abiertamente las políticas occidentales que "han echado leña al fuego" y empeorado la crisis con Rusia por no haber respetado sus "intereses legítimos de seguridad". Un ejemplo de provocación son las "sanciones unilaterales no autorizadas por el Consejo de Seguridad"[28].

La reciente narrativa estadounidense confirma la voluntad de "competir vigorosamente" con China, reforzando sus capacidades internas y su "alineación de esfuerzos con socios y aliados de todo el mundo". Desde el punto de vista ideacional, los

---

25 La *Five Eyes Alliance* es un acuerdo multilateral de inteligencia entre EE. UU., Canadá, Reino Unido, Australia y Nueva Zelanda. En la narrativa sino-rusa, los países anglosajones son los más securitizados entre todos los países occidentales.

26 MINISTRY OF FOREIGN AFFAIRS OF CHINA, *President Xi Jinping and Russian President Vladimir Putin Sign Joint Statement of the People's Republic of China and the Russian Federation on Deepening the Comprehensive Strategic Partnership of Coordination for the New Era and Stress Settling the Ukraine Crisis Through Dialogue,* 22/03/2023b, disponible en https://www.fmprc.gov.cn/eng/zxxx_662805/202303/t20230322_11046088.html

27 PEÑA GONZÁLEZ, María Alejandra, "China's Belt and Road Initiative: Implications for Central Asia", en IZQUIERDO-BRICHS, Ferrán y SERRA I MASSANSALVADOR, Francesc (eds), *Political Regimes and Neopatrimonialism in Central Asia. The Steppe and Beyond: Studies on Central Asia,* Palgrave Macmillan, Singapore, 2021, p. 71, disponible en https://doi.org/10.1007/978-981-15-9093-1_3

28 MINISTRY OF FOREIGN AFFAIRS OF CHINA, 22/03/2023b, *op. cit.*

EE. UU. afirman: "*We're not looking for a new Cold War*"[29]. Aunque Washington alza los tonos de la competición nuclear en la 77ª Asamblea General de la ONU, cuando Biden afirma que Pekín "está teniendo un crecimiento nuclear sin precedentes y preocupante"[30]. El presidente estadounidense interpreta bajo una perspectiva realista la alianza nuclear sino-rusa, descrita como "ni especial ni real" porque "China no tiene mucho respeto para Rusia o para Putin"[31]. Como confirma en abril de 2023 el secretario de Estado, Antony Blinken, la dependencia creciente que Rusia tiene hacia China la convierte en la *junior partner* de la relación[32]. Para resumir, pese a reconocer el papel fundamental de China, los EE. UU. remarcan su estatus de superpotencia nuclear y se muestran dispuestos a enfrentarse a cualquier intento revisionista del estatus quo en Asia.

---

29 THE WHITE HOUSE, *Remarks by President Biden on the United States' Response to Recent Aerial Objects,* 16/02/2023, disponible en https://www.whitehouse.gov/briefing-room/speeches-remarks/2023/02/16/remarks-by-president-biden-on-the-united-states-response-to-recent-aerial-objects/

30 THE WHITE HOUSE, *Remarks by President Biden Before the 77th Session of the United Nations General Assembly,* 21/09/2022, disponible en https://www.whitehouse.gov/briefing-room/speeches-remarks/2022/09/21/remarks-by-president-biden-before-the-77th-session-of-the-united-nations-general-assembly/

31 THE WHITE HOUSE, *Remarks by President Biden in Press Conference,* 09/11/2022, disponible en https://www.whitehouse.gov/briefing-room/speeches-remarks/2022/11/09/remarks-by-president-biden-in-press-conference-8/

32 EURONEWS, *China 'trying to have it both ways' with Russia, Antony Blinken tells Euronews,* 06/04/2023, disponible en https://www.euronews.com/2023/04/06/china-trying-to-have-it-both-ways-with-russia-antony-blinken-tells-euronews

4. LA CAÍDA DEL ORDEN INSTITUCIONAL DE LA GUERRA FRÍA

La suspensión de Rusia del Tratado Nuevo START deja ineficaz al último pilar institucional del régimen de control de armamentos nucleares entre las dos superpotencias[33]: en 2002, los EE. UU. se retiran del Tratado sobre Misiles Antibalísticos de 1972; en 2007, como signo de represalia por las ampliaciones al Este de la OTAN y por el despliegue del escudo antimisiles en Polonia y República Checa, Rusia se retira del Tratado sobre Fuerzas Convencionales en Europa de 1990; en 2019, en medio de acusaciones recíprocas sobre su violación, ambos países deciden no renovar el Tratado de Fuerzas Nucleares de Alcance Intermedio de 1987; en noviembre de 2020, los EE. UU. se retiran del Tratado sobre Cielos Abiertos, en vigor desde 2002, y Rusia hace lo mismo un año más tarde. Es decir que, en el frente europeo de competición nuclear, ya no hay herramientas institucionales que limiten la anarquía y la acumulación de poder nuclear.

Lo mismo sucede en Asia, donde no hay tratados internacionales como los mencionados anteriormente que limiten la proliferación de China que aprovecha la competición entre Rusia y EE. UU. para incrementar sus arsenales nucleares con discreción y ninguna transparencia[34]. Según la lógica del dilema de seguridad, Pekín no tiene interés en firmar tratados que limiten su proliferación porque quiere conseguir capacidades

---

33 PRESIDENT OF RUSSIA, *Presidential Address to Federal Assembly*, 21/02/2023, disponible en http://en.kremlin.ru/events/president/transcripts/70565

34 KRISTENSEN, Hans y KORDA, Matt, "World Nuclear Forces, *SIPRI Yearbook 2022*, 2022, pp. 341-432, disponible en https://sipri.org/sites/default/files/YB22%2010%20World%20Nuclear%20Forces.pdf

disuasorias defensivas (segundo ataque/represalia asegurada) frente al equilibrador de ultramar estadounidense. Por esto, China, al igual que los demás cinco estados nucleares (P-5) del TNP y la OTAN[35], no ratifica el TPAN de 2017: los estados nucleares no aceptan un orden internacional sin armas nucleares[36]. Tampoco ha entrado en vigor el Tratado de Prohibición Completa de los Ensayos Nucleares de 1996[37]. La situación internacional ve a los EE. UU. competir a nivel nuclear con China en Asia y con Rusia en Europa: los tres principales estados nucleares pueden proliferar sin limitaciones institucionales.

5. LA GUERRA DE UCRANIA Y EL NUEVO EQUILIBRIO DE PODER NUCLEAR

Siguiendo a J. Marsheimer, la alianza instrumental sinorusa provoca un cambio estructural en el equilibrio de poder nuclear, dejando a los EE. UU. en una posición de desventaja relativa. Desaparece la competición nuclear bipolar de la guerra fría, acompañada de la no alineación de Pekín, entre los P-5 del TNP:

EE. UU. vs RUSIA

UK FRANCIA CHINA

---

35 SIPRI, *SIPRI Yearbook 2022. Armaments, Disarmament and International Security–Resumen en español*, 2022, disponible en https://www.sipri.org/sites/default/files/2022-10/yb22_summary_esp.pdf

36 JINTRO, Pauly, "Nuclear Order: Atomized", en: BUNDE, Tobias et al. (eds.), *Munich Security Report 2023: Re:vision*, Munich Security Conference, 2023, pp. 115–125, disponible en https://doi.org/10.47342/ZBJA9198

37 SIPRI, 2022, *op. cit.*

Asistimos ahora a una nueva competición bipolar donde China, aliada de Rusia, se propone como nueva superpotencia nuclear también desde el punto de vista de la competición para el poder. Pasamos de una situación de "una superpotencia contra otra" (EE. UU. contra Rusia) a una situación de "dos superpotencias contra una" (China y Rusia contra EE. UU.). Además, faltaría determinar hasta qué punto Francia se desalinea de los EE. UU. y de la OTAN, pocos meses después del comienzo de la guerra, por las tensiones sobre la gestión de las relaciones con Rusia y China y por la voluntad de conseguir una autonomía estratégica para la UE:

EE. UU. vs CHINA / RUSIA

UK FRANCIA

Los datos sobre el gasto nuclear son publicados por la Campaña Internacional para la Abolición de las Armas Nucleares (ICAN). En 2021, los estados nucleares gastan USD 82,4 mil millones, con un crecimiento anual ajustado a la inflación de USD 6.500 millones. Los EE. UU. (USD 44.200 millones) representan el 53,64% del gasto total, superando casi cuatro veces a China (11.700), con el 14,2%. Los otros países que siguen son Rusia (USD 8.600 millones), Reino Unido (6.800) y Francia (5.900). La suma del gasto de los otros cuatro estados nucleares no llega a los niveles de Francia: la India, con USD 2.300 millones, adelanta Israel (1.200), Pakistán (1.100) y Corea del Norte (642)[38].

---

[38] ICAN, *Squandered: 2021 Global Nuclear Weapons Spending*, 2022, disponible en https://www.icanw.org/squandered_2021_global_nuclear_weapons_spending_report#:~:text=In%20its%20report%20%22Squandered%3A%202021,an%20inflation%2Dadjusted%20increase%20of

El *SIPRI* confirma estos datos y desglosa el rearme nuclear de las superpotencias rivales. Los EE. UU. destinan el 6% de su gasto militar a las armas nucleares y disponen de 5.428 cabezas para su triada. En 2021, más de USD 28.000 millones son destinados a la modernización nuclear[39]. Los datos sobre China provienen de estimaciones hechas con "cierto grado de precaución" por el Departamento de Defensa estadounidense porque Pekín "nunca ha declarado el tamaño de su arsenal nuclear"[40] y "está en medio de un proceso significativo de modernización y expansión de su arsenal"[41]. El dato aproximado habla de 350 cabezas nucleares actuales que podrían convertirse en 1500 en 2035, porque "ya es sabido que China está construyendo diversos centenares de nuevos silos" para almacenar misiles nucleares[42]. Otro elemento fundamental de la estrategia nuclear china es la modernización de los vectores de lanzamiento. En noviembre de 2021 se publica la noticia del primer ensayo chino con un vehículo hipersónico, usado para la investigación aeroespacial, como vehículo de transporte de un arma nuclear: esto demuestra que China es una superpotencia tecnológica capaz de competir con la superpotencia estadounidense en la producción de las armas nucleares más modernas[43]. Un

---

39 KRISTENSEN, Hans y KORDA, Matt, 2022, *op. cit.*, pp. 343-354

40 *Ibidem*, p. 380

41 *Ibidem*, p. 341

42 KRISTENSEN, Hans, JOHNS, Eliana y KORDA, Matt, "Says China Has More ICBM Launchers Than The United States – We Have Questions", *Federation of the American Scientists*, 10/02/2023, disponible en https://fas.org/blogs/security/2023/02/stratcom-says-china-has-more-icbm-launchers-than-the-united-states/#:~:text=To%20exceed%20the%20number%20of,loaded%20as%20well%20if%20necessary.

43 ZASTROW, Mark, "How does China's hypersonic glide vehicle work?", *Astronomy*, 04/11/2021, disponible en https://astronomy.com/news/2021/11/how-does-chinas-hypersonic-glide-vehicle-work

reciente informe de inteligencia estadounidense confirma que Pekín continúa llevando a cabo ensayos con esta tecnología[44]. China es un "*pivotal nuclear power*" en su región porque dispone de tres elementos esenciales: la capacidad de represalia, la capacidad de controlar sus aguas territoriales y la disposición de "santuarios seguros" frente a los posibles ataques de los submarinos nucleares estadounidenses[45].

Los últimos datos ofrecidos por el SIPRI sobre el gasto militar del año 2022 confirman la hipótesis de partida: el año de la guerra en Ucrania registra un aumento del gasto global del 3,7% y llega a los USD 2240 mil millones, equivalentes al 2,2 del PIB global[46]. "Los tres países que más gastaron en 2022 – Estados Unidos, China y Rusia – representarán el 56% del total mundial". Los EE. UU. registran un aumento real del 0,7%, acumulando un gasto tres veces superior a China, que sube un 4,2% y confirma el alza por el 28° año consecutivo. El gasto estimado de Pekín (USD 292 mil millones) es 3,3 veces más elevado del total estimado de Rusia, que registra un +9,2% a raíz

---

44 GWADERA, Zuzanna, "Intelligence leak reveals China's successful test of a new hypersonic missile", *International Institute for Strategic Studies. Online Analysis,* 18/05/2023, disponible en https://www.iiss.org/online-analysis/online-analysis/2023/05/intelligence-leak-reveals-chinas-successful-test-of-a-new-hypersonic-missile/

45 CARAFANO, James Jay, "The future of the U.S.-China nuclear arms race", *GIS Security,* 21/03/2023, disponible en https://www.gisreportsonline.com/r/china-united-states-nuclear/

46 SIPRI, Trends in world military expenditure 2022, *SIPRI Fact Sheet, April 2023,* pp. 1-11, disponible en https://www.sipri.org/sites/default/files/2023-04/2304_fs_milex_2022.pdf

de la guerra[47]. Las regiones con el mayor aumento del gasto son Europa (13%), Asia Oriental[48] (3,5%) y Asia del Sur (4%).

Este contexto explica el aumento del 7,2% del gasto militar anunciado por China en 2023, junto con la progresiva modernización de sus arsenales, que sigue siendo, en palabras de Pekín, "razonable y apropiada" si se considera que los casi USD 225.000 millones gastados por China representan menos de un tercio de los USD 858.000 millones gastados por Washington (el 40% del gasto mundial). Además, el gasto militar per cápita de China es equivalente a una decimosexta parte del gasto estadounidense[49].

Para concluir, las dinámicas del poder nuclear generadas por la guerra de Ucrania sancionan la competición bipolar entre China y los EE. UU. en Asia. China busca modernizar rápidamente su triada nuclear para tener capacidad de represalia contra objetivos estadounidenses en la región de Asia-Pacífico, como Guam o Alaska, y en su territorio continental. Este proceso de modernización es facilitado por el hecho de ser una superpotencia económica–con enorme capacidad de inversión y alta disponibilidad de capital humano–y tecnológica, con capacidad de combinar el uso de las tecnología civil y militar, a

---

47 SIPRI, *El gasto militar mundial alcanza un nuevo récord con el aumento del gasto europeo. Press Release,* 24/04/2023, disponible en https://www.sipri.org/sites/default/files/MILEX%20Press%20Release%20ESP.pdf

48 SIPRI, 2023, *op. cit.*, p. 8. Los datos del SIPRI sobre esta subregión, donde China representa el 74% del gasto militar total, no incluyen a Corea del Norte.

49 THE STATE COUNCIL INFORMATION OFFICE OF CHINA, *China's 2023 defense budget to rise by 7.2%, remaining single digit for 8th year,* 06/03/2023, disponible en http://english.scio.gov.cn/chinavoices/2023-03/06/content_85146919.htm

prueba del argumento según el cual “la ciencia y la tecnología son también instrumentos de política exterior”[50].

6. CONCLUSIONES

El objetivo de las conclusiones es contestar a la pregunta de investigación: ¿cuál es el impacto de la guerra de Ucrania sobre el orden nuclear internacional a nivel de ideas (SH1), instituciones (SH2) y poder (SH3)?

La SH1 es confirmada: la narrativa nuclear de China y Rusia propone un nuevo orden nuclear internacional, “realmente multilateral” y basado en el principio de no injerencia en los asuntos internos. Los EE. UU. securitizan la competición estratégica y nuclear empezada por China en la región de Asia-Pacífico y afirman querer mantener el estatus quo: recuerdan su “compromiso férreo” de disuasión nuclear extendida con sus Aliados en la región (Japón, Corea del Sur, Australia) y afirman querer establecer una justa competición con su rival, sin buscar una “nueva guerra fría”.

En ámbito institucional, se confirma la SH2: la caída del Tratado Nuevo START sanciona el fin del orden nuclear internacional de la guerra fría y acelera la proliferación vertical cualitativa de los países nucleares. Esta dinámica se solapa con la competición bipolar nuclear entre las dos superpotencias tecnológicas. En cuanto a la proliferación vertical cuantitativa,

---

50 SORIANO GATICA, Juan Pablo, “Ciencia, tecnología y relaciones internacionales: historias de poder, de esperanza y de normas e identidades”, *Revista electrónica de estudios internacionales,* núm. 42, 2021, p. 23, disponible en http://www.reei.org/index.php/revista/num42/articulos/ciencia-tecnologia-relaciones-internacionales-historias-poder-esperanza-normas-identidades

China registra un crecimiento sin precedentes que no está destinado a parar en el corto o medio plazo porque no está sometida a normas sobre control de armamentos y no mantiene una política transparente con la OIEA.

De acuerdo con J. Marsheimer, la SH3 es confirmada: la guerra de Ucrania provoca un cambio estructural en la competición nuclear porque abre el segundo frente de competición para la superpotencia estadounidense en Asia-Pacífico, y la deja en posición de desventaja relativa. La modernización del arsenal nuclear chino genera una dinámica de rivalidad nuclear entre las dos superpotencias tecnológicas. A diferencia de lo que afirma J. Marsheimer[51] sobre la existencia de una "nueva guerra fría" entre China y los EE. UU., este análisis ofrece argumentos que sostienen la tesis contraria. Primero, desde un punto de vista del uso del poder, no rige la lógica puramente ofensiva de la MAD: China adopta una estrategia disuasoria defensiva basada en la "represalia mínima asegurada" que le permitiría asegurarse que un eventual conflicto convencional con los EE. UU. en Taiwán no escale en guerra nuclear. Además, las potencias rivales no parten en condiciones de paridad relativa, ya que el arsenal de los EE. UU. es casi quince veces superior al de China, en términos absolutos. Desde el punto de vista ideacional, como el mismo J. Marsheimer afirma[52], la nueva competición bipolar es geopolítica y geoestratégica, pero no ideológica. Además, ambos países adoptan una retórica unívoca de rechazo a la guerra nuclear. Por último, la nueva competición bipolar tampoco tendrá características institucionales propias de la guerra fría: los cincuenta años de cooperación aprendida desde la reapertura de las relaciones bilaterales en 1972 bajo la Administración Nixon deberían ser útiles para no

---

51 OKOSHI, Masahiro, 2022, *op. cit.*

52 *Ibidem*

levantar nuevos telones de acero. El régimen internacional de no proliferación tiene distintas herramientas (TNP) y actores (OIEA) que pueden facilitar la cooperación en los asuntos compartidos más urgentes para la seguridad nuclear.

A modo de conclusión, desde el punto de vista ideacional e institucional, China goza de estatus de superpotencia nuclear que puede competir con los EE. UU. Desde el punto de vista de las fuerzas del poder, pese a la diferencia cuantitativa entre arsenales, China se presenta como una superpotencia que busca la "represalia mínima asegurada" con función disuasoria defensiva. Por esta razón, se centra en modernizar sus arsenales para garantizarse la capacidad de golpear a los objetivos estadounidenses en Asia, donde ya es *pivotal nuclear power*, y en su territorio continental. El actual orden nuclear internacional tiene una estructura no hegemónica de *desfase institucional* porque ideas y poder están alineados hacia la competición bipolar nuclear entre EE. UU. y China en Asia, pese a que las instituciones nucleares más importantes (el TNP como el núcleo de la estructura normativa y la OIEA como el *locus* más legitimado para la cooperación entre los estados nucleares) aún queden "enganchadas a las condiciones bajo las que fueron creadas" [53] y no evolucionan con la misma rapidez que las otras dos fuerzas del orden. Futuras investigaciones podrían profundizar en estudiar el impacto de la guerra de Ucrania sobre la seguridad internacional y, más en concreto, sobre el orden nuclear internacional para comprender las tensiones entre las fuerzas promotoras del cambio (ideacionales y del uso del poder) y la fuerzas promotoras de la continuidad (institucionales) en el sistema internacional contemporáneo.

---

53 BARBÉ, Esther, 2020, *op. cit.*, p. 280

III. DESGLOBALIZACIÓN Y SOCIEDAD CIVIL INTERNACIONAL

Entre la policrisis y el interregno: conceptos para un orden internacional en transición

JOSÉ ANTONIO SANAHUJA[1]

1. INTRODUCCIÓN

Este trabajo toma como problemática el cambio o transición en el sistema internacional. Problemática se entiende aquí, en un uso ya establecido en las Ciencias Sociales, para referirse a un conjunto complejo y polifacético de problemas, cuestiones o preguntas interrelacionadas o, en un sentido más general, para describir la naturaleza intrincada e interconectada de los fenómenos sociales. Frente a la tendencia, pretendidamente más "científica", de aislar los fenómenos sociales e identificar relaciones causales parsimoniosas, ajenas a su particular contexto histórico, se asume que, por su propia naturaleza, el sistema internacional en su conjunto, y sus transformaciones, exigen una mirada holística, interdisciplinaria y multicausal, asumiendo la complejidad como punto de partida. La idea de *problématique,* como planteó Gastón Bachelard en *La formación del espíritu científico* (1938), y posteriormente el filósofo e historiador

---

1 Catedrático de Relaciones Internacionales de la Universidad Complutense de Madrid y asesor especial para América Latina del alto representante para Asuntos Exteriores y Política de Seguridad y vicepresidente de la Comisión Europea. sanahuja@cps.ucm.es Todas las páginas web mencionadas han sido revisadas a 3 de marzo de 2024

de la ciencia Georges Canguilhem en *Lo normal y lo patológico* (1943) parte de esa complejidad, y comporta una heurística y un método crítico que utiliza las contradicciones, disfunciones y anomalías respecto a los conceptos y teorías asentadas para avanzar en el progreso científico. Posteriormente, este concepto fue asumido por el historiador Fernando Braudel, fundador de la Escuela de los Annales, en su conocida obra *El Mediterráneo y el mundo mediterráneo en la época de Felipe II* (1949), que pretendió examinar la historia a múltiples escalas temporales, entendiendo la Historia como ciencia capaz de abordar la totalidad de los social. Asumiendo como problemática la comprensión de las fuerzas estructurales a largo plazo que configuran la evolución histórica, Braudel propuso un análisis de *longue durée* (historia a largo plazo) que examinaba las fuerzas profundas y las características geográficas que moldearon la historia a lo largo de los siglos, en contraposición a la *moyenne durée* y la *courte durée.* En esa perspectiva de largo plazo, Braudel otorgó un papel clave a los factores geográficos y medioambientales para comprender la evolución histórica. Así se hace en este trabajo, que asume que el sistema internacional se encuentra en un momento de cambio de época o de ciclo histórico, cuyo análisis exige incorporar esos factores, y en concreto, la emergencia climática y la crisis ambiental, que, entre otros factores, define los límites físicos y sociales del proceso de globalización que se ha desplegado en el último medio siglo.

Así pues, una premisa de este trabajo es que el análisis de los procesos de cambio del sistema internacional, como *problématique* de partida, requieren de un análisis holístico y de largo plazo que permita aprehender las transformaciones que afectan a sus estructuras básicas. Ello implica una mirada esencialmente histórica, que asume, a su vez, que las teorías y conceptos más asentados son "conocimiento situado" en su propio contexto histórico y, por ello, son más un *explanandum,* hechos a explicar, que su *explanans,* "las" pretendidas explicaciones de esa realidad[2]. Ello conduce, por ser más preciso, a descartar las explicaciones o narrativas convencionales basadas en el concepto de polaridad, por su carácter estatocéntrico, reduccionista, en ocasiones ahistórico. No solo es poco productivo a la hora de aprehender el cambio, sino que es, a menudo, más una narrativa de poder que una categoría analítica rigurosa[3].

A partir de todo lo anterior, y tras una breve caracterización del momento presente como crisis de globalización, este trabajo se propone explorar la capacidad heurística y el potencial explicativo de conceptos que, no formando parte del habitual *corpus* de la disciplina de las relaciones internacionales, pueden permitir aproximaciones novedosas a su objeto. Por un lado, se analizará el concepto de policrisis, procedente de la teoría de los sistemas complejos, y que desde 2023 se ha po-

---

2 Sobre esta cuestión, en el marco de la Teoría Crítica de las Relaciones Internacionales, véase SANAHUJA, J. A., "Los desafíos de la Teoría Crítica de las Relaciones Internacionales", en ARENAL, C. y SANAHUJA, J. A. (coords.), *Teorías de las Relaciones Internacionales* Madrid, Tecnos, 2015, pp. 157-188.

3 Para una crítica sistemática del uso actual de la noción de polaridad y sus derivados (unipolaridad, bipolaridad, multipolaridad, no polaridad) véase SANAHUJA, J. A., "¿Un mundo unipolar, multipolar o apolar? El poder estructural y las transformaciones de la sociedad internacional contemporánea", en VV AA, *Cursos de Derecho Internacional y Relaciones Internacionales de Vitoria-Gasteiz 2007*, Bilbao, Universidad del País Vasco, 2008, pp. 297-384; BARBÉ, E. (2010) "Multilateralismo: adaptación a un mundo con potencias emergentes", *Revista Española de Derecho Internacional* vol. LXII, nº 2, pp. 21-50; GARCÍA SEGURA, C., "Westfalia, Worldfalia, Eastfalia. El impacto de las transformaciones de la estructura de poder interestatal en el orden internacional", *Revista Española de Derecho Internacional,* vol. LXIX, 2, julio- diciembre, 2017, pp. 45-70; y SANAHUJA, J. A., "¿Bipolaridad en ascenso? Análisis equívocos frente a la crisis de la globalización", *Foreign Affairs Latinoamérica* vol. 20, 2, abril-junio, pp. 76-84.

pularizado en el debate público. Por otro, la noción de interregno, una metáfora utilizada por Antonio Gramsci en 1930, y su posible uso y operacionalización como categoría analítica desde la Teoría Crítica y la economía política internacional neogramsciana. El trabajo termina con unas consideraciones finales de carácter praxeológico, dada la marcada orientación normativa de ambas conceptualizaciones, y la necesidad de vincular el conocimiento con la respuesta a los desafíos societales que hoy enfrenta la sociedad internacional.

2. UN MUNDO EN EBULLICIÓN: INESTABILIDAD SISTÉMICA Y CRISIS DEL ORDEN INTERNACIONAL

Que el orden internacional se encuentra en una profunda crisis es, quizás, una de las proposiciones o *leitmotiv* más ampliamente aceptada en el estudio de las relaciones internacionales, incluso para aquellos que han puesto en duda que en algún momento de la historia contemporánea pudiera hablarse de tal cosa. Tras el colapso del bloque del Este en 1989, trató de afirmarse un orden internacional impulsado por Occidente, basado en el consenso liberal y en la supuesta combinación virtuosa de democracia, globalización económica y sociedad de mercado. Esa visión del orden internacional tuvo distintas expresiones: "el fin de la Historia", en la conocida formulación de Francis Fukuyama, o la comunidad de "democracias de mercado" por la que abogó la administración Clinton; y mostró que el universalismo occidental, apelando en esta ocasión a un ideario democrático cosmopolita, contaba aún con un importante capital intelectual como teleología de progreso y proyecto político para sustentar el orden internacional. Sin embargo, su recorrido fue limitado. Las guerras e intervenciones que jalonaron los años noventa, al descongelarse el orden bipolar —el Golfo, Balcanes, Ruanda, Haití, Somalia, Kosovo…— mostraron los límites y contradicciones de esa noción de orden internacional. Con el cambio de siglo, los ataques terroristas del 11-S y las posteriores guerras de Afganistán e Irak revelaron, a un tiempo, los límites materiales y morales de ese supuesto universalismo, así como la inviabilidad práctica y la conflictividad inherente al intento de establecer una nueva *Pax Americana* de matriz unipolar[4], que algunos neoconservadores estadounidenses denominaron el "proyecto para nuevo siglo americano"[5]. Ahora bien, más allá de los hechos mencionados, lo que caracterizó a esta etapa fue la aceleración de la liberalización comercial, la transnacionalización productiva y financiera, y la globalización económica, con la activa participación de los países emergentes. Las cadenas productivas de la economía globalizada siguieron operando con la precisión de un reloj, como exigía la lógica del *just-in-time* y la integración digital, con un régimen regulatorio favorable a la apertura, relativamente estable y predecible, sin apenas interferencias de la política y la acción estatal. Más que la fallida "guerra global contra el terror", esta etapa significó cambios profundos en la división internacional del trabajo, con mayores interdependencias y mucho mayor peso económico de los países emergentes. El ascenso de estos países, lógicamente, alimentó planteamientos revisionistas con reclamos de mayor voz y representación en unas organizaciones internacionales que, como expresión de la vieja hegemonía occidental, se han resistido a la reforma y

---

4 García Segura, C. e Ibáñez, J., "Los límites de la hegemonía estadounidense: deserciones y disidencia en la *coalition of the willing*", en *Revista Española de Derecho Internacional (REDI)*, vol. LVIII, nº 2, 2006, pp. 771-796; Layne. C., "The unipolar illusion revised", *International Security* vol. 31, nº 2, 2006, pp. 7-41; Sanahuja, J. A., *op. cit.*, 2008.

5 Iglesias Cavicchioli, M., *La visión neoconservadora de las relaciones internacionales y la política exterior de los Estados Unidos*, Barcelona, Huygens, 2016.

la democratización y, con ello, arrastran crecientes problema de legitimidad y eficacia frente a un mundo crecientemente "post-occidental"[6].

La crisis financiera de 2008, como se argumentará más adelante, dio fin a ese estado de cosas y marca el inicio de una nueva etapa histórica de crisis de la globalización. Esa crisis reveló, de manera traumática, riesgos globales derivados de un alto grado de transnacionalización e interdependencia, que la ideología liberal y el "globalismo" renunció a afrontar[7]. Mostró, así, las vulnerabilidades y contradicciones de un modelo de hiperglobalización, como lo denominó Dani Rodrik, dejado a merced de los mecanismos de equilibrio y autorregulación del mercado, al tiempo que limitaba la soberanía, capacidad regulatoria y agencia de los Estados, y la efectividad y alcance de las normas y mecanismos de la cooperación internacional. Como también apuntó ese autor, ello suponía una visible contradicción: pese al discurso sobre su difusión global, lo que se estaba produciendo era un vaciamiento real de la democracia y la noción de ciudadanía en su contenido sustantivo[8]. Por otro lado, la globalización, como teleología de progreso, no vio cumplirse sus predicciones sobre la inevitable democratización de países como China, como consecuencia necesaria del cam-

---

6 Ver, entre otros, Zakaria, F., *The Post-American World.* Nueva York, W. W. Norton, 2008; Mahbubani, K., *The New Asian Hemisphere. The Irresistible Shift of Global Power to the East,* Nueva York, Public Affairs, 2009; Kupchan, C. A., *No One's World. The West, the Rising rest, and the Coming Global Turn,* Oxford, Oxford University Press, 2012, y Acharya, A., *The End of American World Order,* Cambridge, Polity, 2014.

7 Beck, U., *La sociedad del riesgo mundial. En busca de la seguridad perdida,* Barcelona, Paidós, 2008. Ibid, *La sociedad del riesgo global,* Madrid, Siglo XXI, 2002.

8 Rodrik, D., *La paradoja de la globalización. Democracia y el futuro de la economía mundial.* Barcelona, Antoni Bosch, 2011.

bio social y político derivado del crecimiento económico y la expansión de las clases medias.

La crisis iniciada en 2008 fue, sobre todo, una crisis de Occidente y su liderazgo y capacidad efectiva para sostener la globalización y el orden liberal internacional[9]. La aparición del G20, pese a incorporar a los países emergentes, no resolvió los problemas de gobernanza y de viabilidad de una globalización altamente financiarizada que, en esa etapa, precisó, a modo de respirador artificial, de una intervención masiva y sostenida en el tiempo de los principales bancos centrales, sin que ello evitara, en los países avanzados, la adopción de medidas de austeridad que llevaron a una profunda crisis social[10]. Esta se cruzó, además, con crecientes presiones migratorias y crisis de refugiados que la extrema derecha, con un discurso comunitarista y securitario, instrumentalizó con habilidad. El caso de la Unión Europea es paradigmático. A la postre, todo ello alimentó la erosión de expectativas y derechos y una creciente desafección hacia las instituciones y las elites y, a la postre, hacia la democracia —así lo muestran las encuestas de Ipsos Mori, Gallup o Pew Global Research Center[11] —, que, a su vez, fue el terreno abonado para la erosión y fragmentación de los sistemas de partidos dominantes en las décadas anteriores; el frecuente éxito electoral de *outsiders* que medran en ese escenario de desafección, y el ascenso de una ola nacional-populista y de extrema derecha en Estados Unidos y Europa, cuyos ex-

---

9 ALTMAN, R., "The great crash, 2008. A political setback for the West", *Foreign Affairs,* vol. 88, 1, 2009, pp. 1-15.

10 TOOZE, A., *Crash. Cómo una década de crisis financieras ha cambiado el mundo,* Barcelona, Crítica, 2018.

11 En particular, véanse los elocuentes datos aportados por IPSOS, "Sentimiento de sistema roto en 2021. Populismo, anti-elitismo y nativismo". *Ipsos Global Advisor.* agosto, 2017.

ponentes han sido Trump, el Brexit, Orban y otras fuerzas de extrema derecha en Europa, y también en países que parecían inmunizados por haber tenido traumáticas experiencias autoritarias. Pocos años antes hubieran sido inimaginables hechos como la elección de Donald Trump o Jair Bolsonaro, el *Brexit* y el ascenso del populismo y el chovinismo en el Reino Unido, o el asalto al Capitolio en Washington, o en un mal *remake*, en la plaza de los Tres Poderes en Brasilia, en ambos casos por parte de turbas de ultraderecha, azuzadas por los presidentes salientes como parte de una trama golpista. Estas tendencias se observan más allá de Occidente, como ilustra la pulsión ultranacionalista de Narendra Modi y el *hindutva* en la India, las derivas nacionalistas y autoritarias de la China de Xi Jinping, Recep Tayyip Erdoğan en Turquía, y de Rodrigo Duterte que gobernó hasta hace poco en Filipinas.

Con la democracia liberal a la defensiva y crecientes demandas de protección hacia el Estado, a la que esas fuerzas iliberales y de ultraderecha pretendieron dar respuesta, puede hablarse de nuevo de una suerte de "contra movimiento", como lo definió Karl Polanyi al observar los movimientos sociopolíticos de los años treinta del siglo XX, con la gran depresión, la crisis del liberalismo y el ascenso del fascismo de esa etapa[12].

La contestación al liberalismo de esas nuevas fuerzas de ultraderecha "neopatriota" se ha dado tanto en el ámbito doméstico como su actuación internacional. Su ascenso implica una dinámica de impugnación del orden liberal internacional y de las organizaciones y normas regionales y globales —lo que

---

12 Seeliger, M. y Sommer, B., "Countermovements in Europe? A Polanyian perspective", *Culture, practice & Europeanization*, vol. 4, 1, 2019, pp. 1-4; Polanyi, K., *La gran transformación. Los orígenes económicos y sociales de nuestro tiempo,* Madrid, Fondo de Cultura Económica, 2007 [1944].

en ocasiones denominan "el globalismo"—, y alimentó una tendencia al nacionalismo económico y el proteccionismo y a guerras comerciales y tecnológicas, deliberadamente orientadas a proteger o relocalizar la actividad productiva y el empleo (*reshoring, nearshoring, friendshoring, allyshoring*), como las que la administración Trump desencadenó contra China[13]. Pero esa tendencia es más amplia y no se explica solo o principalmente por el ascenso de estos actores, como ilustra su continuidad con la administración Biden y su adopción por parte de la Unión Europea. Es también la expresión de profundos cambios tecnológicos —digitalización, automatización, robotización— que alientan el mencionado repliegue de la actividad productiva y anuncian una nueva división internacional del trabajo; de la necesidad de garantizar la seguridad económica o en materia de energía ante la irrupción de la geopolítica en la economía, y la tendencia creciente a la *weaponisation* o uso coercitivo de las interdependencias económicas o tecnológicas, como ilustra el aumento de las sanciones a escala global, impulsado, sobre todo, por Estados Unidos[14], las restricciones en materia de microprocesadores, o la "guerra del gas" que inició Rusia contra la Unión Europea ya antes de la invasión de Ucrania.

Sobre ese escenario, finalmente, se abatió la pandemia del Covid-19, materialización, de nuevo, de uno de los riesgos glo-

---

13 Posen, A., "The post-American world economy", *Foreign Affairs* nº 97, marzo-abril, 2018, pp. 28-38.

14 Farrell, H., y Newman, A. L. (2019) "Weaponized Interdependence", *International Security* 44 (1), p. 42-79; Yotov, Y., Yalcin, E., Kirilakha, A., Syropoulos, K., Felbermayr, G., "The Global Sanctions Database. Mapping international sanctions policies from 1950-2019", *VoxEU column,* mayo de 2021 [https://cepr.org/voxeu/columns/global-sanctions-data-base-mapping-international-sanction-policies-1950-2019]; Miller, C., *Chip wars. The fight for the world's most critical technology,* Nueva York, Simon & Schuster, 2022.

bales que teorizó Ulrich Beck, producidos por la globalización neoliberal, en particular la combinación de altos niveles de interconexión e interdependencia, que comportan una alta vulnerabilidad a las disrupciones de los flujos comerciales y tecnológicos; de grandes asimetrías y desigualdad en la distribución del riesgo entre países y grupos sociales, y de una reducida capacidad de acción colectiva generada por la deliberada fragilidad de las estructuras de gobernanza de la globalización, que se debilitó aún más ante una respuesta en la que predominó el "nacionalismo epidemiológico" o en materia de vacunas, pese a que la única respuesta efectiva ante una pandemia es una cooperación internacional más intensa[15]. Y poco después, la invasión de Ucrania, ya la guerra más grande en suelo europeo desde la Segunda Guerra Mundial, que ha tenido efectos de alcance global en cuanto a desarticulación de cadenas de suministro, escasez, inflación, y realineamientos geopolíticos de gran calado, agudizando las tendencias a la competencia y la fragmentación del sistema internacional.

Este escenario de inestabilidad sistémica y de crisis superpuestas refleja un verdadero "mundo en ebullición", y como señala Nathalie Tocci, evidencia una crisis de la gobernanza global ante la que es poco relevante y equívoco el debate sobre una pretendida bipolaridad o multipolaridad[16]. Pero esta expresión metafórica la ha utilizado, de una manera más precisa, el secretario general de Naciones Unidas, António Guterres.

---

15 SANAHUJA, J. A., "COVID-19: Riesgo, pandemia y crisis de gobernanza global", en Mesa, M. (Coord.) *Riesgos globales y multilateralismo: el impacto de la COVID-19. Anuario CEIPAZ 2019-20*, Madrid, CEIPAZ, 202º, pp. 27-54; TOOZE, A., *El apagón. Cómo el coronavirus sacudió la economía internacional*, Barcelona, Crítica, 2021.

16 TOCCI, N., "Bipolar, Multipolar, Nonpolar All at Once: Our World at the time of the Russia-Ukraine War", *IAI Commentaries* 23/42, septiembre, 2023.

En julio de 2023 declaró que la era del calentamiento global había terminado, y comenzaría así "una nueva era de ebullición global" (*global boiling*)[17]. Con ello se refería a una amenaza de mayor alcance, de carácter existencial o, al menos, crítica, que se cruza con todo lo anterior: la crisis ambiental y, específicamente, la emergencia climática, que es posiblemente la más evidente prueba del agotamiento y los límites de la globalización neoliberal y de sus patrones de producción y consumo, que no son universalizables. La expresión no es exagerada: julio y agosto de 2023 han sido, desde que existen registros, los meses más calurosos de la historia; las temperaturas de los océanos han alcanzado niveles récord, y, al tiempo, se han registrado máximos históricos, a escala global, de consumo de carbón y petróleo, y este último seguirá aumentando hasta alcanzar su "pico" histórico en torno a 2030[18]. Como recuerdan Tim Sahay y Kate Mckenzie, el debate y la política sobre esta cuestión están centrados, a menudo, en la reducción de los flujos de emisiones, más que en el monto acumulado de carbono en la atmósfera tras más de dos siglos de industrialización[19]. Las consecuencias, ya irreversibles, están a la vista: se están rompiendo equilibrios fundamentales del sistema terrestre y se pueden sobrepasar muy pronto, si no ha ocurrido ya, lo que el Panel Intergubernamental sobre Cambio Climáti-

---

17 Naciones Unidas, "Hottest July ever signals 'era of global boiling has arrived', says UN chief", UN News, 27 de julio [https://news.un.org/en/story/2023/07/1139162], y

18 Agencia Internacional de la Energía, *Oil 2023. Analysis and Forecast to 2028,* París, International Energy Agency (IEA), junio de 2023; Sheppard, D., "World 'at the beginning of end of fossil fuel era, IEA says", *Financial Times,* 12 de septiembre.

19 Mckenzie, K. y Sahay, T., "Global boiling", *The Polycrisis,* 3 de agosto, 2023 [https://www.phenomenalworld.org/analysis/global-boiling/].

co (IPCC) denomina puntos críticos o de no retorno (*tipping points*)[20]. Los fenómenos climáticos extremos —inundaciones, sequías, tormentas, incendios forestales...—, más numerosos, intensos y dañinos, ya no son la excepción, sino la expresión de una "nueva normalidad" de procesos no lineales y hechos impredecibles y de graves consecuencias. En septiembre de 2023 Antònio Guterres insistía en esta cuestión, declarando que "la era del colapso climático ha comenzado"[21]. La emergencia climática, como ocurre con otros retos transnacionales, como la pandemia, la economía y el bienestar global, ilustra la contradicción entre un mundo muy interconectado e interdependiente, y, al tiempo, cada vez más fragmentado y contestado, con creciente rivalidad geopolítica, mayor competencia económica y tecnológica, fuertes tendencias nacionalistas y ásperas disputas ideologizadas, que ponen en cuestión la evidencia científica e incluyen posturas abiertamente negacionistas sobre los retos globales.

---

20 Hoegh-Guldberg, O. *et al.*, "Impacts of 1.5ºC Global Warming on Natural and Human Systems", en Masson-Delmotte, V. *et al.*, *Global Warming of 1.5°C. An IPCC Special Report on the impacts of global warming of 1.5°C above pre-industrial levels and related global greenhouse gas emission pathways, in the context of strengthening the global response to the threat of climate change, sustainable development, and efforts to eradicate poverty*, Cambridge, Cambridge University Press, pp. 175-312.

21 Organización Meteorológica Mundial, "Earth has hottest three-month period on record, with unprecedented sea surface temperatures and much extreme weather", 6 de septiembre de 2023 [https://wmo.int/news/media-centre/earth-had-hottest-three-month-period-record-unprecedented-sea-surface-temperatures-and-much-extreme]

3. LA POLICRISIS: UNA APROXIMACIÓN SISTÉMICA

¿Cómo definir un escenario como el descrito en la sección anterior, de riesgos y fragilidad económica, crisis de democracia, emergencia climática y fenómenos extremos, pandemias, rivalidad geopolítica, y guerras con un alto potencial de escalada, sin descartar el uso de armas nucleares? En octubre de 2022 el historiador Adam Tooze anunciaba un "mundo de policrisis", lanzando ese término al debate público, para referirse a la simultaneidad de distintas crisis, y a los efectos ampliados de su interacción, que serían más graves que los que podría esperarse de la mera suma de todas ellas[22]. En las reuniones del Foro Económico Mundial en Davos de enero de 2023 este neologismo ya se había convertido en la palabra del momento, y se aludía expresamente a ella en el Informe sobre Riesgos Globales, publicación insignia de esa entidad. La policrisis, para ese informe, resultaría del posible entrelazamiento de riesgos socioeconómicos, geopolíticos y ambientales, la escasez de recursos, y la erosión de la cooperación internacional para afrontarlos[23].

El término no era nuevo. En 2016 lo utilizó el entonces presidente de la Comisión Europea, Jean-Claude Juncker, para referirse a la sucesión de crisis que habían golpeado a la UE[24]. En 2019, con esa misma óptica, fue objeto de un número es-

---

22 TOOZE, A., "Welcome to the world of the polycrisis", *Financial Times*, 28 de octubre de 2022

23 WORLD ECONOMIC FORUM, Global Risks Report 2023, Ginebra, WEF, 2023, p. 9.

24 JUNCKER, J.C., *Speech by President Jean-Claude Juncker at the Opening Plenary Session of the Ideas Lab 2018 "Europe – Back on Track" of the Centre for European Policy Studies,* Bruselas, Comisión Europea, 22 de febrero, 2018. [https://ec.europa.eu/commission/presscorner/detail/en/SPEECH_18_1121.]

pecial de la revista *European Public Policy*, titulado "¿La Unión Europea, más allá de la policrisis?"[25]. El origen del concepto de policrisis, sin embargo, se encuentra en la teorización sobre sistemas complejos de Edgar Morin y Anne Brigitte Kern. En 1999 estos autores, considerando el agravamiento de la crisis ambiental, partieron de la teoría de la complejidad para describir el riesgo, que consideraban próximo, de una policrisis de alcance planetario, que comportaría crisis entrelazadas y solapadas, antagonismos y procesos incontrolables, y una situación de inestabilidad sistémica y de gran incertidumbre. Ante ella, no cabría plantear soluciones parciales, y se requeriría una respuesta holística y de alcance global, que el propio sistema, sumido en esa situación, no sería capaz de generar[26].

A partir de esa reflexión, y de otros aportes, como la teorización sobre los riesgos globales de Ulrich Beck, la policrisis global se define como la combinación de crisis en distintos sistemas globales interdependientes —medio ambiente, energía, alimentos, salud, economía, transporte y cadenas de suministro, seguridad internacional, y orden social y gobernanza—, cuyas causas están entrelazadas, que tienen efectos en cascada que se extienden a todos esos sistemas (efecto *spillover*), y que en conjunto degradan de manera significativa las opciones y posibilidades de la humanidad. Las causas de la policrisis puede ubicarse en las disfuncionalidades de alguno de esos sistemas, que generan una crisis parcial que se extendería a otros, o

---

25 ZEITLING, J., NICOLI, F., y LAFFAN, B., "introduction: The European Union beyond the Polycrisis? Integration and Politicization in an Age of Shifting Cleavages", *Journal of European Public Policy* vol. 26, 7, pp. 963-976.

26 MORIN, E. y KERN, A. B., *Homeland Earth: A Manifesto for the New Millennium. Advances in Systems Theory, Complexity, and the Human Sciences*, Cresskill, Hampton Press, 1999, p. 74.

bien ser un fenómeno discreto o un choque externo a uno o al conjunto de esos sistemas, como ocurrió con el Covid-19. Esas crisis en interacción producen daños más elevados que los que producirían la suma de esas crisis aisladas, si los sistemas que las albergan, como ocurría en el pasado, no estuvieran tan profundamente conectados. Por ese motivo, deben ser entendidas y abordadas como parte de un todo[27].

En concreto, según Lawrence, Janzwood y Homer-Dixon, el concepto de policrisis destaca la interacción causal de las crisis en distintos sistemas; el carácter complejo de los sistemas y los efectos no lineales de sus interconexiones, no siempre bien conocidos, lo que explica su evolución rápida, imprevista, y la radical incertidumbre que plantea su evolución; la simultaneidad y retroalimentación negativa de sus impactos; su escala sistémica o global, por definición, aunque se haya empleado este concepto a escala regional; la gravedad de los daños, pues suponen el riesgo o posibilidad de ruptura de un sistema en su conjunto, y degradan a escala global las opciones materiales y de política para mantener la seguridad o el bienestar, pudiendo generar riesgos catastróficos e incluso existenciales[28].

Así, el concepto de policrisis permitiría un abordaje holístico, y una heurística más productiva, de carácter sistémico, para abordar el análisis del particular momento que vive el sistema internacional contemporáneo. Esta parece especialmente apropiada para evitar aproximaciones sectoriales y la lógica compartimentalizada de "silos" intelectuales y de política, exigiendo respuestas más integradas, lo que es especialmente re-

---

27 Lawrence, M., Janzwood, S., y Homer-Dixon, T. "What is a Global Polycrisis? And how it is different from a systemic risk?, Victoria, *Discussion Paper*, Cascade Institute, septiembre de 2022, p. 2.

28 Lawrence, M., Janzwood, S., y Homer-Dixon, T., *op. cit.*, 2023, p. 6.

levante con relación a la emergencia climática[29]. Adam Tooze ha propuesto un modelo de esquema analítico "—imágenes de la crisis" o *krisenbilder*— para captar y ordenar la complejidad que las caracteriza, identificando los elementos constitutivos de la policrisis, sus patrones de interacción causal, sus efectos, y las lógicas de retroalimentación que generan[30].

Pese a sus ventajas y atractivo, el concepto de policrisis no goza de aceptación general. En la reunión de Davos antes citada, el historiador Niall Ferguson rechazó ese concepto, señalando que no hay nada singular en la actual coyuntura de crisis entrelazadas y superpuestas: "es simplemente la historia ocurriendo". Como señala Daniel Drezner, no es la primera vez que el sistema internacional enfrenta encrucijadas aparentemente irresolubles, como ocurrió en el periodo histórico entre la I Guerra Mundial y la Gran Depresión, o en torno a 1973, un momento, como ocurre ahora, de fragilidad económica, inflación, cambio tecnológico, malestar social, guerras con participación de potencias nucleares, sensación de pérdida de control y gran preocupación por el aumento de la población y el agotamiento de los recursos[31]. La noción de policrisis, así, puede expresar un sesgo de confirmación, que afirma la singularidad de este momento y refleja una visión pesimista sobre el presente y el futuro, y suponer conexiones causales que no necesariamente existen. Por último, descuida la agencia humana y el papel de las instituciones, mecanismos reguladores

---

29 Wolf, M., "How to think about policy in a Polycrisis", *Financial Times*, 30 de noviembre de 2022.

30 Tooze, A., "Defining Polycrisis – From crisis picture to the crisis matrix", Chartbook #130, 24 de enero de 2023, p. 2, 5. [https://adamtooze.substack.com/p/chartbook-130-defining-polycrisis].

31 Drezner, D., "Are we headed towards a Polycrisis? The buzzword of the moment, explained", *Vox World Politics*, 28 de enero de 2023.

y políticas previamente establecidas equilibrios de mercado, estabilizadores automáticos, o celebración de elecciones a la hora de afrontar las crisis[32]. Por ello, una cuestión clave a dilucidar es si el elevado nivel de interconexión, complejidad, vulnerabilidad, riesgo sistémico y temor al futuro de la actualidad, derivado de una globalización y un orden internacional en crisis, supone una diferencia cualitativa con otras etapas, o es un mero "retorno de la historia" tras su pretendido "final" conforme a las teleologías liberales del progreso.

Algunas de las carencias de la policrisis como herramienta analítica están relacionadas con su origen en la teoría de los sistemas complejos. El análisis sistémico orienta al observador hacia un análisis sincrónico que, como recuerda el propio Adam Tooze, obscurece la génesis histórica de las dinámicas y actores en juego[33]. Por otro lado, al poner énfasis en la funcionalidad de los sistemas globales, la noción de policrisis descuida las relaciones de poder y las cuestiones distributivas, y sitúa el análisis en una lógica de resolución de problemas o *problem-solving theory*, orientada a asegurar la funcionalidad del sistema internacional. Con ello, se obvian las relaciones de dominación y dependencia en juego en dicho sistema y su crisis, frente a la *critical theory* orientada a cuestionar esas relaciones y destacar su potencial para el cambio y la emancipación, conforme a la conocida distinción de Robert W. Cox. Distinción que, como destaca este autor, afecta a la construcción de la propia *problématique* de partida, necesariamente arraigada en un particular contexto histórico[34]. En ese sentido, hablar de

---

32 Smith, N., "Against Polycrisis", 14 de noviembre de 2022 [https://www.noahpinion.blog/p/against-polycrisis].

33 Tooze, "Defining Polycrisis…", *op. cit.*, 2023.

34 Cox, R. W., "Social Forces, States and World Orders: Beyond International Relations Theory", en *Millennium: Journal of Interna-*

policrisis pude suponer, implícitamente, un juicio normativo, una determinada idea de progreso, e incluso una filosofía de la historia, al presuponer una "normalidad" —la globalización, el orden internacional liberal…— que deja de existir, y a la que, con los ajustes necesarios, se habría de retornar[35].

4. EL INTERREGNO Y LOS SÍNTOMAS MÓRBIDOS: METÁFORA Y ANALOGÍA HISTÓRICA[36]

Frente a la aproximación sistémica de la policrisis, la noción de interregno se caracteriza por su esencial historicidad, tanto por su origen como por ser parte de una epistemología y una tradición teórica para la que no hay fundamento causal y explicación del devenir histórico fuera de la propia historia, lo que implica aunar racionalismo y reflexividad. Ahora bien, siendo en sus orígenes poco más que una metáfora, ¿puede ser un concepto analítico útil para la comprensión de la actual etapa histórica y las rupturas y crisis múltiples del sistema internacional?

Más allá de su significado genérico —la etapa en la que en un reino o Estado no tiene un soberano en ejercicio—, a los efectos de este trabajo la noción de interregno tiene su origen en el periodo de entreguerras y de ascenso del fascismo en Europa. En 1930 Antonio Gramsci, encarcelado por el fascismo italiano, escribía en los *Quaderni del Carcere* una de sus frases

---

tional Studies, vol. 10, 2, 1981, p. 128

35 TOOZE, A., "On deglobalization and Polycrisis", *Chartbook #192,* 1 de febrero de 2023, p. 8 [https://adamtooze.substack.com/p/chartbook-192-on-deglobalisation]

36 Esta cuestión se exploró inicialmente en SANAHUJA, J. A., "Interregno: la actualidad de un orden mundial en crisis", *Nueva Sociedad* 302, noviembre-diciembre, 2022, pp. 86-94

más citadas: "La crisis consiste precisamente en el hecho de que lo viejo muere y lo nuevo no puede nacer: en ese interregno se verifican los fenómenos morbosos más variados"[37]. De esta frase existe una versión apócrifa, aunque popular: "El viejo mundo se muere. El nuevo tarda en aparecer. Y en ese claroscuro surgen los monstruos". Esa frase se escribe en un momento de crisis orgánica del capitalismo —otro concepto clave en el universo intelectual gramsciano—, tras el *crack* bursátil de 1929; una crisis económica y social que fue también política, de las democracias liberales y del orden internacional de posguerra, esa particular versión de orden liberal basado en el capitalismo de *laissez* faire, el idealismo wilsoniano y la Sociedad de Naciones. Gramsci, desde su contemporaneidad, pudo ver lo que años después sería ampliamente asumido por la historiografía y la conciencia colectiva: que esa etapa constituía un "interregno" que mostró el agotamiento de las estructuras vigentes, minadas por sus contradicciones y límites, y la incapacidad de las clases dominantes para darles respuesta, dando paso a nuevas formas de cesarismo, al fascismo, al militarismo, y a la guerra. Solo después de la derrota del fascismo en 1945 podría emerger "lo nuevo": los inéditos pactos socioeconómicos que durante varias décadas hicieron viables, en términos materiales y de legitimidad, los respectivos proyectos políticos de Occidente, del socialismo real, y de los nuevos Estados poscoloniales, y un orden internacional basado en la bipolaridad, relativamente capaz de proporcionar estabilidad y orden en sus respectivas áreas de influencia.

Ahora bien, ¿a qué se refería exactamente Gramsci al hablar de interregno? Se trata de una metáfora, y ni él mismo ni otras

---

[37] Gramsci, A., *Cuadernos de la cárcel. Edición crítica del Instituto Gramsci a cargo de Valentino Gerratana*, vol. 2, Ciudad de México, Era, 1999, p. 37.

figuras posteriores lo han conceptualizado o teorizado en detalle. Es revelador que el interregno no aparezca como entrada en el *Diccionario Gramsciano* publicado por la Universidad de Cagliari, y la única referencia a este término se encuentra justamente en la entrada sobre la "crisis orgánica"[38].

Sin embargo, del texto original en el que aparece —un fragmento de la serie "Pasado y presente" de los *Quaderni*— se pueden extraer claves útiles. Para Gramsci, partiendo de su propio contexto histórico de entreguerras, la crisis era sobre todo una crisis de autoridad motivada por la erosión del consenso, en la que las clases dirigentes ya no podrían seguir ejerciendo su dominio a través del consentimiento, y se verían compelidas a recurrir a la coerción. Un momento, en suma, de pérdida de hegemonía, en el sentido gramsciano, de coerción más consentimiento, involucrando tanto al aparato del Estado como a la sociedad civil. Lo que caracteriza al interregno es la imposibilidad de resolver esa crisis con el mero recurso a la coerción o de retornar a unos consensos que dejaron de existir, al tiempo que no aparecen actores o proyectos con capacidad de ganar amplia aceptación y legitimidad. Así, reinaría un "escepticismo difuso" y una política "realista" y "cínica". Sería el momento de los "síntomas mórbidos" de alcance societal, que emanan de un viejo orden en descomposición: desafección popular respecto a las élites tradicionales, amplias expresiones de descontento, violencia política abierta, ascenso del extremismo y de líderes autoritarios y, en términos gramscianos, nuevas formas de cesarismo; todo lo cual, de nuevo, tiene clara resonancia para el momento presente[39].

---

38 Liguori, G., Modonesi, M., Voza, P. (eds), *Diccionario Gramsciano (1926-1937)*, Cagliari, Unicapress, 2022, p. 115.

39 Achcar, G., "Morbid Symptoms: What Did Gramsci Really Mean?", *Notebooks: The Journal for Studies on Power* vol. 1, 2021, pp. 379-387.

Si se atiende a las crisis múltiples y solapadas del sistema internacional que se trataron en una sección anterior, en especial a la etapa que se inicia con la crisis financiera de 2008, cabe preguntarse si el sistema internacional no estaría atravesando otra etapa de interregno, con características propias y diferenciadas respecto al que dio origen a la metáfora gramsciana en el periodo de entreguerras. Como entonces, se trata de una crisis orgánica que tiene su origen, en primera instancia, en las contradicciones y límites —productivos, sociales, ambientales, de gobernanza— de una economía global altamente transnacionalizada y financiarizada. Esa crisis, lejos de ser un fenómeno cíclico y limitarse al ámbito económico, puede entenderse como una crisis estructural y de alcance societal[40].

En tanto crisis orgánica, la crisis de la globalización daría paso así una etapa de interregno en el que "lo viejo no termina de morir y lo nuevo no puede nacer". Como en el periodo de entreguerras, la "política del interregno" estaría caracterizada por la erosión de la legitimidad y la efectividad del orden anterior, incapaz de proporcionar gobernanza representativa y eficaz en los ámbitos nacional e internacional; por el ascenso de nuevos actores políticos y sociales en la política interna e internacional, en particular las nuevas fuerzas iliberales y de ultraderecha, que se nutren del descontento y a la vez lo azuzan, impugnando los discursos, normas e instituciones vigentes, y desafían a las élites y grupos dominantes de la etapa anterior[41]. La "economía política del interregno" supondría la crisis de

---

40 Sanahuja, J. A., "Posglobalización y ascenso de la extrema derecha: crisis de hegemonía y riesgos sistémicos", en Mesa, M. (coord.), *Seguridad internacional y democracia: guerras, militarización y fronteras. Anuario 2016-17,* Madrid, CEIPAZ, 2017, pp. 35-71.

41 Véanse los debates planteados por la revista *Le Grand Continent* en torno a esa idea. Disponible en https://legrandcontinent.eu/es/.

un modelo de producción y acumulación basado en un ciclo tecnológico que se agota —el posfordismo y la transnacionalización productiva—, y la irrupción de nuevas tecnologías que anuncian un ciclo de reorganización de la producción a escala global, basado en la automatización y la digitalización, el acortamiento de las cadenas de suministro y la revalorización del regionalismo a través del *onshoring, el nearshoring* o el *friendshoring*. Junto a esos factores de cambio estructural, inciden factores de agencia: tanto el capitalismo liberal occidental como el capitalismo de Estado de países emergentes recurren al proteccionismo, se inician guerras comerciales y tecnológicas, se recurre cada vez más a la *weaponisation* de las interdependencias, sea de manera directa o vía sanciones, a sabiendas de que ello también traerá elevados costes para el que las impone, y se adoptan políticas industriales y de desarrollo en las que el Estado vuelve a recuperar protagonismo[42]. Esta tendencia se explicaría por el cambio tecnológico y razones de rentabilidad, pero también de sostenibilidad y de seguridad y resiliencia en un escenario de irrupción de la geopolítica en la economía global, como señaló Jean Pisany-Ferri, que pone en entredicho las promesas de la teoría liberal del comercio, que lo ve como el gran "pacificador" de las relaciones internacionales[43].

Finalmente, la "geopolítica del interregno" estaría dominada por la erosión de los consensos y los equilibrios en los que se basó el orden internacional liberal. Pese a la narrativa sobre una nueva bipolaridad, las potencias establecidas no logran

---

42 Stiglitz, J., "Economics of the Interregnum", París, *GEG working paper*, marzo de 2022.

43 Pisany-Ferry, J., "La conquista geopolítica de la economía", *Project Syndicate*, 30 de septiembre de 2021. [https://www.project-syndicate.org/commentary/geopolitics-is-trumping-economics-by-jean-pisani-ferry-2021-09/spanish]

sostener ese orden, y cuando este es impugnado por actores revisionistas, estos últimos tampoco parecen tener la voluntad o la capacidad de generar un orden mundial alternativo. Lo mismo puede decirse respecto a los riesgos globales, como ilustró el Covid-19, que pese a ser conocidos se renunció a prevenir o mitigar al no haberse establecido instituciones multilaterales capaces de movilizar adecuadamente la acción colectiva. En ese escenario de contestación y debilitamiento del orden internacional, en el que las grandes potencias no parecen serlo tanto, emergen nuevos actores, incluyendo potencias medias y menores, con voluntad de reordenar el mundo o, al menos su entorno cercano, incluyendo los flujos económicos y tecnológicos, frente a la pasividad o desconcierto de las viejas élites y actores dominantes. Para ello, plantean apuestas geopolíticas que desafían la racionalidad y los consensos establecidos, a menudo arriesgadas, y que afectan al referido uso de la violencia y la coerción. Estas apuestas, que generan reacciones en cadena de alcance sistémico y que, en muchas ocasiones, tienen consecuencias inesperadas y muy disruptivas, terminan siendo inviables y dan lugar a mayor incertidumbre e inestabilidad. Frente al imperio del mercado global del periodo de globalización neoliberal, ahora la competencia geopolítica irrumpe de manera creciente, o se agrava, en el Ártico, el mar de China oriental, Taiwán Asia Central, Oriente Próximo y el Mediterráneo Oriental, el Golfo Pérsico, el Sahel, o la región del indopacífico, un nuevo constructo geopolítico ideado en gran medida en Washington. Esos proyectos geopolíticos no pueden separarse del ascenso del nacionalismo como vector de movilización social, y como argumento para legitimar tendencias securitarias y autoritarias desde el Estado.

La invasión rusa de Ucrania sería una expresión extrema de ese retorno de la geopolítica y de la historia, entendiendo esta como escenario abierto e incierto frente a la voluntad de la agencia humana de definir su curso. Ha sido una invasión inesperada para muchos, incluso, como hipótesis, para la Rusia de Putin, que más que una invasión ideó una "operación militar especial" que pretendía derrocar al gobierno de Volodímir Zelensky, resituar a Ucrania en su órbita, y hacerse con buena parte de su territorio de forma rápida e indolora. Pero la historia y la política han seguido un curso diferente, como muestran la inesperada resistencia ucraniana y el insólito fiasco militar ruso, la enérgica respuesta occidental, en materia militar, de sanciones, y de unidad de propósito, y la visible incomodidad de China o la India ante una guerra que ni esperaban ni deseaban. Ni el gobierno o el ejército ucraniano eran tan precarios como se suponía, ni Rusia la gran potencia militar que se había asumido, ni Occidente o el Sur Global tan débiles o fuertes como se aventuró. Todo ello, puede alegarse, son notables errores de cálculo de Putin y la cúpula política y militar rusa, pero esas asunciones no eran muy distintas a las que otros actores tenían antes de iniciarse la invasión. Con todo ello, se ha abierto en Ucrania un escenario de incertidumbre radical. En el momento en el que se escriben estas páginas, no se puede descartar totalmente una escalada militar o el recurso a armas nucleares tácticas, y un mayor involucramiento de otras potencias. Y siguen sumándose los graves efectos de la guerra, vía inflación, disrupción de las cadenas de suministro, escasez y nuevas tensiones políticas. Además, con los dos contendientes apostando por la vía militar, no parece haber vías inmediatas para un alto el fuego y una resolución negociada de la guerra.

Por todo lo dicho, la guerra de Ucrania puede definirse como una "guerra de interregno" muy disruptiva [44]: se produ-

---

[44] Sanahuja, J. A., "Guerras del interregno: la invasión rusa de Ucrania y el cambio de época europeo y global", en Mesa, M. (coord.) *Cambio de época y coyuntura crítica en la sociedad global. Anuario CEIPAZ 2020-21*, CEIPAZ, Madrid, 2022, pp. 41-71.

ce en un escenario de debilitamiento del orden internacional, no hegemónico, y por lo tanto abierto a apuestas geopolíticas tan audaces como susceptibles de error. Por ello se presenta como un acontecimiento insólito, con muchos hechos inesperados, de resultado incierto, y, lo que es más grave, sin salidas a la vista. Aunque sea una guerra europea, tiene profundas implicaciones globales, supone importantes transformaciones y realineamientos para muchos actores, como ilustra la emergencia de la "Europa geopolítica", que deja de ser únicamente "potencia civil", fortalece su proceso de integración acelerando la transición energética y cruza el Rubicón de financiar armas para que Ucrania pueda defenderse de la agresión rusa[45].

5. EL INTERREGNO COMO CATEGORÍA ANALÍTICA EN LAS RELACIONES INTERNACIONALES.

Desde distintas aproximaciones teóricas a las relaciones internacionales se ha asociado la crisis de hegemonía y la transición de poder con periodos de inestabilidad sistémica, en los que son más frecuentes "síntomas mórbidos" como los que se observan en la actualidad (desequilibrios macroeconómicos globales, proteccionismo y guerras comerciales, desigualdades y crisis social, crisis migratorias, populismo, nacionalismo y autoritarismo en ascenso, pugna interestatal, rivalidades y tensiones geopolíticas, y guerra, …). Es el caso de las teorías sobre la transición de poder, de la teoría neorrealista de la estabilidad hegemónica o

[45] SANAHUJA, J. A., "La Unión Europea y la guerra de Ucrania. Dilemas de la autonomía estratégica y la transición verde en un orden mundial en cambio", en Mesa, M. (coord.) *Policrisis y rupturas del orden global. Anuario 2022-2023*, Madrid, CEIPAZ, 2023, pp. 23-58.

de la teoría del sistema-mundo[46]. Todas ellas toman como referencia el periodo de entreguerras y el difícil tránsito de la *pax britannica* a la *pax americana*[47]. No es frecuente, sin embargo, el uso del término interregno como categoría analítica, y cuando se utiliza es como metáfora y recurso narrativo, al igual que ocurre en su uso original en los *Quaderni di Carcere*[48]. En 2012 el sociólogo Zygmunt Bauman, en el marco de su propia reflexión, empleaba este término para referirse a una era contemporánea, de crisis societal, caracterizada por la desvinculación de territorio, Estado y sociedad y la difusión planetaria del poder motivada, refiriéndose a la obra de Ulrich Beck, por los procesos de transnacionalización. Ello supondría un fuerte debilitamiento del Estado y su agencia, una soberanía "a la deriva", y un escenario de "interregno" marcado por riesgos globales e incertidumbre crónica e irreductible que no podría ser resuelto mientas no se volvieran a alinear la representación política, el derecho y la jurisdicción más allá de la territorialidad estatal[49].

Por su parte, el profesor Fulvio Attiná ha utilizado la noción gramsciana de interregno refiriéndose al proceso de transición de poder en el sistema internacional contemporáneo, identifi-

---

46 NORRLOF, C., "Hegemony, Hierarchy and Unipolarity: Theoretical and Empirical Foundations of Hegemonic Order Studies", en THOMPSON, W. R. (Ed.) *Oxford Encyclopedia of Empirical International Relations Theory,* Oxford, Oxford University Press, 2017 [https://doi.org/10.1093/acrefore/9780190228637.013.552]

47 PASS, J., *American Hegemony in the 21st Century. A Neo-Neo Gramscian Perspective,* Londres, Routledge, 2019, p. 251.

48 Por ejemplo, COX, M., BOOTH, K. y DUNNE, T., "Introduction: The Interregnum. Controversies in World Politics, 1989-99", *Review of International Studies* vol. 25, diciembre, 1999, pp. 3-19; y BARBÉ, E., *Relaciones Internacionales,* Madrid, Tecnos, 4ª ed., 2020, p. 26.

49 BAUMAN, Z., "Times of Interregnum", *Ethics and Global Politics,* vol. 5, 1, 2012, pp 49-56.

cando como uno de sus "síntomas mórbidos" el declive de la autoridad, la legitimidad y la eficacia del sistema multilateral frente a crisis simultáneas y superpuestas, al ser objeto de una amplia contestación por parte de Estados revisionistas sin que existan coaliciones capaces de promover normas, instituciones y un orden alternativo con visos de universalismo[50].

Asumiendo las categorías gramscianas, y la historicidad de este concepto, Runs Møller Stahl considera que este es un concepto útil para describir un periodo de crisis prolongada, en el que el viejo equilibrio hegemónico se agota, sin que pueda emerger un proyecto hegemónico alternativo, ni haya fuerzas sociales capaces de establecerlo[51]. El interregno, así, no es un mero paréntesis entre etapas de hegemonía, ni una crisis coyuntural, y debe ser visto como una fase histórica en sus propios términos. En ella aún están presentes elementos del orden anterior —ideología, discursos, instituciones, recursos materiales—, pero pierden legitimidad y efectividad; al tiempo, afloran las contradicciones acumuladas en fases anteriores, y, aunque puedan estar presentes las fuerzas sociales y económicas que definirán una nueva etapa de hegemonía —el nuevo *blocco histórico,* como lo denominaba Gramsci—, no tienen aún capacidad para afirmarlo, en términos de agencia, proyecto y recursos. Se trata, de nuevo, de un concepto inherentemente histórico, que requiere de un análisis situado en esas etapas históricas de cambio de hegemonía.

---

50 Attiná, F., "Order is what states make of it. Interregnum, world scale problems and multilateralism", en Attiná, F., Bozzo, L., Cesa, M. y Lucarelli, S. (eds.), *Eirene e Atena. Studi di politica internazionale in onore di Umberto Gori,* Firenze University Press, 2022, pp. 183-197.

51 Møller Stahls, R., "Ruling the Interregnum. Politics and ideology in nonhegemonic times", en *Politics and Society* vol. 43, No 7, 2019, pp. 333-360.

El interregno se distingue así de una crisis momentánea, o del concepto, habitual en la sociología histórica, de "coyuntura crítica". Este último se refiere a choques exógenos o contradicciones momentáneas, de corto plazo, que no afectan a las estructuras profundas, pero generan "encrucijadas" que abren oportunidades en términos de agencia. El interregno es, por el contrario, un proceso histórico de largo plazo y "endógeno", generado por las contradicciones y límites de las estructuras y relaciones sociales vigentes. La pandemia del Covid-19 sería un ejemplo de coyuntura crítica y puede verse como "una crisis dentro de otra crisis"; esto es, como choque exógeno que hace emerger y exacerba los límites, tensiones y contradicciones económicas, sociales o de gobernanza propias de una etapa de interregno anterior, definida por una globalización ya sumida en un proceso de crisis y transformación más amplio y de carácter estructural.

En esa misma línea, Milan Babic destaca tres elementos distintivos del interregno respecto a otras etapas históricas: es proceso y no coyuntura, *shock*, o un evento más o menos puntual, y por lo tanto, es de largo plazo —la *longue durée* de Braudel—; tiene carácter orgánico o estructural, presentando contradicciones que no son resolubles sin una amplia transformación del sistema y sus relaciones socioeconómicas y de poder; y se desarrolla de manera simultánea e interconectada en distintos niveles: la economía política global, el nivel estatal, y el societal, apareciendo en todos ellos los "síntomas mórbidos" que definen esta etapa. El interregno es, además, un proceso histórico "productivo", en el sentido de que solo a través de él pueden resolverse a largo plazo esas contradicciones, alumbrando un nuevo equilibrio histórico y, por ende, una nueva etapa hegemónica[52].

---

52 Babic, M., "Let's talk about the interregnum: Gramsci and the crisis of the liberal world order", *International Affairs*, vol. 96, 3,

Así, el concepto de interregno permite situar e interpretar los acontecimientos que definen la presente etapa histórica, ya citados en estas páginas, dentro de un marco interpretativo coherente y con una lógica causal común. La elección de Trump o Bolsonaro, el *Brexit*, el ascenso de las extremas derechas, las guerras comerciales y tecnológicas, la crisis producida por la pandemia del covid-19, o la invasión rusa de Ucrania, por citar algunos de ellos, no serían una mera coincidencia temporal de hechos infaustos o disruptivos. Tampoco serían "cisnes negros" —esto es, eventos discretos, aleatorios o exógenos al sistema—, como en ocasiones se les ha presentado, debido a que desafiaban las previsiones y cálculos dominantes, renunciando así a explicar su lógica causal dentro de procesos históricos y sociales más amplios. El concepto de interregno deviene así marco interpretativo con capacidad de desvelar la lógica profunda común a esos hechos, más allá de que en primera instancia, y en un análisis más superficial, tengan causas distintas.

La definición de interregno como etapa no hegemónica, con estructuras en crisis, y por tanto inestable y más abierta a la agencia de los actores sociales, es quizás la clave para teorizar este concepto y configurar el interregno como categoría de análisis y, también, como dispositivo heurístico para captar el particular *Zeitgeist* de la actual etapa de crisis de globalización y del orden internacional liberal. La corriente neogramsciana de economía política global —Robert Cox, Stephen Gill, Escuela de Amsterdam—, ya con cuatro décadas de andadura, es la que ha proporcionado la más completa teorización de la hegemonía en el plano global[53]. Ello implica, en primer lugar,

---

2020, pp. 767-786.

53 Entre otros, véase Bieler, A. y Morton, A. D., "A critical theory route to hegemony, world order and historical change: the neo-Gramscian perspective in international relations", *Capital & Class* nº 28, nº 1,

entender la hegemonía en términos de estructura, y no solo ni principalmente en términos de agencia; esto es, como una estructura histórica, más que como atributo de un Estado considerado hegemónico. Como señaló Robert Cox, más que la "fuerza bruta de dominación", se requiere de consentimiento. Esa conjunción se daría cuando existe una estructura histórica asentada y estable en el tiempo, que "está basada en una conjunción coherente del poder material, las imágenes colectivas prevalecientes del orden mundial (incluidas ciertas normas) y un conjunto de instituciones que administran ese orden con una cierta apariencia de universalidad"[54]. Ejemplos visibles de estructuras históricas hegemónicas, capaces de sustentar un orden internacional viable, han sido la *Pax Britannica*, la *Pax Americana* y la Guerra Fría, y la posterior etapa de la globalización. En esos tres casos, se combinaron un conjunto de fuerzas materiales, instituciones e ideas de manera coherente, definiendo un orden relativamente estable, legitimado, y efectivo para generar estabilidad. Es importante subrayar que hegemonía no es sinónimo de unipolaridad. La Guerra Fría sí se constituyó en torno a la bipolaridad, política, económica y estratégico-militar, pero la globalización, articulada en torno a la transnacionalización socioeconómica y a riesgos globales, no se explica en términos de uni, bi o multipolaridad, y la propia categoría analítica de "polaridad" resulta inadecuada y equívoca para definir la estructura del sistema internacional en esa etapa. La hegemonía —es importante subrayarlo— no deriva

---

2004, pp. 85-113; Gill, S., "Globalisation, Market Civilization and Disciplinary Neoliberalism", *Millennium: Journal of International Studies* vol. 24, nº 3, 1995, pp. 399-423; Cox, R. W. y Sinclair, T., *Approaches to World Order*, Cambridge, Cambridge University Press, 1996.

54 Cox, R. W., "Social Forces, States and World Orders: Beyond International Relations Theory", *Millennium: Journal of International Studies*, vol. 10, 2, 1981, p. 139.

tanto del poder que ejercen de manera directa uno o varios actores "hegemónicos", sino del poder estructural presente en esa estructura histórica; un poder que no se ejerce, pero que está presente definiendo de antemano las constricciones y fronteras de posibilidad, y que tiene carácter constitutivo, al conformar la posición, la identidad y los intereses de cada actor y su agencia. Lo que es relevante recordar aquí es que tanto la Guerra Fría como la globalización, entendidas como estructuras históricas y órdenes hegemónicos, se constituyeron como marcos de acción muy restrictivos, con márgenes de acción limitados para las acciones favorables al cambio en el terreno de la acción política, la economía o las ideas[55].

Estos conceptos ayudan a entender el interregno y operacionalizar este concepto en términos de ontología, teoría y método. Si el interregno es una fase histórica diferenciada, no hegemónica, supone una estructura histórica en descomposición, sin que aparezca otra que pueda sustituirla. Es decir, una etapa en la que sus tres elementos constitutivos dejan de ser congruentes: las fuerzas materiales atraviesan un periodo de transformaciones, inducido por cambios tecnológicos y productivos y en la división internacional del trabajo. Una etapa en la que las instituciones acumulan problemas de representatividad, legitimidad y eficacia, al no reflejar la distribución real de capacidades materiales, y/o no responder a las exigencias regulatorias y de gestión de riesgos e interdependencias derivada de la nueva realidad tecnológica, productiva y socioeconómica; sobrepasadas por esas nuevas realidades, las instituciones

---

55 Para un tratamiento detallado de estos conceptos, véase SANAHUJA, J. A., "Hegemonía, crisis de globalización y Relaciones Internacionales. Concepciones clásicas y teorización crítica", en GONZÁLEZ DEL MIÑO, P. (ed.), *El sistema internacional del siglo XXI. Dinámicas, actores y relaciones internacionales,* Tirant lo Blanch, Valencia, 2020, pp.19-51

y normas pierden efectividad, y son impugnadas y contestadas por actores establecidos o en ascenso. Y, finalmente, una etapa en el que los consensos y las ideas dominantes dejan de serlo y emergen discursos y visiones del mundo alternativas. A causa de esos cambios, la relación entre los tres elementos constitutivos de la estructura histórica —fuerzas materiales, instituciones e ideas— ya no es congruente, o se torna disfuncional. Es, como se ha señalado, el momento en el que deja de ser factible la dominación por consentimiento y se recurre a la coerción, sin que ello asegure el orden y la estabilidad. Es, también, el momento de los "síntomas mórbidos" de alcance societal que revelan una crisis de carácter orgánico. Adoptando una perspectiva sociológica, Wolfgang Streeck define el interregno como "la ruptura de la integración del sistema en el nivel macro, lo que priva a los individuos a nivel micro de estructura institucional y apoyo colectivo, y traslada la carga de ordenar la vida social y proporcionar un mínimo de seguridad y estabilidad a los actores individuales, y a los acuerdos sociales que puedan improvisar por sí mismos". Este autor añade que una sociedad en interregno es, así, una sociedad desinstitucionalizada o infrainstitucionalizada, y que por todo ello es esencialmente ingobernable[56].

En el plano internacional, como momento no hegemónico el interregno supone un claro debilitamiento del poder estructural, lo que hace más fácil la irrupción de nuevos actores y genera mayores márgenes de acción y nuevas fronteras de posibilidad para la agencia y la acción colectiva y sus proyectos contrahegemónicos, que pueden ser tanto progresivos como regresivos. Es el momento del "contramovimiento" que descri-

---

56 Streeck, W., "The post-capitalist interregnum. The old system is dying, but a new social order cannot yet be born", *Juncture* vol. 23, 2, 2016, pp. 68-77.

bía y teorizaba Karl Polanyi en *La Gran Transformación. Los orígenes económicos y sociales de nuestro tiempo,* su gran obra de 1944.

Contando con esas tres dimensiones como variables de análisis, es posible elaborar una modelización de las distintas posibilidades en las que la estructura histórica deja de ser coherente, en función de cambios materiales, institucionales y/o ideacionales, como ha planteado Esther Barbé[57]. No obstante, aun siendo útil para operacionalizar esta categoría analítica, teorizar el interregno supone reconocer su historicidad; esto es, reconocer que existen "interregnos" con características diferenciadas, lo que exige un análisis enraizado en cada contexto histórico concreto. El periodo de entreguerras ha sido una de esas etapas no hegemónicas y de interregno, como el propio Gramsci acertó a identificar, señalando como evidencias, entre otras, el ascenso del fascismo o la aparición del fordismo —otro término tomado del universo intelectual gramsciano—, como proceso de cambio radical en los ámbitos tecnológico, productivo, de las relaciones sociales, y respecto del papel del Estado.

La crisis de la globalización y del orden internacional liberal es otra de esas etapas de interregno, originada en la crisis y agotamiento de la globalización en sus tres componentes de fuerzas materiales, instituciones e ideas (ver figura 1). En términos materiales, el ciclo postfordista de transnacionalización productiva en el que se ha basado la globalización parece agotado, ante la aparición de una nueva revolución tecnológica basada en la robotización, la automatización, la inteligencia artificial o las plataformas digitales. Este nuevo ciclo de cambio tecnológico anuncia una nueva organización de la producción, a escala de empresa, local y global, y cambios profundos

---

57 Véase BARBÉ, E., "Cambio en el sistema internacional, adversidad para la UE", *Revista CIDOB d'Afers Internacionals,* nº 108, diciembre de 2014, pp. 7-22.

en las relaciones laborales y en la relación entre mercado, sociedad y Estado. Pero no se trata solo del cambio tecnológico: la irrupción de riesgos globales y de la geopolítica hace menos deseable y posible depender de las cadenas globales de suministro del postfordismo, que ya no son seguras y pueden ser convertidas en instrumentos coercitivos (*weaponisation*). Todo ello también impulsa o acelera el proceso de desglobalización. El desconcierto de multinacionales y dirigentes políticos es comprensible: en muy poco tiempo, la economía política global ha dejado de ser ese espacio donde las cadenas globales de suministro funcionaban de manera eficiente y armónica, ajenas a tensiones sociales o la política internacional. Así, el *just in time* va cediendo el paso al *just in case* o el *just in place*. Frente a la eficiencia, se prima el acceso, la seguridad y la resiliencia. La política industrial vuelve a tomar un papel central, animada con consideraciones de seguridad y autonomía estratégica, como ilustran Estados Unidos o la "Europa geopolítica". Por otro lado, la emergencia climática o la pérdida de biodiversidad y la "gran extinción" en ciernes muestran, de manera dramática, que los patrones de producción y consumo de ese modelo no son posibles ni deseables, y se impone un cambio de modelo de gran alcance.

Figura 1

Estructura histórica, globalización y crisis de hegemonía

Globalización y orden internacional liberal

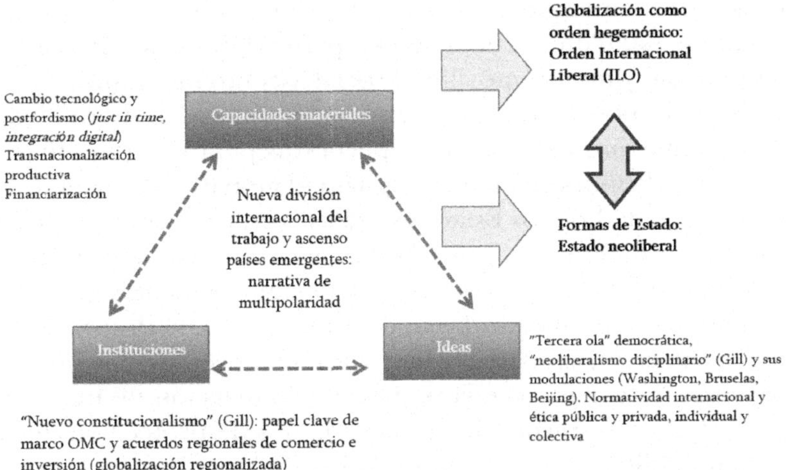

Crisis de globalización e interregno

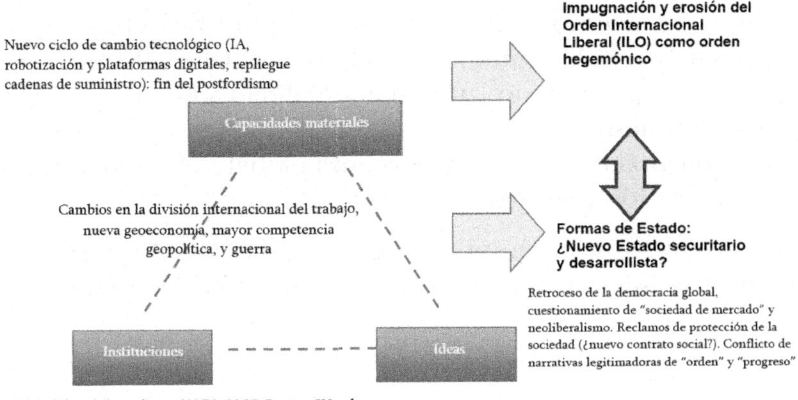

Fuente: elaboración propia, a partir de Cox, *op. cit.*, 1981.

En materia social, la promesa de bienestar e inclusión a través del mercado de la globalización se materializó parcialmente. Hubo espectaculares avances en la reducción de la pobreza y expansión de clases medias y sus expectativas en China y otros países emergentes. Pero esos estratos medios se han estancado o están en retroceso en los países más ricos, con mayor desigualdad y menos movilidad social ascendente, junto a procesos de desposeimiento y precarización laboral, generándose además una amplia crisis de expectativas para la siguiente generación. Ha aumentado la desigualdad global, y se ha debilitado la capacidad de los Estados para asegurar el contrato social básico, y proteger a la ciudadanía de los riesgos del mercado y las incertidumbres que comporta el cambio tecnológico. En el plano de la política interna, como se indicó, el descontento y la desafección ciudadana han alimentado el ascenso de las extremas derechas, ante la pasividad y la inacción de unas elites incapaces de responder a los reclamos de protección de la sociedad. Elites que, como dijo Wolfgang Münchau en la crisis del euro, vivían un verdadero "momento María Antonieta"[58].

Entre los "síntomas mórbidos" de esta fase de interregno, como se mencionó, también se encuentran los problemas de representatividad, legitimidad y eficacia del multilateralismo de posguerra en tanto gubernamentalidad global, que han puesto en cuestión su pretendida universalidad y los límites del discurso y prácticas de la "gobernanza global", el regionalismo y la integración regional.

Así pues, si se permite el juego de palabras, el interregno es, por definición, una etapa de indefinición. Una etapa en

---

58 Münchau, W., "The elite's Marie Antoinette moment. Right response is to focus on financial sector and inequality", *Financial Times,* 27 de noviembre de 2016.

la que "lo nuevo no puede nacer", bien sea porque las fuerzas dominantes, incapaces de generar consentimiento, pretenden apoyarse en elementos coercitivos del orden en declive para frenar a los actores de cambio, o recurren a adaptaciones y cambios superficiales —lo que Gramsci denominaba "transformismo"— para insuflar algo más de vida a un orden en descomposición, o bien porque los actores de cambio son débiles y no han logrado formular estrategias alternativas, o porque emergen "monstruos", como la extrema derecha en ascenso, la antipolítica, y distintos tipos de cesarismo contemporáneo, mediáticos y digitales, que se convierten en expresiones políticas características del interregno actual.

6. TIEMPO DE DISTOPIAS Y UTOPÍAS: POLÍTICAS PARA SALIR DEL INTERREGNO.

Este trabajo ha tomado como problemática el proceso de cambio o transición en el sistema internacional. Este se presenta como una crisis multidimensional —que pone de manifiesto los límites y agotamiento de la globalización, que en este trabajo se entiende como una estructura histórica hegemónica—, y del orden liberal internacional del que dependía su gobernanza. A diferencia del pasado la comprensión de esa crisis, de alcance societal, exige incorporar al análisis la emergencia climática y los problemas ambientales globales. Este trabajo ha argumentado que esa etapa o ciclo histórico no hegemónico y de erosión del orden internacional requiere de una perspectiva de largo plazo que permita aprehender las transformaciones que afectan a sus estructuras básicas, y no solo los factores de agencia de corto plazo. Ello implica una mirada esencialmente histórica, de larga duración, y una perspectiva holística. Para ello, se explora el potencial explicativo y la capacidad heurística de conceptos como policrisis, emparentado con la teoría de los sistemas complejos; o interregno, relacionado con la economía política internacional neogramsciana. Ninguno de ellos forma parte de las aproximaciones convencionales en la disciplina de las relaciones internacionales, pero pueden permitir miradas novedosas a su objeto.

Ambas conceptualizaciones tienen, además, implicaciones praxeológicas o normativas de gran alcance, dado que la actual crisis, de alcance planetario, plantea retos críticos e incluso existenciales. Como afirmó John Ikenberry, el declive del orden internacional liberal no responde a una "crisis E. H. Carr" —la crisis de los veinte años, en el título de una obra clave de este autor sobre el periodo de entreguerras[59]—, y aunque sea una etapa de creciente rivalidad e inestabilidad geopolítica, no se puede reducir, y mucho menos resolver, en términos de transición de poder, polaridad o "nueva Guerra Fría", "gran estrategia" y supuestos "dilemas de Tucídides" que enfrentarían a grandes potencias[60]. Más bien se trataría de una "crisis Karl Polanyi": de sus estructuras económicas y sociales básicas, de su andamiaje institucional y normativo, y de los consensos y las asunciones colectivas sobre democracia, sociedad y mercado, poniendo en cuestión la legitimidad y la viabilidad del sistema[61].

Como etapa no hegemónica, más abierta a la agencia humana, el interregno es también un tiempo de definición y disputa de ideas y proyectos contrahegemónicos, de utopías y distopías, más abierta al cambio en las relaciones sociales,

---

59 Carr, E. H., *la crisis de los veinte años (1919-1939). Una introducción al estudio de las relaciones internacionales,* Madrid, Catarata, 2004 [1939].

60 Allison, G., *Destined for War. Can America and China Escape Thucydides's Trap?,* Nueva York, Harper Collins, 2017.

61 Ikenberry, J., "The End of the Liberal International Order", *International Affairs,* vol. 24, 1, pp. 7-23.

la economía política y el orden internacional. Cómo salir del interregno es la pregunta clave de nuestros días. Para Mario Pezzini, ante ese interrogante ya no son viables ni deseables la restauración neoliberal, ni un distópico futuro más autoritario, securitizado y desigual, subordinado a la guerra o a las nuevas formas de gubernamentalidad basadas en las nuevas tecnologías de control social del denominado "capitalismo de vigilancia"[62]. Hay algunas fórmulas de salida basadas en ideas de democracia social, cuyo potencial crítico y emancipador deriva en parte del importante arraigo que aún tienen en la sociedad. Pero su capacidad para construir alternativas dependerá de la forma en la que se incorporen las exigencias ambientales y de sostenibilidad que la emergencia climática y la pérdida de biodiversidad han situado en el centro de la arena política: son las propuestas de "nuevos pactos verdes" y los planteamientos sobre nuevos modelos macroeconómicos, de política monetaria y fiscal, de política comercial, industrial y de empleo en Estados Unidos, la Unión Europea, China y otros países. En Estados Unidos, las políticas de la *Bidenomics* y la "política exterior para la clase media" lanzadas por la administración Biden tiene objetivos de transición verde, empleo, inclusión social y, con ello, de recuperación de las clases medias y medias-bajas que habían sido arrastradas por el trumpismo. También se ha reconocido la naturaleza sistémica y la vocación transformadora del Pacto Verde Europeo. Deja atrás el enfoque tecnocrático y sectorial de la política ambiental y del clima, a partir del reconocimiento de la emergencia climática, para convertirse en la matriz de política económica y social de la UE en su conjunto, y marco general en el que se inscribirá la política exterior y de seguridad de la Unión, su identidad como actor internacional,

---

62 Pezzini, M., "Nuevas alianzas para salir del interregno", *Le Grand Continent*, 26 de mayo de 2022.

y sus relaciones con el mundo. Puede verse como el intento de reconstruir el consenso socialdemócrata y democristiano con el apoyo de los partidos verdes y la asunción de su agenda ambiental y su llamado a defender lo común, hasta hace pocos años situado en los márgenes del debate político y económico dominante. Supone también un renovado compromiso con la lucha contra la desigualdad y la protección de la sociedad, que de otra manera se dejaría en manos de la ultraderecha[63]. Con el Pacto Verde, antes incluso del *shock* de la pandemia del Covid-19, la Unión Europea asumió que la economía política global había entrado en una nueva fase de desglobalización y repliegue de las cadenas productivas, definiendo un patrón de crecimiento y creación de empleo y una nueva política industrial que, sin renunciar a las exportaciones, estará más basado en su propio mercado interior[64]. A ello se suma la Guerra de Ucrania y la necesidad de acelerar la transición energética para no depender del gas ruso, por lo que el Pacto Verde también es funcional a las aspiraciones de autonomía estratégica de la UE. En ambos casos, se intentan integrar objetivos sociales, ambientales, y de competitividad, seguridad y resiliencia.

Aunque disputada, con todo ello se afirma una agenda de "triple transición", verde, digital y productiva, y en torno a la cohesión social, que es también una agenda sociopolítica, pues supone un intento de revitalizar la democracia permitiendo

---

63 Pettifor, A., *The case for the Green New Deal*, Londres,Verso, 2019; Rifkin, J., *The Green New Deal: Why the Fossil Civilization Will Collapse by 2028 and the Bold Economic Plan to Save Life in the Earth*, Nueva York, St. Martin's Press, 2019.

64 Sanahuja, J. A., "Pacto Verde Europeo: el giro ambiental de un actor global", en Mesa, M. (coord.) *El mundo después de la pandemia: enfrentar la desigualdad y proteger el planeta. Anuario CEIPAZ 2020-21*, Madrid, CEIPAZ, pp. 69-95. Tocci, N., *A Green and Global Europe*, Oxford, Polity, 2023.

que ésta pueda dar respuesta a las expectativas y demandas sociales de equidad e inclusión.

Salir del interregno y recomponer el contrato social a través de estos nuevos pactos verdes supondrá costes asimétricos entre países, regiones y grupos sociales, y supone politizar o repolitizar cuestiones que afectan a la vida cotidiana de la ciudadanía. La distribución de esos costes, la manera de afrontarlos, y los cambios societales que comportan los nuevos pactos verdes y la "triple transición" serán objeto de disputa y confrontación social y política. Serán politizados, contestados e impugnados por fuerzas nacionalistas y de extrema derecha. La guerra de Ucrania ha añadido dificultades para esa agenda, en materia de inflación, constricciones fiscales o de financiamiento, e imperativos de seguridad, y con ello, plantea dilemas de corto y medio plazo que ponen en riesgo su viabilidad[65]. Esas disputas pueden agravar, sin solución, los "síntomas mórbidos" del interregno, y habrá intentos de "transformismo" para prolongar el orden existente[66], pero también puede surgir de todo ello un nuevo consenso verde y social, de amplio espectro, sobre el que construir sociedades viables y un futuro sostenible[67]. La historia del siglo XX no se podría entender sin las políticas del *New Deal*, y los pactos sociales adoptados en Europa tras la Segunda Guerra Mundial, que transformaron el capitalismo y las sociedades democráticas a través de pactos sociales inéditos, que dieron cabida a nuevos derechos y sociedades más próspe-

---

65 Sanahuja, J. A., *op. cit.*, 2023.

66 Ryner, J. M., "Silent Revolution/Passive Revolution: Europe's COVID-19 recovery Plan and Green Deal", *Globalizations* vol. 20, 4, pp. 628-643, 2022.

67 Mang, S., y Caddick, D., *Beyond the bottom line. How green industrial policy can drive economic change and speed up climate action*, New Economics Foundation, abril, 2023.

ras y equitativas. Se trata, en suma, de reconstruir el contrato social, con la generación presente, y también con el planeta y las generaciones futuras, tanto en cada país como entre países avanzados y en desarrollo, en el plano regional y global. Y es que sin esos nuevos pactos sociales no habrá salida del interregno, y mucho menos, una salida justa, democrática y sostenible y un orden internacional viable. Frente al interregno y los síntomas mórbidos de un orden en crisis orgánica, estas habrían de ser las grande tareas del presente siglo.

La metamorfosis del orden mundial. Hacia un viejo-nuevo orden

JOSÉ MIGUEL CALVILLO CISNEROS[1]

1. EL FIN DEL ORDEN MUNDIAL LIBERAL

El viejo mundo no termina de morir y el nuevo no acaba de nacer. Esta frase atribuida a Antonio Gramsci es perfectamente aplicable a nuestro tiempo, donde asistimos a la finalización del orden mundial liberal. Según Richard Haas, a la larga, "hasta los órdenes más eficaces llegan a su fin (...). Sin embargo, para que esto ocurra debe suceder algo más: el reconocimiento de que el viejo orden nunca va a regresar y que los esfuerzos por resucitarlo van a ser en vano"[2]. Existe un consenso amplio en reconocer que el orden liberal ha llegado a su fin[3] por varias causas relacionadas: la imposibilidad de exportar el modelo democrático representativo; el resurgir del nacionalismo y del proteccionismo económico; la hiperglobalización econó-

---

1 Profesor Contratado Doctor de Relaciones Internacionales en la Universidad Complutense de Madrid. Codirector del Grupo de Investigación de la UCM: Seguridad, Desarrollo y Comunicación en la Sociedad Internacional del Siglo XXI.

2 HASS, Richard, "Cómo acaba un orden mundial y qué viene después", *Foreign Affairs Latinoamérica,* Vol. 19, núm. 2, 2019, pp. 120-129, p. 122.

3 HOOGHE, Liebset, LENZ, Tobias y MARKS, Gary, "Contested World order: The delegitimization of International Governance", *The Review of International Organizations*, Vol. 14, 2019, pp. 731-743.

mica[4]; la ineficacia de las organizaciones internacionales que no ofrecen respuestas eficaces a los retos globales; y al auge de nuevas potencias con pretensiones hegemónicas y que no comparten los valores democráticos.

El orden liberal y su sistema multilateral tiene tres elementos constitutivos: a) la ampliación del número de miembros y de instituciones internacionales sobre el respeto del principio de soberanía estatal y de no injerencia en los asuntos internos de los Estados; b) el progresivo avance de la economía capitalista y un proceso de hiperglobalización; y c) la expansión de la democracia liberal representativa a todos los rincones del planeta. Estos tres elementos tienen una vinculación clara con la triada que conforma la *paz democrática*: institucionalismo, interdependencia económica y sistema democrático representativo.

En el marco de estos principios y por las circunstancias que rodean la vida internacional, se han modificado algunos de estos elementos constitutivos, pero otros permanecen inamovibles. En primer lugar, el principio de soberanía estatal y de autodeterminación no se ha visto modificado por los cambios acontecidos en las últimas décadas, ni siquiera por actos de gran impacto en el sistema como fueron los atentados del 11 de septiembre de 2001 y la reacción posterior de la potencia hegemónica. En este sentido, los Estados continúan siendo los principales actores y los encargados de elaborar e implementar las normas internacionales. Además, que el sacrosanto principio de soberanía estatal no se haya visto modificado por acontecimientos de envergadura hace entrever que, en un orden mundial post liberal, los Estados seguirán ostentando una alta

---

4 Véase FISAS, Vicenç, *Hegemonías, bloques y potencias en el siglo XXI: el orden mundial tras la guerra de Ucrania*, Madrid, La Catarata, 2022.

cuota de poder en la configuración de unas normas de comportamiento común en la escena internacional.

En segundo lugar, el liberalismo político y la hiperglobalización económica se están viendo afectadas en aras de un progresivo protagonismo de las políticas proteccionistas, una desglobalización en ascenso y el auge de los nacionalismos. Como nos alerta John Mearsheimer: "(...) el nacionalismo es el principal obstáculo para la promoción de la democracia y el liberalismo"[5]. La imposibilidad de instaurar democracias liberales[6] en todos los Estados y la tendencia del orden liberal de privilegiar a las instituciones internacionales frente a las cuestiones domésticas incita al nacionalismo más exacerbado que reacciona ante la amenaza que se cierne sobre cuestiones como la soberanía y la identidad nacional.

Y, en tercer lugar, el sistema multilateral inclusivo que establece el marco de referencia normativo en las relaciones entre los Estados, ya que se fundamenta en el respeto al Derecho internacional, progresivamente se está viendo modificado hacia la inclusión de otro tipo de actores no estatales[7], a lo que algunos autores han denominado como "un verdadero Derecho internacional *público*"[8]. En este sentido, el cumplimiento

---

5 MEARSHEIMER, John, "Bound to Fail. The rise and fall of the liberal International Order", *International Security,* Vol.43, núm. 4, 2019, pp. 7-50, p. 9.

6 MARTÍNEZ SERRANO, José Antonio, "La crisis del multilateralismo", *Revista de Economía ICE,* núm. 913, 2020, pp. 17-32.

7 RUGGIE, John Gerard, "Multilateralism: the Anatomy of an Institution", *International Organization,* Vol. 46, núm. 3, 1992, pp. 561-598.

8 RODRIGO HERNÁNDEZ, Ángel, "Entre Westfalia y Wordlfalia: La comunidad internacional como comunidad social, política y jurídica", en GARCÍA SEGURA, C., *La tensión Cosmpolita. Avances y límites en la institucionalziación del cosmopolitismo,* Madrid, Tecnos, 2016, pp. 22-63, p. 53.

de los derechos humanos o de las agendas de desarrollo, por citar dos ejemplos de *hard law* y *soft law*, requiere la participación, activa y pasiva, de los ciudadanos como miembros de una sociedad civil mundial —cosmopolita—. De esta forma, un Derecho internacional pensado por los Estados y para los Estados se transforma en un Derecho internacional pensado por los Estados para los Estados y los ciudadanos.

En la modificación de estos elementos constitutivos encontramos la explicación a la fractura que se está produciendo en el orden liberal, fundamentalmente en el proceso de desglobalización y en la pérdida de legitimidad generada por la inclusión activa de actores no estatales en las dinámicas internacionales que genera una presión —centrífuga— sobre el sistema internacional. Esto deriva, por un lado, en unas brechas sistémicas debido a que no hay instituciones internacionales que aseguren una cooperación eficaz entre los diversos actores en torno a conseguir unas metas comunes porque las organizaciones internacionales actuales son de naturaleza subsidiaria respecto a los Estados[9]. Además, el sistema adolece de canales de participación eficaces donde los actores, estatales y no estatales, puedan contribuir de forma conjunta a ofrecer soluciones a los desafíos de nuestro tiempo. Y, por otro lado, la desglobalización resultante del resurgir del nacionalismo más exacerbado y el proteccionismo económico, entre otras razones, ejerce una presión —centrípeta— sobre el sistema que refuerza la idea de un orden mundial estatalizado.

---

[9] SANAHUJA PERALES, José Antonio, *Multilateralismo y desarrollo en la cooperación española*, Madrid, Intermon Oxfan, 2016.

Las dinámicas contrapuestas de orden cosmopolita[10] y orden estatal[11] están ejerciendo una presión sistémica que está perfilando el orden mundial de los próximos años. Una doble presión, externa e interna, que está provocando un cambio en el orden internacional donde, por un lado, ha resurgido —si es que se hundió alguna vez— un orden más estatalizado con un sistema multilateral de coexistencia entre Estados[12]; y, por otro lado, un mayor protagonismo de actores[13] no estatales que reclaman un sistema multilateral más inclusivo y coherente con la realidad internacional del momento. Estos hechos son clave para comprender hacia donde se dirige el nuevo orden que nos espera. La cuestión que queremos abordar es identificar, con el mayor rigor posible, el tipo de orden mundial —u órdenes mundiales— que se avecina en el futuro inmediato, los cambios más relevantes y las tendencias que se vislumbran en el horizonte, a sabiendas de que el viejo orden liberal no se levantará de sus cenizas.

2. UN VIEJO-NUEVO ORDEN MUNDIAL ESTATALIZADO

Los Estados son los actores protagonistas que dan sentido al orden internacional, aunque no son los únicos que lo conforman. De un lado, Esther Barbé, por ejemplo, señala que "sin Estados no podemos hablar de sociedad internacional ni de

---

10 BECK, Ulrich, *La mirada cosmopolita o la guerra es la paz*, Barcelona, Paidós, 2005.

11 MEARSHEIMER, John, *op. cit.*, nota 5, p. 11.

12 KEOHANE, Robert,"Multilateralism: An Agenda for Research", *International Journal*, Vol. 45, 1990, núm. 4, 1990, pp. 731-764.

13 Véase GERSTLE, Gary, *The rise and fall of the Neoliberal Order. American and the World in the free Market era*, Oxford, Oxford University Press, 2022.

orden internacional"[14]. En la misma línea, Hedly Bull sostiene que "el orden internacional es un patrón o disposición de actividad internacional que cumple con aquellos fines elementales, primarios o universales de la sociedad de Estados"[15]. De otro lado, Ulrich Beck afirma que "la sociedad contemporánea está sometida a un cambio radical que plantea un reto a la modernidad y abre un ámbito en el que las personas *eligen* formas sociales y políticas nuevas e inesperadas"[16]. Por tanto, parece simplista hablar únicamente de un orden mundial estatal porque supondría negar una realidad más compleja, pero, no cabe duda, de que los Estados, como protagonistas de la sociedad internacional, ostentan una relevancia destacada que condiciona las dinámicas que se suceden en el mundo.

En la actualidad pueden convivir varios órdenes internacionales y de diversa naturaleza, así, podemos observar la existencia de órdenes regionales y mundiales. Al referirnos a un orden universal estamos englobando las relaciones que se establecen entre los actores sujeto de derecho internacional, Estados y no estatales, a nivel planetario, mientras que, cuando nos referimos a "órdenes regionales hablamos de relaciones entre actores limitadas en el espacio y que pueden convivir con un orden mundial u otros órdenes regionales"[17].

---

14 BARBÉ, Esther, "La crisis del orden internacional liberal y su impacto en las normas internacioanles", en BARBÉ, Esther, *Las normas internacionales ante la crisis del orden liberal*, Madrid, Tecnos, 2021, pp. 19-44, p. 21.

15 BULL, Hedley, *La sociedad anárquica: un estudio sobre el orden en la política munidal*, Madrid, La Catarata, 2005, p. 68.

16 BECK, Ulrich, *La sociedad del riesgo global,* Madrid, 2ª ed., Siglo XXI, 2009, p. 23.

17 CALVILLO CISNEROS, José Miguel. y CALATRAVA GARCÍA, Adolfo, "El orden internacional. Principales dinámicas y actores

En nuestra realidad internacional, el Estado ha recuperado un protagonismo perdido reforzando la idea de un orden mundial estatalizado. En este sentido, Mearsheimer nos habla de dos órdenes mundiales *realistas* enfrentados pero obligados a establecer vínculos de cooperación: un orden dirigido por China y otro orden liderado por los Estados Unidos[18]. La competición en el terreno económico, tecnológico y de la seguridad son los ejes centrales donde trascurren las disputas y tensiones protagonizadas por las dos potencias internacionales. El auge de China como potencia con aspiraciones hegemónicas y una posición de Estados Unidos debilitada en relación con épocas pasadas nos sitúa en una dinámica de enfrentamiento entre ambas potencias. Además de esta cuestión, algunas potencias regionales reclaman nuevas reglas de juego más acordes a sus intereses. Mearsheimer también apunta un tercer orden internacional —*a thin order*[19]— centrado en la gestión de los retos globales como el clima, las crisis humanitarias, etc.

El retorno del Estado como líder de un orden mundial *iliberal* sitúa en primera línea los intereses nacionales frente a los globales mancillando instituciones internacionales y normas de comportamiento adoptadas para la defensa del bien común global y relegando a un plano secundario cuestiones que vieron tímidamente la luz, pero que han quedado totalmente ensombrecidas en la actualidad como, por ejemplo, el *principio de Responsabilidad de Proteger.* En esta línea, Caterina García Segura subraya que "la Responsabilidad de Proteger conllevaría la transformación del principio nuclear de la so-

---

para su configuración", en CALATRAVA GARCÍA, A. y CALVILLO CISNEROS, José Miguel, *El Orden Mundial en transición*, Madrid, Dykinson, 2023, pp. 11-18, p. 14.

18 MEARSHEIMER, John, *op. cit.*, nota 5, p. 47.

19 MEARSHEIMER, John, *op. cit.*, nota 5, p.16.

ciedad internacional, la soberanía estatal, y de su coronario, el principio de no injerencia en los asuntos internos de otros países”[20]. En efecto, la Responsabilidad de Proteger[21], por seguir con este ejemplo, es una manifestación de las disputas entre un propósito cosmopolita y los intereses de los Estados, principio que nuca se ha consolidado como una norma de obligado cumplimiento, precisamente, por la acción en contra de los Estados y porque, cuando se ha puesto en práctica ha sido como herramienta para la defensa de intereses nacionales particulares y no universales.

El protagonismo de las organizaciones internacionales en aras de conseguir la seguridad internacional y el desarrollo sostenible han quedado relegadas a un plano irrelevante, incapaces de cumplir con los fines esenciales para los que fueron concebidas. La inoperancia de las Naciones Unidas, de un lado, para tratar de poner fin a procesos bélicos como la invasión de Ucrania, las guerras en Yemen, Afganistán, el Sahel, Oriente Medio, etc.; y, de otro, el Banco Mundial, el Fondo Monetario Internacional, la Organización Mundial del Comercio, por citar algunos ejemplos en los campos económico, financiero y comercial, tampoco han logrado reducir la desigualdad, conseguir un desarrollo sostenible, reducir el impacto del cambio climático, etc., sino, más bien, sus resultados han ido en un sentido inverso.

---

20 GARCÍA SEGURA, Caterina. y PAREJA ALCARAZ, Pablo, “La inspiración cosmpolita de la Responsabilidad de Proteger: construcción normativa y disensos”, en GARCÍA SEGURA, C., *La tensión cosmopolita. Avances y límites en la institucionalización del cosmopolitismo*, Tecnos, Madrid, 2016, pp. 63-85, p. 65.

21 DÍAZ BARRADO, Castor, “La Responsabilidad de Proteger en el Derecho Internacional contemporáneo. Entre lo conceptual y la práctica internacional”, *Revista Electrónica de Estudios Internacionales*, núm. 24, 2012, pp. 1-40.

3. UN NUEVO ORDEN MUNDIAL COSMOPOLITA.

Otro elemento que nos obliga a reflexionar sobre el tipo de orden mundial en el que nos encontramos —o al que tendemos— es el carácter global de las amenazas y desafíos a los que se enfrenta la humanidad, que nos exige repensar las políticas necesarias para la consecución y defensa de los bienes públicos globales. Esta circunstancia requiere superar los límites nacionales para poder identificar correctamente las acciones a emprender en cuestiones como, por ejemplo, frenar el cambio climático, defender los derechos humanos, reducir la desigualdad económica y social, etc. En este campo de acción global, el orden mundial estatalizado ha sido incapaz de ofrecer respuestas eficaces, por lo que es recomendable la implicación de todo tipo de actores con capacidad de ofrecer soluciones a los desafíos a los que se enfrenta la humanidad, más allá de los límites fronterizos. A sabiendas de que estos desafíos globales no pueden resolverse sin movilizar al conjunto de actores internacionales, estatales y no estatales, también se han de actualizar las instituciones multilaterales para que se puedan integrar las ideas y propuestas que surjan, por ejemplo, de la sociedad civil. Según García Segura: "El regreso del cosmopolitismo viene de la mano de un doble proceso de observación y toma de conciencia: por una parte, de la naturaleza global de los principales retos a los que se enfrenta la sociedad internacional, y por otra, de la necesidad de crear patrones de gobernanza global para gestionarlos, ante la manifiesta imposibilidad de hacerles frente de otra manera"[22].

---

[22] GARCÍA SEGURA, Caterina, *La tensión cosmopolita. Avances y límites en la institucionalzición del cosmopolitismo,* Madrid, Tecnos, 2016, p. 13.

Asimismo, una ciudadanía cosmopolita impulsada por una *ciudadanía internacionalista* para lograr que los actores no estatales puedan contribuir en la consecución de los bienes públicos globales ha adquirido un protagonismo trascendental en nuestro tiempo. En este sentido, la idea de *comunidad política* ya no puede situarse dentro de los límites del Estado-nación porque se ha configurado una nueva noción de ciudadanía que trasciende las fronteras de los Estados y goza de un alcance internacional. En línea con Manuela Mesa: "La ciudadanía (...) debe ser progresivamente desnacionalizada, desterritorializada y democratizada, y pasar a fundarse en criterios respetuosos con la dignidad humana, la igualdad de derechos y el respeto por las diferencias"[23]. Una práctica por la que la ciudadanía comparte unos valores y normas de comportamiento que posibilitan la convivencia y los dota de una identidad colectiva global.

En este marco, las organizaciones de la sociedad civil reclaman una mayor presencia en los procesos de toma de decisiones, una participación más activa, más allá de ser un agente trasmisor de decisiones que toman los Estados. Las Organizaciones No Gubernamentales (ONG), por ejemplo, cuentan con una visión más cercana a la población beneficiaria de los proyectos que se deciden en las juntas directivas de las agencias multilaterales formadas por los Estados que entremezclan los objetivos de desarrollo con sus agendas políticas, convirtiendo a las instituciones multilaterales en foros de expresión y defensa de los intereses estatales y alejándose de los objetivos de desarrollo.

---

23 MESA PEINADO, Manuela, "Conflcitos violentos, construcción de paz y ciudadanñia global", en DÍAZ-SALAZAR, Rafael, *Ciudadanía global en el siglo XXI,* Madrid, SM, 2020, p. 46.

En este sentido, si de lo que se trata es de conseguir unos fines globales, el sistema multilateral ha de adquirir capacidad y flexibilidad con el fin de absorber a actores de la sociedad civil que influyan en la buena ejecución de políticas encaminadas a paliar los efectos de los desafíos globales de nuestro tiempo. Un multilateralismo más inclusivo, más abierto y flexible, capaz de asumir mecanismos de participación multinivel y donde los actores más adecuados formen parte del proceso de toma de decisión junto con los Estados, con la coherencia que determinan sus capacidades. Institucionalizar una dinámica que de manera informal se viene produciendo desde hace años, por ejemplo, en la participación de forma consultiva de organizaciones de la sociedad civil en el Comité Económico y Social de las Naciones Unidas (ECOSOC), en el Sistema Integrado de Organizaciones de la Sociedad Civil, en el Departamento de Comunicación Global de las Naciones Unidas, el Fondo de las Naciones Unidas para el Fomento de la Democracia, etc.[24]

Este orden cosmopolita pretende describir un nuevo modelo organizativo de las relaciones sociales internacionales, que aún no existe como tal y sería, en estos momentos, un instrumento analítico para describir un determinado grado de sociabilidad, de orden internacional y un nuevo tipo de derecho para regular tales relaciones[25]. Este modelo organizativo se caracteriza por la participación no sólo de Estados y organizaciones internacionales, sino también de algunos actores no estatales del sector privado (empresas transnacionales) y de la sociedad civil (ONG, individuos, comunidades epistémicas...); por la reducción de la centralidad del prin-

---

24 NACIONES UNIDAS, *Paz, dignidad e igualdad en un planeta sano.* Obtenido de *https://www.un.org/es/get-involved/un-and-civil-society* [Consultada el 01 de junio de 2023]

25 RODRIGO HERNÁNDEZ, Ángel, *op. cit.*, nota 8, p. 68.

cipio de soberanía como principio sistémico que articula la gobernanza global; por la reducción de la importancia relativa del poder de los Estados occidentales para configurar y mantener el orden internacional y el ordenamiento jurídico internacional; y por la existencia de intereses colectivos globales y algunos valores universales, en suma, de intereses públicos globales[26]. Sin embargo, en la actualidad, la acción de los actores no estatales se circunscribe en aquellas parcelas que se alejan de la soberanía estatal, fundamentalmente, las cuestiones relacionadas con la seguridad y la defensa del territorio y de su población, la elaboración y la aprobación de normas internacionales[27].

Ahora bien, debemos señalar que la incorporación de los actores no estatales supone un desafío sin precedentes para la soberanía estatal, principio que ha sido fundamental en la construcción del orden mundial desde Westfalia. La tendencia hacia un multilateralismo más abierto, hacia un orden no únicamente estatal, nos dirige hacia un escenario global donde no existen hasta el momento mecanismos de control eficaces. Los *lados oscuros* que pueden albergar los actores no estatales sujetos de derecho internacional, como por ejemplo las empresas transnacionales, y la ausencia de instrumentos eficaces de rendición de cuentas ante los abusos que pueden cometer estos actores hace que el sistema deba asumir riesgos

---

26 BOUZA, Nuria, GARCÍA, Caterina y RODRIGO, Ángel, «¿Hacia worldfalia? La gobernanza política y jurídica del interés público global», en BOUZA, N., *La gobernanza política y jurídica del interés público global*, Tecnos, Madrid, 2015, pp. 29-53, p. 32.

27 CALVILLO CISNEROS, José Miguek, "El multilateralismo: nacimiento, desarrollo, crisis y ¿resurgir?", en CALATRAVA GARCÍA, Adolfo y CALVILLO CISNEROS, José Miguel, *El orden Mundial en transición*, Madrid, Dykinson, 2023, pp. 31-47, p. 45.

y actuar para tratar de minimizarlos. En este sentido, son los Estados los que deben crear normas de *accountability* y las organizaciones de la sociedad civil las que contribuyan a crear pautas de conducta dirigidas a la construcción de valores e ideas coherentes con el respeto a la dignidad humana y la defensa de los derechos universales.

En definitiva, vivimos en un mundo complicado y las explicaciones que tratan de comprender hacia donde se dirige no pueden ser más que complejas. En la línea de BECK "La humanidad no nos deja ver al ser humano. El cosmopolitismo es una idea muy bonita, pero para casi todos es demasiado grande y no pasa de ser una idea"[28]. Efectivamente, el mundo de los Estados es pequeño, práctico y útil para de defensa de los principios elementales del sistema internaiconal; en cambio el mundo cosmopolita es amplio, más representativo, pero también más complejo.

4. CONCLUSIÓN

No hay duda de que el orden mundial liberal ha llegado a su fin. Nos encontramos en una sociedad internacional donde conviven en el espacio y en el tiempo varios órdenes que se entremezclan y se relacionan entre sí: mundial, regionales y cosmopolita. Un primer orden mundial formado por los Estados-nación —*westfaliano*— donde se vislumbran de manera clara dos líderes, Estados Unidos y China, cada uno con sus valores e ideas diferentes, pero bajo la defensa del principio de soberanía estatal y la legitimidad de obtener —en términos realistas— mayores cuotas de poder internacional. En segundo lugar, varios órdenes regionales —*subórdenes o subwestfalianos*—

---

[28] BECK, Ulrich, *op. cit.*, nota 16, p.9.

que se caracterizan por reproducir los principios dominantes del orden mundial dentro de unos límites geográficos determinados, donde las potencias regionales aspiran a cambiar determinadas normas y prácticas internacionales más acordes con sus intereses, pero en ningún caso plantean romper con el principio constitutivo de soberanía estatal.

En tercer lugar, un orden cosmopolita o universal —*worldfaliano*— donde se encuentran los actores no estatales, sujetos de derecho internacional, pero que son necesarios para frenar las amenazas a las que se enfrenta la humanidad. Este orden *worldfaliano* amplía la definición clásica por las que todo orden mundial ha de ser un orden estatalizado. Su rol ha sido, hasta ahora, el de ejercer como palanca de presión hacia el poder estatal, tratando de reclamar responsabilidades y la adopción de normas en defensa de los bienes públicos globales. Pero, cada vez más, su implicación directa en la acción colectiva es trascendental para solucionar problemas de supervivencia a los que se enfrenta la humanidad. ¿Es posible frenar el cambio climático sin la participación directa en los procesos de toma de decisión de una ciudadanía global? ¿Podemos conseguir los Objetivos de Desarrollo Sostenible —o aproximarnos— sin tener en cuenta a las organizaciones de la sociedad civil? ¿Pretendemos tener un mundo más seguro sin la acción de la ciudadanía global en, por ejemplo, la construcción de la paz? ¿Hubiese sido posible ofrecer una respuesta eficaz a la pandemia de la COVID-19 sin la participación de los Estados, las organizaciones internacionales, la ciudadanía, las empresas nacionales y transnacionales?

El escenario futuro parece incierto, aunque se aprecian tendencias significativas como son, en primer lugar, un mayor protagonismo de los Estados en el orden mundial, sobre todo en las parcelas circunscritas a la seguridad y las amenazas a la paz; una segunda tendencia donde se intensifiquen las dinámicas regionales en ámbitos más concretos y dirigidos a la defensa de unos valores comunes que compartan los actores de una determinada región; y una tercera tendencia de corte cosmopolita donde los actores no estatales adquieran un rol mayor en las parcelas que escapan de la sacrosanta soberanía estatal, ya sea en el ámbito mundial o regional. En la dinámica internacional, aunque no sea la voluntad de sus actores, los tres órdenes están condenados a la interrelación para reducir las amenazas globales a la humanidad.

El fenómeno de la deslocalización productiva y su incidencia en el sistema internacional y en la sociedad civil

MARGARITA TREJO POISON[1]

1. ORIGEN Y EVOLUCIÓN DE LA DESLOCALIZACIÓN

La deslocalización industrial es el término que designa la actual movilidad geográfica de las empresas, que trasladan todo o parte de la producción de un país a otro, buscando conseguir en el nuevo país de destino condiciones de producción más ventajosas. En palabras de R. Sastre Ibarreche "La importancia del espacio físico de cara al asentamiento de las actividades económicas se pierde y paralelamente cobran auge factores no espaciales"[2].

Hemos asistido a una evolución de la deslocalización, sufriendo diferentes fases originadas por los cambios mundiales y las recientes crisis. Pero, por la propia lógica del sistema capitalista, no parecer lejos de desaparecer, ni tampoco sus efectos. Asía y América Latina fueron los principales receptores. Otras regiones como Europa del Este, África, Turquía adsorbieron la

---

1 Profesora Contratada Doctora de la Universidad Camilo José Cela (mtrejo@ucjc.edu). Todas las páginas webs mencionadas en este estudio han sido consultadas el 7 de junio de 2023.

2 SASTRE IBARRECHE, Rafael, "Deslocalización de empresas (reflexiones desde la perspectiva iuslaboral)". *Revista de Derecho Social*, núm. 32, 2008, p. 11.

producción de Norteamérica, Europa o Australia. Actualmente, han entrado otros países, como India, Pakistán Vietnam, Bangladés, mientras que países como China, Taiwán y Singapur (los tigres asiáticos) que crecieron y desarrollaron comienzan a deslocalizar, a externalizar su producción.

En los últimos años, hemos podido apreciar cierta tendencia a la localización del proceso de producción, con la búsqueda de la cercanía de las sedes con las instalaciones de producción, para disminuir los gastos de transporte y mejorar la comunicación en la empresa. Sin embargo, En 2022, ya saltaba la noticia, que empresas alemanas estudiaban deslocalizar hacia economías de la Europa emergente u otros lugares, por los precios de la energía[3].

En el caso de España, asistimos hoy en día, a cómo empresas extranjeras que se instalaron en nuestro país en el pasado, buscan nuevos destinos. Pero, también empresas españolas están haciendo lo mismo y miran hacia Marruecos, Latinoamérica, China o los países del Este de Europa.

El origen de la deslocalización la encontramos a finales del siglo XIX, y es un claro indicador de la globalización económica. El libre comercio implicaba libre competencia (entre iguales), no desvirtuada por el Estado. Sin embargo, la globalización ha favorecido el aumento del poder de la empresa en detrimento de los Estado, la disminución en derechos para atraer la inversión directa extranjera, y los procesos de deslocalización. Según M. I. Jeffery la globalización se asienta en el

---

3 Disponible en: https://*www.eleconomista.es/economia/noticias/11912095/08/22/Sin-gas-barato-no-hay-paraiso-Alemania-podria-enfrentarse-a-una-desindustrializacion-muy-dolorosa.html*

marco de la ideología del libre mercado, en que el poder reside en el mercado y no en el Estado [4].

La Unión Europea (UE) no ha sido ajena a este proceso y puso en marcha su estrategia *Europa Global: Competir en el mundo.* A través de esta política internacional, la UE perseguía la desregulación en terceros países de los sectores de servicios, inversión, contratación pública y políticas de competencia. Se trata de garantizar que las empresas europeas competitivas, respaldadas por las políticas internas adecuadas, ganen acceso a los mercados mundiales y operen en ellos con seguridad.[5]

La vinculación existente entre los Estados centrales y las empresas transnacionales, así como la presión que estas ejercen sobre las organizaciones internacionales económico-financieras, permite a las grandes corporaciones reconfigurar políticas y legislaciones para que resulten funcionales a sus propios intereses. Así se constituye lo que podemos denominar la arquitectura jurídica de la impunidad, el complejo entramado normativo que en las últimas décadas han venido construyendo las transnacionales —y los Estados que las apoyan— para blindar sus negocios por encima de los derechos fundamentales de las mayorías sociales, la soberanía de los pueblos y la propia democracia[6].

---

4 JEFFERY, Michael, "Imperativos medioambientales en el mundo globalizado: el impacto ecológico en la liberalización del comercio", *Revista Aranzadi de Derecho Ambiental*, núm. 14, 2008, pp. 29-50.

5 Comunicación de la Comisión al Consejo, al Parlamento Europeo, al Comité Económico y Social Europeo y al Comité de las Regiones de 4 de octubre de 2006 «Una Europa global: competir en el mundo» [COM (2006) 567 final – no publicada en el Diario Oficial].

6 HERNÁNDEZ ZUBIZARRETA, Juan Hernández, GONZÁLEZ, Erika y RAMIRO, Pedro, "Las empresas transnacionales y la arquitectura jurídica de la impunidad: responsabilidad social corporati-

2. FACTORES QUE DETERMINAN LA DESLOCALIZACIÓN

La deslocalización de los procesos productivos obedece a una elección empresarial supeditada a múltiples factores. Sin embargo, podemos establecer entre los más significativos los factores económicos, socio-laborales, el factor entorno y la tecnología.

Respecto al factor económico, el emplazamiento ideal de una empresa es aquel que ofrece los menores costes de producción y los mayores beneficios. Desde esta perspectiva, el Informe de la consultora AT. Kearney[7] cuantificaba el peso de la decisión de deslocalizar empresarial por costes económicos en un 40% y enumera los siguientes factores económicos: costes laborales (comprensivo de salarios y cotizaciones sociales), costes medios de infraestructuras, instalaciones, material, telecomunicaciones, viajes, tributos, tasas, aduanas, y los derivados de cambio de moneda.

Los derechos socio-laborales también tienen un gran peso. En base al principio de soberanía estatal y el de territorialidad, el contenido de las normas de un Estado y el control y sanción de su incumplimiento dependen del propio Estado. Por ello, con el ánimo de atraer inversiones extranjeras no dudan en bajar sus derechos y condiciones laborales. El Informe de la consultora AT. Kearney[8] cuantifica el peso de la decisión de deslocalizar por recursos humanos en un 30% y del siguien-

---

va, lex mercatoria y derechos humanos", *Revista de Economía Crítica,* núm. 28, 2019, pp. 41–54.

7 AT. KEARNEY, INC, *Where to locate: selecting a country for offshore business processing*, 2003. En https://*openlibrary.org/books/OL15539211M/Where_to_locate*

8 *Ibidem.*

te modo: dimensión del mercado laboral, cualificación, nivel educativo, barreras idiomáticas y la propia política de recursos humanos (desgaste de trabajadores, fuerza laboral, disponibilidad del personal y experiencia).

Por lo anterior, los países en vías de desarrollo utilizan laxos estándares sociales como ventaja para acceder al mercado global, perpetuando su pobreza. La deslocalización hacia países en vías de desarrollo se apoya en buena parte, en la existencia de legislaciones laborales bastantes deficientes, cuyo grado de cumplimiento es bajo y muy a menudo minino[9]. Los estándares permisivos a los que acogen algunas empresas originan presiones sobre aquellos países con estándares más altos para que se adopten y en consecuencia permanecer competitivos.[10]

La deslocalización no sólo depende de factores económicos, laborales y de protección social. El Informe de la consultora AT. Kearney[11] cuantifica el peso en la decisión empresarial de deslocalizar por el entorno en un 30%, y debido a los siguientes factores: Los riesgos socioeconómicos (situación económica, política, social, apoyos y corruptibilidad al gobierno), la infraestructura del país (telecomunicaciones, transporte), la compatibilidad cultural, la proximidad geográfica y la seguridad de la propiedad intelectual.

---

9 PURCALLA BONILLA, Miguel Angel, "Deslocalización de empresas problemática y alternativas", *Revista de Derecho Social*, núm. 39, 2007, pp. 102-103.

10 JEFFERY, Michael I., "Imperativos medioambientales en el mundo globalizado: el impacto ecológico en la liberalización del comercio", *Revista Aranzadi de Derecho Ambiental*, núm. 1, 2008, pp. 29-50.

11 AT. KEARNEY, *op. cit.*

Es necesario, también ahondar en el papel de las nuevas tecnologías, que han planteado un nuevo paradigma para la deslocalización ya que permiten el traslado a economías emergentes, no ya de actividades completas, sino, además, y, sobre todo, de labores específicas, (diagnosis radiológica, contabilidad, asesoría fiscal, tratamiento de datos...) y facilitan la fragmentación del proceso productivo, de manera que sus distintas fases puedan distribuirse en diferentes lugares. Este proceso, no se limita a las actividades manufactureras, sino que también se deja sentir en algunos sectores de servicios (*call centers*, contabilidad, asesoría jurídica e informática, servicios de diseño...). Es decir, afecta muy directamente a las actividades textiles, de confección y de calzado, aunque también a las fases más estandarizadas de las producciones de equipo de transporte y material electrónico, empresas tecnológicas, entre otras.

3. LOS EFECTOS DE LA DESLOCALIZACIÓN SOBRE LA SOCIEDAD CIVIL

La deslocalización se ha traducido en la perdida de derechos humanos y medioambientales en todo el planeta. La Organización Internacional del Trabajo (OIT) a través de su grupo de investigación sobre globalización presentaba un informe de 2021 donde declaraba que la fragmentación de la producción está asociada a una mayor competencia por los servicios y a una presión a la baja sobre los salarios y las condiciones de trabajo. A nivel mundial, los trabajadores de "la economía de las plataformas" o "de la intermitencia" no suelen poder entrar en una negociación colectiva, y muchos carecen de cobertura de seguridad social. Los contratos de corta duración y los horarios de trabajo irregulares han ido generalizándose cada vez más, en particular, a consecuencia de la globalización impulsada por las cadenas mundiales de suministro y los avances tecnológicos. La participación del factor trabajo en la renta nacional ha disminuido a nivel mundial, pasando del 54 por ciento en 2004 al 51 por ciento en 2017[12].

La inminente amenaza que supone el impacto de la globalización sobre el medio ambiente y el cambio climático se ha hecho evidente, al tener en cuenta la relación entre la naturaleza finita del entorno en que vivimos y el uso indiscriminado de los recursos disponibles exigidos para competir a nivel internacional. Mientras, los países compiten por el comercio, el interés de cada país por reducir los costes con respecto al resto no solo genera explotación de la mano de obra, sino que también provoca la degradación del medio ambiente.

La gran mayoría de las disposiciones del Acuerdo General sobre Aranceles Aduaneros y Comercio (GATT) son desfavorables en relación con la protección medioambiental. Aunque se han incluido políticas medioambientales en los acuerdos de GATT y de la Organización Mundial del Comercio (OMC). Estos acuerdos conllevan una discriminación inherente a favor del crecimiento económico, principal objeto de su creación[13].

En países de América Latina las multinacionales de la energía (Unión Fenosa, Repsol) han vulnerado los derechos económicos, sociales y culturales de la población: sobrefacturación, cortes masivos de luz, racionamientos, carencia de atención en las zonas rurales, apagones y electrocuciones. Un amplio sector de la población ha visto limitado su derecho al acceso de bienes básicos como son el agua potable y la electricidad. Las comunidades opositoras a las operaciones de las transnaciona-

---

12 OIT, "El comercio internacional y el trabajo decente: Guía de indicadores", Grupo Globalización. Departamento de investigaciones, 2021.

13 JEFFERY, Michael I., op.cit., p. 49.

les son frecuentemente reprimidas por la fuerza pública o por milicias paramilitares[14].

Los grandes proyectos energéticos y de infraestructura destruyen los territorios indígenas y generan desplazamiento. La asimetría de poder hace que se viole de forma sistemática el derecho a la consulta previa, libre e informada contemplada en el Convenio 169 de la OIT en los diferentes países donde se extraen hidrocarburos, minerales y electricidad[15].

4. EL PAPEL DE LA SOCIEDAD INTERNACIONAL

La deslocalización es un fenómeno con dimensión internacional y global que produce sus efectos en un entorno mundial, por lo tanto, es necesario una respuesta jurídica internacional, siendo necesario expandir una normativa más allá de la puramente nacional para hacer frente a las influencias de los agentes económicos internacionales.

La Organización de Naciones Unidas (ONU) en 2011, mediante los Principios Rectores sobre Empresa y Derechos Humanos, abordaba esta cuestión con necesarios estándares de responsabilidad para las empresas y la rendición de cuentas sobre

---

14 HERNANDO, Raquel y GONZÁLEZ, Erika, "Tratados Comerciales y Transnacionales europeas de la energía en Centroamérica", Informe de amigos de la Tierra. Observatorio de las multinacionales en América Latina. Paz con dignidad, 2015, pp. 21-22. En https*://omal.info/IMG/pdf/2015_informe_tlc_ue_centroamerica_omal_-_foe.pdf*

15 Audiencia celebrada en la Cumbre "La Hora de los Pueblos" en Cádiz (2012), organizada por el Observatorio de Multinacionales en América Latina – Paz con Dignidad, 17 de noviembre de 2012. En *htpp: //omal.info/IMG/pdf/declaracion_final.pdf//*

derechos humanos[16]. Sin embargo, a fecha de hoy, el balance no ha sido el esperado y se ha reflejado en el escaso número de solicitudes de los Estados miembros de integrar y promover los Principios Rectores. Hasta la fecha, el sistema de las Naciones Unidas no ha desarrollado estructuras o herramientas suficientes para reforzar el apoyo a la aplicación, incluida la recopilación sistemática de datos, el fomento de una capacidad de gran alcance o un "servicio de ayuda" mundial para las empresas, los Estados, la sociedad civil y otras partes interesadas[17].

Un nuevo enfoque lo constituye los nuevos proyectos normativos sobre *Diligencia Debida.* Iniciativas que vienen a dar cumplimiento a recomendaciones cada vez más prolíferas, entre ellas, del Alto Comisionado de Naciones Unidas para los Derechos Humanos en 2018 que evidencian la relevancia de la debida diligencia en materia de cumplimento por las empresas de los derechos humanos[18].

La Unión Europea (UE) ha presentado una propuesta de Directiva sobre diligencia debida de las empresas en materia de sostenibilidad[19] cuyo objetivo es establecer, por primera vez, amplias obligaciones de debida diligencia empresarial a nivel

16 Consejo de Derechos Humanos, Resolución 17/4 "Los derechos humanos y las empresas transnacionales y otras empresas", de 16 de junio de 2011.

17 Report of the Human Rights Council on its 47th session (A/HRC/47/2). 47th regular session of the Human Rights Council (21 June to 14 July 2021), p.8

18 OHCHR (2018), Improving accountability and access to remedy for victims of businessrelated human rights abuse: The relevance of human rights due diligence to determinations of corporate liability, A/HRC/38/20/Add.2

19 Propuesta de Directiva del Parlamento Europeo y del Consejo sobre diligencia debida de las empresas en materia de

europeo. Según la evaluación de impacto inicial de la iniciativa, la Comisión pretende introducir un deber de diligencia a fin de que las empresas tomen medidas para abordar sus impactos negativos incluidos aquellos sobre el cambio climático, el medio ambiente y los daños a los derechos humanos en sus propias operaciones y en sus cadenas de valor. Se trata de identificar, prevenir, mitigar, minimizar y eliminar los efectos adversos potenciales y reales sobre los derechos humanos y el medioambiente e impone a los estados miembros designar autoridades nacionales que investiguen, supervisen e impongan sanciones.

Varios países de la UE cuentan con leyes nacionales sobre *Diligencia Debida*: Francia, Noruega, Alemania y Países Bajos. La Ley Francesa es la primera, en establecer de forma explícita y vinculante un deber de actuación diligente en materia de derechos humanos y tutela medioambiental de grupos empresariales y redes de empresas colaboradoras, ya sean o no de dimensión transnacional y de desarrollar su contenido, configurándolo como un "deber de vigilancia" sobre todas las organizaciones que se integran en unos u otras[20].

No obstante, desde los sectores sociales y de defensa de los derechos humanos, han incidido en otros aspectos que no deben olvidarse en la regulación. Entre los aspectos más negativos de la propuesta está el alto umbral referente al tamaño de las empresas, que no se ajusta a los estándares internacionales como los Principios Rectores sobre las Empresas y los Derechos Humanos de la ONU. La propuesta de la UE limita el ámbito de aplicación a las empresas con más de 500 empleados/150

---

sostenibilidad y por la que se modifica la Directiva (UE) 2019/1937(COM(2022)0071–C90050/2022–2022/0051(COD)

20 SANGUINETTI RAYMOND, Wilfredo, "La ley francesa sobre el deber de vigilancia de las sociedades matrices y empresas controladoras", *Revista Trabajo y Derecho*, núm. 55-56, 2018, p.12.

millones de euros de facturación. Esto se reduce a 250 empleados/40 millones de euros de facturación para empresas activas en sectores de alto impacto, incluidos textiles, prendas de vestir y calzado, pero con una limitación adicional a solo "impacto adverso severo". Otra área clave en la que los colegisladores de la UE deben colocar a los titulares de derechos humanos firmemente en el centro es en la aplicación de las normas propuestas más allá de los proveedores directos. Han enfatizado que los esquemas de trabajo semiformales e informales, así como la subcontratación no oficial y el trabajo a domicilio deben tenerse en cuenta en todas las medidas reglamentarias[21].

Es importante que todas las empresas, sin importar su tamaño o estructura corporativa, estén cubiertas por la legislación.

Lo anterior, ya se había manifestado en la Declaración del Grupo de Trabajo de las Naciones Unidas sobre las Empresas y los Derechos Humanos en 2022[22], donde se incidía en la importancia de las pequeñas y medianas empresas como actores clave para lograr cadenas de suministro que respetaran los derechos humanos y para promover el desarrollo sostenible y se evidencia las dificultades a las que se enfrentaban las pequeñas y medianas empresas en sus cadenas de suministro y sus rela-

---

21 CLEAN CLODES CAMPAIGN, "Pongamos la Justicia de Moda. Un llamamiento al cumplimento obligatorio y extensivo de la diligencia debía en derechos Humanos de la industria textil", 2021. En https*://ropalimpia.org/wp-content/uploads/2017/08/Informe-Pongamos-la-justicia-de-moda.pdf*

22 CDH. 50°. A/HRC/50/41. Décimo periodo de sesiones del Foro sobre Empresas y Derechos Humanos. Informe del grupo de Trabajo sobre las cuestiones de derechos humanos y las empresas transnacionales y otras empresas. 2022. En htpp// *documents-dds-ny.un.org/doc/UNDOC/GEN/G22/308/51/PDF/G2230851.pdf? OpenElement*

ciones comerciales, subrayando la necesidad de crear herramientas específicas para ayudarlas a avanzar en esas cuestiones.

Hay que concluir que los poderes públicos, incluyendo la UE, deben adoptar marcos legales basados en la *Diligencia Debida* empresarial con el fin de poder castigar el incumplimiento de los estándares y normas comunitarias e internacionales y el respeto de los derechos humanos y la legislación medioambiental cuando la responsabilidad empresarial se extiende extraterritorialmente, sin olvidar los reclamos de la sociedad civil.

Nuevas estrategias de desinformación y propaganda en las guerras del siglo XXI: el papel de los digital games

ANTONIO CÉSAR MORENO CANTANO[1]

1. INTRODUCCIÓN

Son múltiples los estudios que han remarcado en los últimos años el elevado componente propagandístico de los medios de comunicación[2]. Los videojuegos, ya sea de forma intrínseca–lo que M. Ming-Tak y Y. Wang[3] han calificado como *propagame*[4]–o a través de su instrumentalización, modificación y conexión con maniobras de nacionalismo digital, destacan

---

1 Profesor del Departamento de Relaciones Internacionales e Historia Global de la Universidad Complutense de Madrid. Email: antmor03@ucm.es

2 ZOLLMANN, Florian, "Bringing Propaganda Back into New Media Studies", *Critical Sociology*, vol. 45, 2019, núm. 3, pp. 329-345; MANFREDI-SÁNCHEZ, Juan-Luis., "Globalización y poder: la consolidación de la comunicación internacional como disciplina. Artículo de revisión. *El profesional de la información*, vol. 29, 2020, núm. 1, pp. 1-29.

3 MING-TAK, Mathew & WANG, Yi., "How propagames work as a part of digital authoritarianism: an analysis of a popular Chinese propagame", *Media, Culture & Society*, vol. 43, 2021, núm. 8, pp. 1431-1448.

4 MAGO, Zdenko & MIKULÁS, Peter, "The use of computer games for promotional purposes", *Journalism and Mass Communication*, vol. 3, 2013, núm. 1, pp. 48-57; MARTINO, John, "War/Play: Video Games and the Militarization of Society", Bristol, Peter Lang Publishing Inc, 2013.

por presentar un fuerte componente comunicativo[5]. A esta particularidad hay que añadir la relevancia que han adquirido en contextos bélicos, dentro de maniobras de desinformación en sus diferentes vertebraciones, como ha ejemplarizado la presente invasión rusa de Ucrania[6].

El objetivo exploratorio de esta investigación se desarrolla a través de las siguientes preguntas:

PI_1. ¿Cuál es la contribución de los videojuegos y sus referentes audiovisuales al imaginario de los contextos bélicos actuales?

PI_2. ¿Se puede establecer un marco metodológico amplio y transversal desde paradigmas de Estudios de la Imagen, así como la Comunicación y la Seguridad tomando como base el formato videolúdico en tareas de desinformación?

2. MARCO TEÓRICO Y METODOLÓGICO

Se propone un marco metodológico multidisciplinar, transversal y basado en nodos analíticos interconectados que integre paradigmas de los Estudios de la Imagen, de la Comunicación, de la Seguridad y de la Propaganda. En estrecha relación con el objeto de estudio de la presente investigación, proponemos emplear dos teorías propias del ámbito de las operaciones psicológicas militares, pero bajo el filtro o condicionantes de las plataformas y redes comunicativas digitales. La Teoría de la Toma de Decisiones, el fa-

---

5 MORENO CANTANO, Antonio-César. "Tecnonacionalismo. El videojuego como objeto de estudio en las Ciencias Sociales", *Tiempo Devorado. Revista de Historia Contemporánea*, vol. 1, 2022, pp. 33-58.

6 PLUNKETT, Luke, (24 de febrero de 2022), "Some of The Most Popular Ukraine Footage Is Actually A Video Game", *Kotaku.*

moso círculo OODA (Observar, Orientar, Decidir y Actuar) del analista militar J. Boyd[7], proporciona un particular abanico interpretativo para comprender la influencia de la tecnología y la información en los actuales enfrentamientos armados. El fin último de este mecanismo es "incapacitar al enemigo a adaptarse a la nueva situación que se le presenta" mediante la modificación de su ciclo de decisión, en este caso desde el ámbito informativo y comunicativo.

En un esquema similar destaca la Teoría del Control Reflexivo (CR), doctrina de información de los servicios de inteligencia rusos. Según este enfoque, un sistema puede organizarse tomando en consideración las actividades de otro con el que interactúe. Un agente en el primer sistema puede influir deliberadamente sobre los elementos que sirven a la toma de decisiones en el sistema externo y, de este modo, provocar las decisiones que le sean favorables. El CR, en definitiva, "obliga al adversario actuar respecto a una imagen falsa de la realidad de forma predecible, favorable al causante del ataque informativo. El resultado es el comportamiento deseado". El objetivo último es alterar la percepción que un adversario tiene de la realidad que le rodea, ya sea este un líder político o toda la población de un Estado[8]. Un ejemplo relevante del CR, a nivel estratégico y operacional, lo constituyen los frecuentes incidentes que ocurren entre aeronaves rusas y plataformas navales o aéreas de países de la OTAN o afines a la alianza atlántica. Cuando tienen lugar, "Rusia se ofrece para negociar nuevos acuerdos para regular dichos incidentes". Se crea así la imagen de que las operaciones de la Alianza en, por ejem-

---

7 BOYD, John, *A Discourse on Winning and Losing*, Air University Press (edición de Grandt T. Hammond), 2018.

8 THOMAS, Timothy, "Russia´s Reflexive Control Theory and the Military", *The Journal of Slavic Military Studies*, vol. 28, 2004, núm. 3, p. 238.

plo, el Báltico son provocativas y potencialmente peligrosas para la estabilidad de la región. Los dirigentes occidentales, preocupados por la posibilidad de un aumento de las tensiones entre bloques, reciben dicho ofrecimiento de forma favorable cuando ya existe una regulación internacional al respecto. Las naciones aliadas se encuentran, así, ante dos opciones. Si se accede al diálogo, se entablarán unas conversaciones susceptibles de alterar el marco legislativo actual en favor del Kremlin y, si se rechaza, ello alimentará la narrativa de que las naciones de la OTAN mantienen una postura agresiva e intransigente frente a Rusia[9].

Figura 1: Círculo OODA de John Boyd.

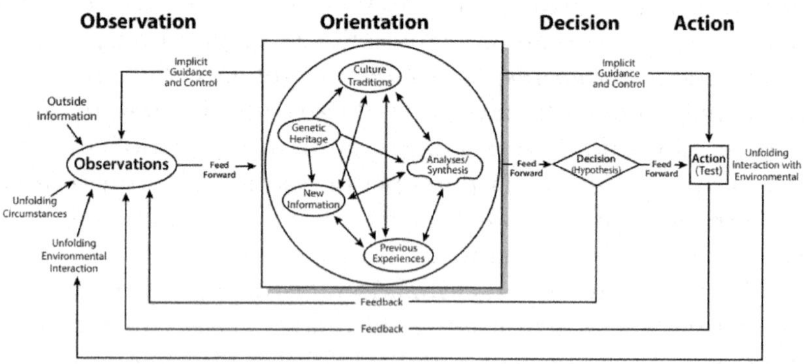

Fuente: BOYD, John, *A Discourse on Winning and Losing*, Alabama, Air University Press, Ed. 2018, p. 384.

9 MARTÍNEZ PONTIJAS, Juan, "Control reflexivo: mucho más que desinformación a la rusa", *Instituto Español de Estudios Estratégicos,* Documento de Opinión 159, 2020, pp. 1-13.

Para pasar de un enfoque eminentemente militar de ambas propuestas a otro mixto propagandístico y de desinformación, emplearemos diferentes "filtros". En primer lugar, y basándose en la experiencia de las elecciones presidenciales de EE. UU. en 2016, el oficial A. Yang[10] (2019: 106) aplicó el Control Reflexivo al círculo OODA en la fase de Observación, siguiendo la intervención de la IRA (Internet Research Agency) rusa, lo que provocó una modificación sustancial en la elección del voto entre los candidatos Donald Trump y Hillary Clinton, es decir, en la fase de Decisión y Acción. La mejor manera de ejercer el control sobre un individuo o entidad es influir en las observaciones que éste hace del mundo que les rodea. A través de las redes sociales se crean multitud de interacciones que, debidamente dirigidas, permiten no solo la desestabilización de la percepción del entorno sino la construcción de realidades alternativas.

Para accionar este mecanismo es imprescindible recurrir a maniobras de desinformación a través de tres variedades de *agentes de influencia*[11]:

- *Fully employed* (agencias estatales, ya sean diplomáticas o comunicativas; grupos políticos; organizaciones civiles). Uno de los ejemplos más importantes es el IRA (Internet Russian Research Agency), grupo financiado por el Estado que realiza ciberataques en beneficio de los intereses rusos. Buscan manipular el discurso social y político publicando mensajes favorables al régimen o para

---

10 YANG, Adam, "Reflexive Control and Cognitive Vulnerability in the 2016 U.S. Presidential Election", *Journal of Information Warfare*, vol.18, 2019, núm. 3, pp. 99-122.

11 TILL, Christopher, "Propaganda through reflexive control and the mediated construction of reality", *New Media & Society*, vol. 23, 2021, núm. 6, pp.1362-1378.

socavar la credibilidad de los individuos. Para ello se utilizan identidades online ficticias (*sock pupets*) o bots[12].

- "*Locally recruited*" (grupos digitales que se vinculan por afinidad ideológica a un Estado, partido político o movimiento). Podemos destacar a los *Fenqing*, jóvenes indignados chinos que utilizan el ciberespacio para defender cualquier afrenta contra la cultura y el gobierno. Así, dentro del videojuego *H1Z1: King of the Kill* (DayBreak Game, 2015), se constituyó el grupo "Red Army", que atacaba en este espacio virtual a cualquier jugador extranjero que fuera en contra de China, obligándole a gritar "China N.º 1" si no quiere que su avatar sea eliminado"[13].
- "*Unwitting*" (inconscientes; usuarios particulares, no hermanados, de plataformas digitales y redes sociales que utilizan estos medios para identificarse "apasionadamente" con determinadas ideas, corrientes de pensamiento o figuras públicas). Por ejemplo, publicaciones en Twitter a raíz de la guerra de Ucrania ensalzando la figura del «Fantasma de Kiev».

Finalmente, se incorpora otro condicionante o variable en función del formato que presentan los videojuegos: el *embudo digital*[14], resultado de adaptar las variables del Control Reflexi-

---

12 SINGER, Peter-Warren & BROOKING, Emerson, *Likewar: The Weaponization of Social Media*, New York, Houghton Mifflin Harcourt Publishing Company, 2018, pp. 111-112.

13 HARRINGTON, Jonathan & ZHANG, Zimu, "Negociating Chinese Youth Cyber Nationalism throught Play Methods", *British Journal of Chinese Studios*, vol. 12, 2022, núm. 2, pp. 114-132.

14 BJOLA, Corneliu, "Propaganda as reflexive control: the digital dimension", en BJOLA, Corneliu & PAMMENT, James (Eds.), *Countering Online Propaganda and Extremism*, London, Routledge, 2019, pp. 13-27, p. 24.

vo y el Círculo OODA a las particularidades del ecosistema digital. El autor C. Bjola pone el énfasis en el contexto, el contenido, la difusión y el resultado. Su equivalente en estrategias comunicativas de desinformación en redes sociales y digitales sería: atraer, involucrar, elevar y explotar[15]. A partir de este esquema interpretativo combinado, analizamos cómo diferentes fotogramas y escenas de determinados videojuegos bélicos se emplean como instrumento de desinformación en escenarios de guerra, como en el presente ataque ruso sobre Ucrania. En esta investigación, la atención se centra en la exhumación detallada del contexto en que se emplean estas imágenes; la simbología, significación y "autenticidad" de estos fotogramas; su capacidad de difusión a través de las redes sociales; y su potencial para construir narrativas que "destruyan" las del contrario o refuercen las propias.

Figura 2. **Esquema teórico combinativo (OODA + Control Reflexivo + Embudo digital)**

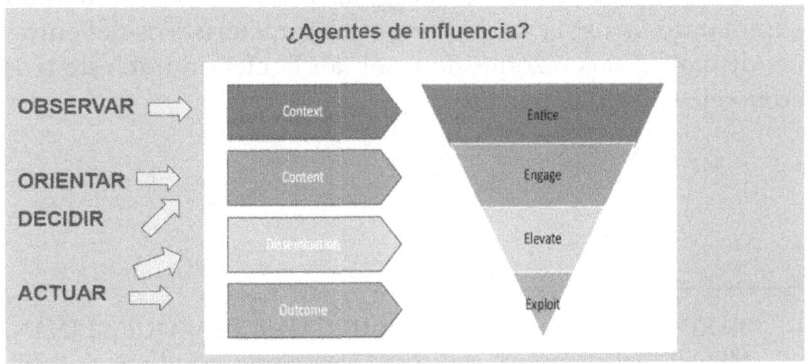

Elaboración propia a partir de los trabajos de BOYD, John, TILL, Christopher y BJOLA, Corneliu.

---

15 BJOLA, Corneliu., *op. cit.*, p. 25.

3. RESULTADOS

Hemos seleccionado dos situaciones que ilustran la instrumentalización de imágenes de videojuegos (normalmente clips de vídeo, fotogramas y modificación de títulos de naturaleza bélica, como la saga *Arma*) en tareas de desinformación con finalidades múltiples según el contexto en el que se difundan. El principal protagonista en este análisis es Rusia. Desde el final de la Guerra Fría, y en especial a partir del año 2000 con la puesta en marcha de la primera *Doctrina de la Seguridad de la Información* y el concepto de "guerra híbrida" defendido por Gerasimov, se extienden las medidas activas en materia de inteligencia a un nuevo diseño de la guerra informativa[16]. Los medios de comunicación, los agentes de influencia o los colaboradores externos, ganan protagonismo para diseminar desinformaciones, falsificaciones, manipulaciones o datos personales obtenidos de forma ilegal para debilitar adversarios políticos en el mundo físico y digital[17]. Además, también están explotando otros vectores y lenguajes característicos del entorno virtual[18]. Estas razones determinan la elección de este país como eje central del análisis.

---

16 TARÍN SANZ, Adrían, TER FERRER, Mart. y VÁZQUEZ LIÑÁN, Miguel, (eds.), *Sistema mediático y propaganda en la Rusia de Putin*, Salamanca, Comunicación Social, 2018.

17 ALINA-MOGOS, Andreea-Alina, GRAPA, Teodora-Elena y SANDRU, Teodora-Felicia, "Desinformación rusa en el Este de Europa. Marcos mediáticos de la vacunación ro.sputnik.md", *Comunicar*, vol. 72, 2022, pp. 33-46.

18 COLOM PIELLA, G., "Anatomía de la desinformación rusa", *Historia y Comunicación Social*, vol. 25, 2020, núm. 2, pp. 473-480.

3.1. Guerra de Siria

Autores como C. Paul, M. Mathews[19] y M. Van Herpen[20] sintetizan la evolución de la propaganda rusa en la última década, en un intento de forjar una imagen exterior basada en la desinformación y la manipulación, en cuatro características fundamentales. Primero, la propaganda en alto volumen y a través de múltiples canales, lo que conlleva dos funciones: mayor dificultad para rastrear el objetivo de esta y para cerrar los flujos de información. En segundo lugar, propaganda rápida, continua y repetitiva (que se ve reforzada por el soporte digital). Seguidamente, su respuesta emocional antes que el análisis crítico. En última instancia, su ausencia de compromiso con la coherencia. Frente a este creciente poder e injerencia de la propaganda del Kremlin, agencias internacionales y organismos supranacionales como la Unión Europea han creado múltiples mecanismos para hacerle frente. Uno de los más importantes es el *European Union East StratCom Task Force,* nacido en 2015 en el seno del Consejo Europeo, cuyo fundamento es "contrarrestar las campañas de desinformación rusa hacia Europa". En esta misma línea se sitúa la constitución del *EU South StratCom Task Force,* aunque centrado en la propaganda proveniente del grupo terrorista ISIS[21].

---

19 PAUL, Christopher & MATHEWS, Miriam, *The Russian "Firehose of Falsehood" Propaganda Model: Why It Might Work and Options to Counter It,* RAND Corporation, 2016.

20 VAN HERPEN, Marcel, *Putin´s Propaganda Machine: Soft Power and Russian Foreign Policy,* Maryland (USA), Rowman & Littlefield, 2016.

21 EUROPEAN COMMISSION, *Action Plan against Disinformation,* Brussels, 2018.

La web de verificación de estos organismos se conoce como *EUvsDisinfo*. El 15 de noviembre de 2017 publicó una interesante entrada con el título “Computer Game as Irrefutable Proof”, que se hacía eco de un mensaje publicado en Facebook y Twitter–en inglés, ruso y árabe–por la cuenta del Ministerio de Defensa de la Federación Rusa apuntando a la supuesta cobertura aérea dada por las fuerzas norteamericanas en la huída de las tropas del ISIS en Siria[22]. La denuncia de esta “realidad” se relaciona directamente con la operación militar conjunta sirio-rusa que el 9 de noviembre de ese año había expulsado a los yihadistas de su último bastión en el país, Abu Kamal[23]. Pocos días después, sin embargo, este estratégico enclave, que une Teherán y Beirut, regresó a manos del ISIS. En este contexto de avances y retrocesos, el Alto Mayor ruso acusó a Estados Unidos de bloquear sus operaciones con el propósito de no debilitar su propio estatus en Oriente Medio. Para respaldar sus argumentos complementó estas entradas en las redes sociales y en medios como *Russia Today* con varias imágenes vía satélite y videos que mostraban el desarrollo de esta primera huida terrorista. Parte de este material fotográfico fue extraído del gameplay del título *AC 130 Gunship Simulator: Special Ops Squadron* (Byte Conveyor Studios, 2015).

Rápidamente, medios como el apuntado, así como otras herramientas de verificación de grandes rotativos, como por ejemplo *BBC*, desmontaron el engaño y obligaron a la Defensa rusa a emitir un comunicado responsabilizando del “descuido” a un empleado civil de una de subdivisiones de

---

22 EuvsDISINFO (15 de noviembre de 2017), “Computer Game as ‘Irrefutable Proof’”.

23 SANZ, Juan- Carlos. (9 de noviembre de 2017), “El ISIS huye al desierto tras perder su último feudo en Siria”, *El País*.

propaganda. Desde el lado norteamericano, se aprestó a su contraparte a dejarse de juegos y no enturbiar la lucha común contra el terrorismo internacional[24]. El consejo no fue atendido, y como volvió a destapar EUvsDisinfo (bajo la entrada "Oops, we did it again"), el medio estatal de noticias ruso *Piervy Kanal*, en horario de máxima audiencia (la noche del domingo del 25 de febrero de 2018), presentó un programa especial conmemorativo sobre el heroísmo del teniente mayor, Alexander Prokhorenko, caído en Siria en 2016. En el minuto 02:35 se incluía una imagen tomada directamente del videojuego bélico *ARMA 3* (Bohemia Interactive, 2013). Como en la anterior ocasión, y descubierto el engaño, las responsabilidades recayeron en los editores del video, eximiendo de cualquier culpa a las instancias oficiales[25].

---

24 BBC NEWS (14 de noviembre de 2017), "Russia posts video game screenshot as proof of US helping IS", *BBC*.

25 EUvsDISINFO (28 de febrero de 2018), "Oops, We Did It Again".

Tabla 1 del modelo analítico combinativo:

	Método analítico: OODA + CR + Embudo digital			Aplicación y desarrollo	Agentes de influencia
VARIABLES	OBSERVAR	CONTEXTO	ATRAER	Embajada rusa en Reino Unido / Ataques en 2013 y 2015 contra la población civil siria con armas químicas por parte de las fuerzas estatales / Modificar opinión pública internacional	FULLY EMPLOYED
	ORIENTAR / DECIDIR	CONTENIDO	INVOLUCRAR	La maquinaria propagandística rusa intenta justificar su participación en Siria y rebatir el argumentario sobre la utilización de armas químicas. Apela a la responsabilidad de grupos terroristas, como *Jabhat Al-Nusra*, en dichas maniobras. Siguiendo la lógica de EE.UU. en Irak, quedaría plenamente justificada así la presencia rusa.	
	ACTUAR	DIFUSIÓN / RESULTADO	ELEVAR / EXPLOTAR	Difundir imágenes procedentes del videojuego *Command & Conquer* para parodiar estas críticas y reforzar la narrativa rusa y siria frente a ISIS / La rápido detección de este engaño mediante herramientas de «fatchecking» genera el efecto contrario y daña la credibilidad de las agencias estatales rusas en las RRSS, llevando incluso a la ridiculización por parte de gran número de usuarios.	

Fuente. Elaboración propia.

3.2. Guerra de Ucrania

La invasión rusa de territorio ucraniano en febrero de 2022 ha demostrado la importancia de las redes sociales, tanto a nivel de difusión como de debate, visibilidad y seguimiento de los actuales conflictos bélicos. Siguiendo tendencias experimentadas desde hace años por la maquinaria propagandística israelíta[26], las fuerzas implicadas han empleado medios como TikTok (con mil millones de usuarios a nivel global), Instagram, Twitter o Facebook para hacer llegar sus narrativas y mensajes

---

26 SEAVON, Fernanda (1 de julio de 2021), "Israeli military´s TikTok attempt to make propaganda cool", *Aljazeera.*

al mundo entero[27]. Dentro de este proceso de "weaponizing social media"–en palabras del J. Martino[28]-, la increíble veracidad y fiel reproducción de aviones, carros de combate y todo tipo de armas en múltiples simuladores bélicos, ha hecho de los videojuegos una fuente rápida, barata y accesible a múltiples actores estatales y no estatales para "informar" del devenir de los enfrentamientos. Entre las "primeras pruebas del inicio de la guerra" se encontraba un vídeo procedente del referido ARMA 3, que se hizo viral alcanzando en pocos días millones de visitas[29]. La repercusión del mismo llevó a que importantes cadenas televisivas, en España el programa «Espejo Público» de Susanna Griso en Antena 3, así como medios rumanos o indios, abrieran sus titulares recurriendo a él sin haber llevado a cabo ningún tipo de verificación[30].

Una de las campañas propagandísticas que ha tenido más eco a nivel mediático, combinando el elemento desinformativo y el formato videolúdico en el actual conflicto ucraniano, lo representa el héroe "el Fantasma de Kiev". Los datos que nos ofrece Internet sobre sobre el seguimiento de este supuesto as de la aviación son espectaculares. Tal y como informa-

---

27 MORENO, Iago. (25 de marzo de 2022b), "TikTok en tiempos de guerra: ¿una frivolidad?", *El País*; ALONSO LÓPEZ, Nadia y SIDORENKO BAUTISTA, Pavel (28 de febrero de 2022), "La guerra en Ucrania se retransmite por TikTok", *The Conversation.*

28 MARTINO, Jhon, *Drumbeat. New Media and the Radicalization and Militarization of Young People*, London, Routledge, 2021, p. 14.

29 COMPARED COMPARISON (29 de enero de 2021), "MiG-29 en acción vs C-RAM – Phalanx CIWS – C-RAM – Tracer Firing – Simulación – Arma 3", *Youtube.*

30 MALDITA.ES (24 de febrero de 2022), "No, este vídeo no es de Rusia en plena guerra con Ucrania: es una simulación de un videojuego".

ron medios como *The Times* o *The New York Times*[31], sus videos tuvieron más de 9,3 millones de visitas en Twitter, y el piloto fue mencionado en miles de grupos de Facebook alcanzando hasta 717 millones de seguidores. En YouTube, los videos que promocionan al luchador ucraniano acumularon 6,5 millones de visitas, mientras que los videos de TikTok con la etiqueta #ghostofkyiv alcanzaron los 200 millones de visitas. La leyenda sobre el destructor de aviones rusos comenzó el 25 de febrero, cuando se empezó a difundir un video en el que un MiG-29 derribaba–ante el asombro de la población – un Su-35 ruso. El origen de esta escena procedía, en verdad, de un fotograma del título *Digital Combat Simulator: World* (Eagle Dynamics, 2013)[32]. Este tipo de material ha servido para ampliar la aureola de este aviador «invencible», al que en pocos días se le atribuyeron decenas de derribos de cazas de combate enemigos. Pese a que nunca se ha demostrado su existencia (es más, posteriormente fue desmentida), este tipo de noticias, totalmente desacreditadas por portales de verificación especializados, han servido para aumentar la moral del pueblo ucraniano, criticar la agresión rusa y conseguir apoyo mundial hacia su causa. Si bien este bulo nació de cuentas particulares de Facebook, Twitter o Youtube, posteriormente fue explotado e instrumentalizado propagandísticamente por las fuerzas armadas ucranianas, el Estado y diferentes personalidades relevantes del mundo de la política y la prensa. Uno de los comentarios del video que se divulgó desde Youtube resumía perfectamente la significación

---

31 BUBOLA, Emma (1 de mayo de 2022), "Ukraine acknowledge that the Ghost of Kyiv is a mith", *The New York Times.*

32 ODO PUIU EVENTS (26 de febrero de 2022), "Ukrainian MiG-29 Ghost of Kyiv in Action", *Youtube.*

de esta figura: "Si es real, que Dios esté con él, si es falso, rezo por más como él"[33].

Tabla 2 del modelo analítico combinativo:

<table>
<tr><th></th><th colspan="3">Método analítico: OODA + CR + Embudo digital</th><th>Aplicación y desarrollo</th><th>Agentes de influencia</th></tr>
<tr><td rowspan="3">VARIABLES</td><td>OBSERVAR</td><td>CONTEXTO</td><td>ATRAER</td><td>Ministerio de Defensa de Rusia / Operación militar conjunta sirio-rusa contra ISIS en Abu Kamal en noviembre de 2017 / Criticar posicionamiento norteamericano frente a este movimiento militar</td><td rowspan="3">FULLY EMPLOYED</td></tr>
<tr><td>ORIENTAR / DECIDIR</td><td>CONTENIDO</td><td>INVOLUCRAR</td><td>El tema del terrorismo internacional genera una fuerte carga emocional entre el pueblo norteamericano tras los atentados del 11-S. A nivel de opinión pública, "justificó" su intervención directa en Iraq y Afganistán. Siguiendo esta lógica, es contradictorio no apoyar a Siria y Rusia en su lucha contra el ISIS.</td></tr>
<tr><td>ACTUAR</td><td>DIFUSIÓN / RESULTADO</td><td>ELEVAR / EXPLOTAR</td><td>Empleo de fotogramas y clips de video del título AC-130 Gunship Simulator para simular y atestiguar pruebas supuestamente tomadas por drones para mostrar la "incongruencia" de EE.UU. En la guerra de Siria / la web de verificación EuvsDisinfo y otros medios occidentales (BBC) destaparon la mentira y provocaron una ola de indignación frente a la propaganda rusa.</td></tr>
</table>

Fuente. Elaboración propia.

4. CONCLUSIONES

Para hacer frente al objeto de estudio planteado se ha construido un marco analítico edificado sobre paradigmas de guerra psicológica y propagandística en contextos militares,

---

33 GACH, Ethan (26 de febrero de 2022), "Ghost of Kyiv" Fighter Pilot Blowing Up Russian Aircraft in Trending Clip Actually From Video Games", *Kotaku*

relacionados con la modificación de la percepción y–a la larga– de la opinión del enemigo y sus apoyos sociales. Se ha apelado al ciclo OODA y a la Teoría del CR. Aplicado al ámbito comunicativo digital, se recurrió al embudo digital desinformativo, que se concreta a través de diferentes agentes de influencia.

Como prueban los resultados, hay una elevada falta de preparación y desconocimiento del medio y formato empleado. Se utilizan capturas de pantalla o escenas de video que son inequívocamente falsas, de manera irreflexiva y poco orquestada. En consecuencia, el engaño se destapa fácilmente y provoca el descrédito de la fuente emisora en las redes sociales.

Estos actos se enmarcan en tareas propagandísticas y desinformativas rápidas, continuas y repetitivas. Tras la revelación de la mentira, nunca se aceptan responsabilidades y se alude a errores involuntarios de ciudadanos individuales, no bajo una maniobra intencionada y estructurada gubernamental.

Se apela al videojuego, pese a las carencias señaladas, por su realismo, por la abundancia de imágenes y secuencias de combate fácilmente accesibles en la Red, así como por la enorme audiencia que moviliza. Sin embargo, repetimos que no hay una planificación adecuada y estratégicamente concebida que pudiera multiplicar el efecto de la desinformación. En definitiva, la estrategia de "weaponizing social media" ha sido un completo fracaso en términos generales, en especial de modificación de la percepción de un suceso en materia de política internacional.

La extrema derecha como movimiento social transnacional

PAULA CANO CRUZ[1]

1. INTRODUCCIÓN

El estudio de los movimientos y grupos de extrema derecha ha experimentado un auge en los últimos años, en gran parte motivado por el aumento de sus seguidores en occidente. Estos trabajos, sin embargo, se han centrado generalmente en las causas de este incremento a nivel puramente interno. Esta investigación parte de la premisa de que, efectivamente, la extrema derecha se ha constituido como un movimiento social transnacional que puede incitar el empleo de la violencia e, incluso, el terrorismo, lo que supone una amenaza grave para la paz y seguridad internacionales. Por lo tanto, el principal objetivo del presente estudio es analizar y evidenciar la cooperación de los movimientos sociales de extrema derecha a nivel internacional bajo el paradigma transnacionalista. Asimismo, se buscará ofrecer una sistematización de las causas que fundamentan el surgimiento de estos grupos. Un último objetivo es tratar de fundamentar por qué los movimientos sociales de extrema derecha suponen un riesgo grave para el orden liberal y la democracia y, también, para la sociedad internacional en general.

---

1 Paula Cano Cruz, doctoranda en el Departamento de Derecho Internacional Público y Relaciones Internacionales, dentro del Programa de Ciencias Jurídicas de la Universidad de Granada. Correo electrónico: paulacc99@gmail.com. Todas las páginas web fueron consultadas por última vez el 10 de abril de 2023.

2. GLOBALIZACIÓN Y ORDEN LIBERAL

La gran mayoría de estudios que contextualizan el creciente surgimiento de grupos de extrema derecha con características muy similares en las democracias occidentales establecen, como punto de inicio, la globalización y el orden liberal que, a su vez, como estima J. Rosenau[2], es el producto de la revolución de la información, la reducción de las distancias, la proliferación masiva de organizaciones internacionales, etc.

Por lo tanto, y aunque la doctrina suela analizar los procesos de globalización desde una perspectiva fundamentalmente económica, la globalización ha impactado en lo más profundo de la sociedad civil, alterando las formas en las que los ciudadanos demandan y defienden sus intereses, uniendo lazos transnacionales para construir grandes foros y movimientos de carácter internacional donde expresar sus deseos[3]. Este aspecto positivo, sin embargo, ha hecho reaccionar a sectores que lo han interpretado como una amenaza. Algunas de estas reacciones provienen movimientos sociales que analizan el desgaste del Estado del bienestar y de los derechos sociales (especialmente, de los laborales), con la llegada de la globalización. Es cierto que la globalización es un fenómeno que cuestiona la existencia del Estado-nación, así como su capacidad para responder todas las demandas de la sociedad civil global. Por ende, esta conexión directa entre los mercados y las economías de los distintos países implica a su vez la desaparición de las fronteras

---

2 ROSENAU, James, N., *Along the domestic-foreign frontier: Exploring governance in a turbulent world* (No. 53). Cambridge University Press, 1997.

3 Ejemplos de movimientos sociales internacionalmente reconocidos son el colectivo LGTBIQ+ o el movimiento ecologista.

entre los distintos sectores tradicionales del mercado[4]. Ante ello, han surgido movimientos extremistas, euroescépticos y ultranacionalistas que, por ejemplo, se manifiestan a través del proceso del *Brexit,* o del triunfo de políticas autoritarias y xenófobas en países como en Polonia o Turquía, o la llegada a la Presidencia de Estados Unidos de Donald Trump[5]

Se puede hablar, en definitiva, de una última etapa del proceso de globalización que pervive en la actualidad, y que respondería a un propio cuestionamiento o toma de conciencia por parte de la propia sociedad global hacia sus deficiencias. Esta nueva etapa ha sido denominada por autores como J.A. Sanahuja[6], como "posglobalización", que estaría caracterizada por tendencias de fragmentación y reorganización de los mercados y de mayor integración de la economía digital. Ello se une un escenario geopolítico más complejo y fluido, con mecanismos de gobernanza regionales y globales más fragmentados y con menor capacidad de articular la acción colectiva para dar respuesta a los retos globales. Sin embargo, estos cambios no implican una crisis definitiva del proceso de globalización, sino que sus limitaciones y cambios rápidos han dado lugar a una etapa de fragmentación e incertidumbre.

---

4 HINOJOSA MARTÍNEZ, Luís Miguel, *Globalización y soberanía de los Estados.* Revista electrónica de estudios internacionales (REEI), (10), 5, 2005.

5 FLEW, Terry. *Globalization, neo-globalization and post-globalization: The challenge of populism and the return of the national,* Global Media and Communication, 2020, vol. 16, no 1, 2020, pp. 19-39.

6 SANAHUJA, José Antonio. *Crisis de la globalización, el regionalismo y el orden liberal: el ascenso mundial del nacionalismo y la extrema derecha.* Revista Uruguaya de Ciencia Política, 2019, vol. 28, no 1, 2019, pp. 59-94.

En esta época de inseguridad y frustración generalizadas, el populismo se ha vuelto cada vez más atractivo como alternativa al *status quo*, y con ello, el ascenso de la extrema derecha no augura un contexto mejor, sino que trata de debilitar cualquier proyecto de expansión de derechos y de reconocimiento de la diversidad[7]. Sin embargo, y como será analizado en los siguientes apartados, los movimientos sociales de extrema derecha no se han desarrollado de forma autárquica, sino que en la mayoría de los casos hacen uso de aquello que rechazan: la cooperación internacional, razón por la cual en los siguientes epígrafes se estudiarán estos movimientos desde una perspectiva transnacionalista.

2.1. Orden liberal: ¿amigo o enemigo de los movimientos de extrema derecha? ¿Hay espacio en el orden liberal para movimientos iliberales?

Cuando hablamos de "orden liberal internacional", aquí nos referiremos al término introducido por G. J. Ikenberry,[8] con el que alude a un orden abierto y basado en reglas, plasmado en instituciones como Naciones Unidas y prácticas como el multilateralismo. Este orden liberal surgiría tras la Segunda Guerra Mundial, cuando Estados Unidos y sus aliados trataron de construir un orden internacional poliédrico y expansivo, basado en el aperturismo económico, en las instituciones multilaterales, la cooperación en la seguridad y la solidaridad eco-

---

7 SANAHUJA, José Antonio. *Crisis de la globalización, el regionalismo y el orden liberal: el ascenso mundial del nacionalismo y la extrema derecha.* Revista Uruguaya de Ciencia Política, 2019, vol. 28, no 1, 2019, pp. 59-94.

8 IKENBERRY, G. John. *La crisis del orden liberal mundia*l. Anuario internacional CIDOB, 2018, p. 29-36.

nómica. Posteriormente, este orden se expandió prácticamente por la totalidad del planeta.

Puede considerarse, por tanto, que la extensión de la globalización en su dimensión económica, es decir, del sistema capitalista, y de sus deficiencias, unida a la carencia de una "autoridad global" encargada de aminorar estos efectos, son factores que han generado que las bases del orden liberal hayan resultado insuficientes. En este contexto, como indican J.A. Sanahuja y C. López Burian[9], la insatisfacción de los perdedores, o autopercibidos perdedores de la globalización, permite que las nuevas ultraderechas encuentren bases sociales para su proyecto político. Ello hace que se caiga en un círculo vicioso, que implica que conforme las democracias se muestran incapaces de resolver problemas, su legitimidad se vea cuestionada por el resurgimiento de movimientos nacionalistas, populistas y xenófobos, que a su vez radican en un mayor cuestionamiento de la democracia. Por tanto, no se puede hablar de un "estado puro" del orden liberal, así como tampoco de las democracias occidentales, en el momento en el que hay propuestas iliberales que llegan a alcanzar la presidencia de los Estados y a dirigir sus políticas exteriores.

Incluso, como afirman autores como H. Kundnani[10], es equívoca o improbable la perfecta asociación que se establece entre los tres tipos de liberalismo -económico, político y social- al referirse al orden liberal, ya que la variable económica parece haberse dilatado exponencialmente más rápido que el resto, lo que en última instancia socava la democracia

---

9 SANAHUJA, José Antonio y LÓPEZ BURIAN, Camilo. La nueva extrema derecha neopatriota latinoamericana: el internacionalismo reaccionario y su desafío al orden liberal internacional. 2020.

10 KUNDNANI, Hans. What is the Liberal International order? *German Marshall Fund of the United States.*, 2017.

o el liberalismo político. G. J. Ikenberry[11] duda, aunque algunos autores así lo afirmen, que nos encontremos ante una crisis profunda del internacionalismo liberal que implique un cambio duradero en el sistema global, sino que alude a que es posible que estemos presenciando una "crisis de transición", donde los viejos principios del orden liberal den lugar a una recomposición del poder global. Ello podría dar lugar a un orden postestadounidense y postoccidental. O, de forma más simple, a un orden mucho más heterogéneo y menos unipolar que el que hasta ahora hemos conocido.

En definitiva, y en lo relativo a la cabida de los movimientos de extrema derecha en el orden liberal, pese a que, como ha sido analizado, se califiquen como un factor de erosión del sistema, no es difícil llegar a la conclusión de que únicamente en contextos democráticos y no autoritarios pueden surgir partidos y movimientos extremistas. Por ello, se hace alusión a la distinción schmittiana de "amigo-enemigo" (utilizada en J. A. Sanahuja y C. López Burian)[12], que caracteriza a estos movimientos en su práctica internacionalista definida por la defensa de la tradición y de cuestionamiento del orden liberal internacional.

3. EL TRANSNACIONALISMO Y SU APLICACIÓN A LOS MOVIMIENTOS SOCIALES DE EXTREMA DERECHA

En el paradigma transnacionalista la dimensión de *low politics* adopta un papel predominante frente a las *high politics* (relativas a la actividad diplomático-estratégica) que eran esenciales en el realismo. Por lo tanto, los transnacionalistas se ocuparán de los

---

11 IKENBERRY, G. John. *La crisis del orden liberal mundia*l. Anuario internacional CIDOB, 2018, p. 29-36.

12 SANAHUJA, José Antonio y LÓPEZ BURIAN, Camilo, op. cit.

problemas internacionales derivados de la actividad humana consecuencia del desarrollo económico y tecnológico, fijando como objeto de estudio la modernización de sociedad global[13]. Sin embargo, estos procesos de interdependencia han dado lugar a dos grandes respuestas en la escena global: una de ellas aboga por esta interdependencia a través de procesos integradores donde la sociedad civil se convierte en una sociedad civil global, y la otra sería una respuesta "desintegradora", que defiende la autonomía de las sociedades[14]. De esta forma, se ha observado la coordinación de distintos grupos a través de las fronteras para conseguir objetivos comunes, que no tienen por qué ser de naturaleza transnacional. Por tanto, cuando se alude a la transnacionalización de la extrema derecha, se hace referencia a una serie de temas o argumentos compartidos, así como a vínculos sostenidos de personas y organizaciones a través de las fronteras de múltiples Estados-nación, incluyendo interacciones que van desde niveles bajos a altos de institucionalización[15], pero también a las aspiraciones transnacionales de movimientos o partidos de extrema derecha[16]. Así, la

---

13 BARBÉ, Esther. *El estudio de las relaciones internacionales: ¿Crisis o consolidación de una disciplina?* Revista de estudios políticos, no 65, 1989, pp. 173-196.

14 ROSENAU, James, N., *The study of global interdependence: essays on the transnationalization of world affairs,* London: F. Pinter, Vol. 2, 1980.

15 GANESH, Bharath y FROIO, Caterina. *The transnationalisation of far right discourse on Twitter: Issues and actors that cross borders in Western European democracies. European Societies,* vol. 21, no 4, 2018, pp. 513-539.

16 Alain de Benoist (fundador de la *Nouvelle Droit*), el GRECE (*Groupement de recherche et d'études sur la civilisation européenne*) y la *Nouvelle Droit*) se aseguraron de que sus ideas no se limitaran sólo a Francia, sino que su lucha por el comunismo, el liberalismo, el socialismo y la socialdemocracia se producirían en toda Europa. Para ello, Benoist creó un marco organizativo, que incluía revistas, grupos de reflexión, conferencias y vínculos con movimientos y partidos políticos de centroderecha y extrema derecha Europa. Si había que

mera atención a temas comunes ya supone un paso importante en la construcción de marcos interpretativos transnacionales, que a su vez orientan las acciones y comportamiento de sectores de la sociedad civil global, y que propicia una mayor movilización y cooperación organizativa entre países.

4. MOVIMIENTOS DE EXTREMA DERECHA EN ESPAÑA, REINO UNIDO Y NORTEAMÉRICA

a) España

En el contexto español y en lo relativo a los movimientos sociales extremistas se debe mencionar a la organización "Hazte Oír", cuyas iniciativas se centran en el ataque a los derechos sexuales y reproductivos y a la "ideología de género". Esta organización aparece en 2001 a partir de una pequeña escisión del *think tank* neoconservador y estadounidense "Phoenix Institute", donde, a través de SMS exigían una política integral de la familia. Asimismo, en el año 2005, Hazte Oír colaboró con el Foro de la Familia en el desarrollo de la Iniciativa Legislativa Popular contra el matrimonio entre personas del mismo sexo. Este mismo año, además, inició una campaña en el Parlamento Europeo con este mismo objetivo, bajo el lema "Europa, así no", donde dejó ver sus intenciones de transnacionalizarse. Así, en el año 2012 organizaron en Madrid el "World Congress of Families" (WCF, una organización americana), convirtién-

---

derrotar al internacionalismo de izquierdas, era necesario un europeísmo (o internacionalismo) de derechas, razonaba Benoist (BARON, Tamir. *Transnationalism and the French nouvelle droite*. Patterns of Prejudice, vol. 45, no 3, 2011, pp. 199-223.)

dose en una de las pocas asociaciones europeas colaboradoras de la gran organización americana. Así, su presidente, Ignacio Arsuaga, fue premiado como Natural Family Man del año por WCF en su congreso en Sidney en 2013. Para coordinar mejor sus interacciones internacionales, la organización creó CitizenGo, que en la actualidad dice tener más de seis millones de seguidores. Igualmente, la organización ha participado en diversos encuentros en la lucha contra los derechos sexuales y reproductivos, como el Global Marriage Forum (organizado por la International Organization for Marriage en Washington, 2014), o la European Advocacy Academy (organizado por la European Dignity Watch en Bruselas, 2014)[17]. En 2017, la campaña llevada a cabo por HazteOír generó grandes críticas y lo que podría verse como un mero acto propagandístico de un grupo ultraconservador consiguió movilizar un discurso que hasta ahora se había circunscrito a los medios conservadores online: la necesidad de luchar contra lo que llamaron "la dictadura de la diversidad sexual y las leyes de género en España"[18].

En segundo lugar, en lo relativo a las asociaciones culturales de ayuda nacional, sobresale Hogar Social Madrid (HSM), una asociación en cuyos orígenes tenía vinculación con el Movimiento Social Republicano (MSR) y con la Liga Joven. En un intento de importar el modelo de movimiento fascista Casa Pound (Italia)[19], HSM representa, junto a una serie de

---

17 CORNEJO VALLE, Mónica y PICHARDO GALÁN, José Ignacio. *Actores y estrategias en la movilización anti-género en España: el desplazamiento de una política de iglesia al activismo laico*, 2018.

18 NÚÑEZ PUENTE, Sonia; GÁMEZ FUENTES, María José. *Spanish feminism, popular misogyny and the place of the victim.* Feminist Media Studies, vol. 17, no 5, 2017, p. 902-906.

19 Casa Pound, un movimiento que surgió en Italia a través de la ocupación de edificios abandonados para darles cobijo a las fa-

colectivos jóvenes, una "extrema derecha alternativa", que se ve representada más como una asociación de tipo cultural y juvenil que como un partido o movimiento tradicional de la ultraderecha. A través de sus estrategias comunicativas difundidas por las redes sociales y en sus acciones a nivel local, suavizando cualquier tipo de asimilación con el fascismo, tratan de formular la idea fundamental del "identitarismo", es decir, la defensa de los derechos de los nacionales por encima de los extranjeros. Para ello, tratan de imitar las estrategias de otros grupos establecidos como el ya mencionado Casa Pound (Italia), Amanecer Dorado (Grecia) o Bastión Social (Francia)[20].

b) Reino Unido

En el Reino Unido encontramos ejemplos de organismos del nacionalsocialismo, como el Movimiento Nacional Socialista Británico (MNSB)[21]. Sin embargo, el principal centro de

---

milias italianas sin recursos fue la organización de inspiración para HSM, sin embargo, Casa Pound llegó a España antes que HSM, estableciendo organizaciones como Proyecto Impuldo en Castelló o Casal Tramuntana en Barcelona. No fue hasta el surgimiento de HSM que se consiguió captar la atención de los medios y del activismo juvenil neofascista.

20 JIMÉNEZ AGUILAR, Francisco y ÁLVAREZ-BENAVIDES, Antonio. *Asociaciones Culturales de Ayuda Nacional: la emergencia de una extrema derecha alternativa en España.* Tiempo devorado, vol. 6, no 1, 2020, pp. 54-83.

21 Este movimiento destaca por su participación en los disturbios que condujeron al desastre del estadio de Heysel en 1985, en el que murieron 39 personas, así por su activa presencia en redes sociales. Actualmente, el MNSB no es considerada como una organización terrorista por el Reino Unido, pese a publicar propaganda antisemita (por ejemplo, durante la pandemia provocada por la Covid-19,

atención en los análisis sobre los movimientos de extrema derecha en el Reino Unido ha sido Acción Nacional (en adelante, AN), un grupo nacionalsocialista que en diciembre de 2016 se convirtió en el primer grupo de extrema derecha prohibido en el país desde 1940 por ser considerada como una organización "terrorista" después de que muchos de sus miembros fueran condenados por amenazar o utilizar la violencia contra minorías y opositores políticos. AN surgió en 2013, en un contexto nacional de debilidad organizativa y desde sus inicios, se constituyó como una red violenta que mantuvo relaciones transnacionales, por ejemplo, con militantes de Alemania, del Báltico y Escandinavia, así como con la División Atomwaffen (organización de Estados Unidos) o con el Batallón Azov[22]. Ello se debe, como describe la corriente transnacionalista, a una condición en la que, a pesar de las grandes distancias y sin tener en cuenta la presencia de las fronteras internacionales (y todas las leyes, reglamentos y narrativas nacionales que representan), ciertos tipos de relaciones se han intensificado globalmente y ahora tienen lugar de forma paradójica en un escenario de actividad que abarca todo el planeta, aunque sea virtual[23].

Otro de los principales movimientos, que además es de los más antiguos en Reino Unido es *Skinhead,* que se mantiene activo en más 33 países de seis continentes. Esta organización pretende alcanzar su objetivo de desestabilizar la sociedad mediante la aplicación directa de la violencia y la intimidación. A

MNSB afirmando que la misma había sido causada por el pueblo judío) (R. Ehsan).

22 MACKLIN, Graham. *Transnational networking on the far right: The case of Britain and Germany*. West European Politics, vol. 36, no 1, 2013, pp. 176-198.

23 VERTOVEC, Steven. *Conceiving and researching transnationalism.* Ethnic and racial studies, vol. 22, no 2, 1999 pp. 447-462.

partir de la década de 1980 comenzaron a reaccionar contra la inmigración y a extenderse por otros países, al principio, especialmente a través de Ian Stuart Donaldson, cantante de la banda de *Skrewdriver*[24], que había formado una alianza formal a finales de la década de 1970 con el Frente Nacional Británico (FNB)[25]. Como afirman J. S. Keohane y R. O. Nye[26], los movimientos transnacionales pueden estimular la creación de nuevas filiales nacionales o internacionales, y contribuir así a la internacionalización de la política interna. De esta forma, y tras la caída del muro de Berlín, los *skinheads* lanzaron en Alemania numerosos ataques contra refugiados. En algunas ciudades alemanas, estas agresiones contaron con gran apoyo, lo cual animó a otros activistas a unirse a este movimiento[27]. Podemos hablar, por tanto, de una red organizacional transnacional, que se enmarca como uno de los significados del

---

[24] Junto a esta banda, también encontramos "Rock contra el Comunismo", cuyo fundador, Eddy Morrison, también fue organizador del distrito de Leeds del Frente Nacional (actualmente, un partido político que no debe ser confundido con Acción Nacional). Eddy Morrison reconoció que el punk rock, que se estaba convirtiendo rápidamente en el culto juvenil dominante, sería un "arma poderosa para cualquiera que pudiera convertirlo políticamente" (FORBES, Robert; STAMPTON, Eddie. *The White Nationalist Skinhead Movement: UK & USA, 1979-1993*. Feral House, 2015.).

[25] COOTER, Amy Beth. *Neo-Nazi Normalization: The Skinhead Movement and Integration into Normative Structures*. Sociological Inquiry, vol. 76, no 2, 2006, pp. 145-165.

[26] NYE, Joseph S. y KEOHANE, Robert O. *Transnational relations and world politics: a conclusion*. International Organization, vol. 25, no 3, 1971, pp. 721-748.

[27] PEDAHZUR, Ami y WEINBERG, Leonard. *Modern European democracy and its enemies: the threat of the extreme right*. Totalitarian Movements and Political Religions, vol. 2, no 1, 2001, pp. 52-72.

transnacionalismo que hace referencia a un tipo de formación social que atraviesa las fronteras.

c) Estados Unidos

La extrema derecha estadounidense ha sido una de las principales amenazas para la seguridad pública en los últimos 50 años. Las primeras demostraciones sobre su actividad acontecen en las décadas de 1960 y 1970. Asimismo, en la década de los 80 se posicionó como el movimiento ideológico más mortífero. La violencia estratégica se dirige a grupos enemigos como los judíos, las minorías raciales o las instalaciones del gobierno federal. Destacan antiguos movimientos, como el Ku Klux Klan (KKK), y nuevos grupos de supremacistas blancos, neonazis, grupos nacionalistas y patriotas, etc., cuyas orientaciones históricas varían. El KKK mantiene diversos sitios web donde establece redes de apoyo en diversos países occidentales.

Entre estas organizaciones destaca, además, el Movimiento Nacional Socialista (MNS) de Estados Unidos, una organización que está calificada como "grupo de odio neonazi" por el Southern Poverty Law Center (SPL). En su propio sitio web, el MNS se define como "la principal organización de derechos civiles de los blancos, que lucha por los derechos civiles de los blancos"[28]. Este grupo ha sido de especial interés entre la opinión pública tras las supuestas afirmaciones de que tenía notables vínculos con Timothy Wilson, quien planeaba llevar a cabo un ataque terrorista en un hospital del área de Kansas City durante el brote de coronavirus, antes de morir en un tiroteo con el FBI. Por último, se ha de mencionar a Stormfront, un grupo de ideología neonazi

---

28 EHSAN, Rakib, et al. *Weaponising COVID-19: Far-Right Antisemitism in the United Kingdom and United States.* Henry Jackson Society, May, 2020.

que se fundó en marzo de 1995 y que en 2009 contaba con más de 159.000 miembros, actuando como un foro comunitario con acceso global en el que, a través de secciones temáticas proporcionadas por la organización, se mantiene un continuo debate. Un foro de Internet en particular, Iron March, sirvió como un centro global para el movimiento en los últimos años. Fundado oficialmente en 2011 por un usuario conocido como "Alexander Slavros", que se cree que es un hombre ruso llamado Alisher Mukhitdinov, Iron March tiene sus orígenes en un foro de mensajes lanzado por Slavros en 2010. Iron March estuvo activo desde la primavera de 2011 hasta su cierre repentino en noviembre de 2017, y el foro sirvió como plataforma para la creación de redes, el reclutamiento y la coordinación entre organizaciones. Casi las tres cuartas partes de los usuarios de Iron March pertenecían a países de habla inglesa, con una ligera mayoría de usuarios (52 por ciento) provenientes de los Estados Unidos. Iron March jugó un papel clave en el desarrollo y crecimiento de los grupos de supremacistas blancos en los Estados Unidos y en el extranjero. El foro sirvió como un eje central para que los miembros de grupos geográficamente dispersos se conectaran[29]. Un análisis realizado por el Southern Poverty Law Center[30] encontró vínculos entre Iron March y varias organizaciones de extrema derecha en dife-

---

[29] SCRIVENS, Ryan, et al. Examining online indicators of extremism in violent right-wing extremist forums. Studies in Conflict & Terrorism, vol. 46, 2023; NEWHOUSE, Alex. The threat is the network: the multi-node structure of neo-fascist accelerationism. *CTC Sentinel,* vol. 14, no 5, 2021, p. 17-25; NEWHOUSE, Alex. The threat is the network: the multi-node structure of neo-fascist accelerationism. CTC Sentinel, vol. 14, no 5, 2021, p. 17-25.

[30] EDISON HAYDEN, Michael. *Visions of chaos: weighing the violent legacy of Iron March.* 2019. Disponible en: https://www.splcenter.org/hatewatch/2019/02/15/visions-chaos-weighing-violent-legacy-iron-march

rentes países, incluidas National Action (Reino Unido), Nordic Resistance Movement (Escandinavia), Serbian Action (Serbia), Casa Pound (Italia), Golden Dawn (Grecia), Skydas (Lituania) y Batallón Azov (Ucrania). La Marcha de Hierro permitió a los supremacistas blancos radicados en Estados Unidos desarrollar lazos transnacionales. Por ejemplo, Matthew Heimbach, líder del movimiento supremacista blanco de EE. UU. y fundador del Partido Tradicionalista de los Trabajadores (TWP), publicó en Iron March acerca de grupos europeos de extrema derecha, incluido el Movimiento de Resistencia Nórdica (NRM), el Partido Nacional Democrático de Alemania (NPD) y Amanecer Dorado.

5. CONCLUSIONES

Este estudio ha tratado de demostrar que lo que comenzó como un fenómeno que se desarrollaba únicamente en el ámbito estatal se ha constituido como un fenómeno transnacional, esencialmente, debido al propio proceso de globalización y al mayor protagonismo de los actores civiles en la participación de las dinámicas internacionales, como la teoría transnacionalista resalta. El auge de la extrema derecha responde a una realidad contextual: la crisis de la globalización y del orden liberal. Ante las cíclicas crisis económicas y la desaparición del ímpetu transformador que dio lugar a la construcción del orden liberal, la extrema derecha surge como respuesta a los defectos de la globalización y del multilateralismo, proponiendo una vuelta al Estado-nación que sea capaz de regular los asuntos de su territorio. Pero también se ha producido una toma de conciencia general sobre las grandes deficiencias que deben ser corregidas, pudiendo hablar de un proceso de "posglobalización" en el que actualmente nos encontraríamos, que ha propiciado el surgimiento de movimientos extremistas, que suponen una verdadera amenaza para la seguridad de la sociedad internacional.

Por lo tanto, para hacer frente a este desafío, se debe asumir que la esencia de un sistema democrático liberal no es sólo el gobierno de la mayoría, sino también la protección de los derechos de las minorías. Por supuesto, al tratarse de un problema de carácter transnacional, su análisis y tratamiento debe partir de una perspectiva también transnacional. En definitiva, el objetivo final de la UE "unida en la diversidad"[31] y, por tanto, de occidente, debe ser el fortalecimiento de la democracia liberal como respuesta a la extrema derecha. Luchar contra la extrema derecha no necesariamente fortalece la democracia liberal, pero fortalecer la democracia liberal, por definición, debilitará a la extrema derecha. Además, en palabras del excanciller federal de Alemania «esta Europa no puede ser una fortaleza que nos blinde de los demás, debe ser una Europa abierta» (Helmut Kohl, Congreso CDU, 1991).

---

[31] Lema de la Unión Europea, utilizado por primera vez en el año 2000.

Inteligencia jurídica
en expansión

Trabajamos para
mejorar el día a día
del **operador jurídico**

Adéntrese en el universo
de **soluciones jurídicas**

atencionalcliente@tirantonline.com

prime.tirant.com/es/